FRAGMENS
PHILOSOPHIQUES.

IMPRIMERIE DE H FOURNIER,
RUE DE SEINE N 14.

FRAGMENS
PHILOSOPHIQUES,

PAR V. COUSIN.

SECONDE ÉDITION.

PARIS,
LADRANGE, LIBRAIRE,
QUAI DES AUGUSTINS, N° 19.

1833.

PRÉFACE

DE LA DEUXIÈME ÉDITION.

Je laisse réimprimer ces *Fragmens* tels qu'ils ont paru en 1826, avec des corrections qui ne valent pas la peine d'être indiquées. Il m'a semblé convenable de conserver à cet ouvrage, si on peut appeler ainsi un recueil de morceaux détachés, son premier caractère, les défauts et les qualités avec lesquels il s'est présenté d'abord au public.

La préface de ces *Fragmens* méritait seule d'être un peu remarquée. Elle le fut bien au-delà de mon attente. Accueillie en Allemagne avec indulgence, elle y trouva un interprète habile (1). Une traduction d'une exactitude qui trahit un esprit familier avec ces matières, la répandit dans le nord de l'Italie (2). Elle excita même quelque intérêt en Angleterre, et j'ai été bien étonné qu'elle ait attiré les regards de la cri-

---

(1) *Religion und Philosophie in Frankreich*, von F.-W. Carové, Dr. der Philosophie. Gottingen, 1827. Voyez dans le *Globe*, 9 mars, 1830, le compte rendu de cette traduction et des notes.

(2) *Manuale di Filosofia* di A. Mathiæ, traduzione di tedesco, con un saggio della nuova Filosofia francese del signor Cousin. Lugano, 1829.

tique transatlantique (1). En France, elle a été le sujet d'une polémique qui n'a pas été inutile à la cause de la philosophie. Je ne viens point, après six ans, exhumer et reprendre en sous-œuvre cette polémique dont tous les détails sont oubliés et méritent de l'être ; je veux seulement en dire ici quelques mots, qui peut-être ne seront pas encore déplacés dans l'état présent des choses.

La préface de ces *Fragmens* était destinée à donner une idée du système général auquel ils se rapportent ; elle ne pouvait qu'indiquer ce système, mais elle en marque au moins tous les élémens dans leur liaison et leur harmonie. Voici dans cette esquisse rapide les quatre points auxquels on peut ramener tous les autres :

1° La méthode ;

2° L'application de la méthode à cette partie de la philosophie, que la méthode même place à la tête de toutes les autres, savoir, la psychologie ;

3° Le passage de la psychologie à l'ontologie et à la haute métaphysique ;

4° Les vues générales sur l'histoire même de la philosophie.

I. Ici comme ailleurs, comme partout, comme toujours, je me prononce pour cette méthode, qui place le point de départ de toute saine philosophie dans l'étude de la nature humaine et par conséquent dans l'observation, et qui s'adresse ensuite

(1) *North American Review*, n° LXIV. July, 1829. Cet article est de M. Everett, ex-ministre des États-Unis en Espagne.

à l'induction et au raisonnement, pour tirer de l'observation toutes les conséquences qu'elle renferme. On se trompe quand on dit que la vraie philosophie est une science de faits, si on n'ajoute que c'est aussi une science de raisonnement. Elle repose sur l'observation; mais elle n'a d'autres limites que celles de la raison elle-même, de même que la physique part de l'observation, mais ne s'y arrête point, et avec le calcul s'élève aux lois générales de la nature et au système du monde. Or, le raisonnement est en philosophie ce que le calcul est en physique; car, après tout, le calcul n'est que le raisonnement sous sa forme la plus simple. Le calcul n'est pas une puissance mystérieuse, c'est la puissance même de la raison humaine; tout son caractère particulier est dans sa langue. La philosophie abdique, elle renonce à sa fin qui est l'intelligence et l'explication de toutes choses par l'emploi légitime de nos facultés, quand elle renonce à l'emploi illimité de la raison; et d'un autre côté, elle s'égare et elle égare la raison elle-même quand elle l'emploie au hasard, au lieu de la mettre au service de faits scrupuleusement observés et classés rigoureusement. Ainsi, deux périls : un essor mal réglé qui, dédaignant l'observation ou la traversant trop vite, s'élance à des inductions aventureuses ; et une sagesse pusillanime qui, en dépit de nos besoins les plus intimes et de nos instincts les plus impérieux, s'enchaîne elle-même dans les misères d'une observation stérile. Borner la philosophie à l'observation, c'est, qu'on le sache ou qu'on l'ignore, la mettre sur la route du scepticisme : négliger l'observation, c'est la jeter dans les voies de l'hypothèse. Le scepticisme et l'hypothèse : voilà les deux écueils de la philosophie. La vraie méthode évite l'un et l'autre. Elle ne commence point par la fin, et ne finit point au commencement. Elle ne reconnaît point de limites au raisonnement, mais elle l'appuie sur une observation suffisante; car, autant vaut l'observation, autant vaudra plus tard toute notre science. Aussi tout en faisant ses réserves sur l'emploi ultérieur des forces de l'intelligence, la philosophie ne peut pas s'attacher avec trop de scrupule à l'observation, et, comme la vraie physique, elle ne peut proclamer trop haut l'observation comme son point de départ nécessaire. Elle ne se distingue alors de la physique que par la nature des phénomènes à observer. Les phénomènes propres de la physique sont ceux de la nature extérieure, de ce vaste monde dont l'homme est une si petite partie. Les phénomènes propres de la philosophie sont ceux de cet autre monde, que chaque homme porte en lui-même, et qu'il aperçoit à l'aide de cette lumière intérieure qu'on appelle la conscience, comme il aperçoit l'autre par ses sens. Les phénomènes du monde intérieur paraissent et disparaissent si vite, que la conscience les aperçoit et les perd de vue presque en même temps. Il ne suffit donc pas de les observer fugitivement, et pendant qu'ils passent sur ce théâtre mobile, il faut les retenir par l'attention le plus long-temps qu'il est possible. On peut davantage encore; on peut évoquer un phénomène du sein de la nuit où il s'est évanoui, le redemander à la mémoire, et le reproduire pour le considérer plus à son aise ; on peut en rappeler telle partie plutôt que telle autre ; laisser celle-ci dans l'ombre pour faire paraître celle-là, varier les aspects pour les parcourir tous et embrasser l'objet tout entier : c'est là l'office de la réflexion. La réflexion est à la conscience ce que les instrumens artificiels sont à nos sens. Ce n'est pas assez d'écouter la nature, il faut l'interroger ; ce n'est pas assez d'observer, il faut expérimenter. L'expérience a les mêmes conditions et les mêmes règles, quel que soit l'objet auquel elle s'applique ; et c'est en suivant ces règles qu'on arrive, dans la science de l'homme, comme dans celle de la nature, à des classifications exactes. Ces classifications contiennent toute la première partie de la philosophie, celle qui est à la tête de toutes les autres, et qu'à cause de son objet propre qui est l'humanité, l'ame humaine, on appelle, dans l'école, psychologie. La science de l'homme, la psychologie n'est assurément pas toute la philosophie, mais elle en est le fondement. Ce point est de la plus haute importance, car il décide de tout le reste et du caractère du système entier. C'est à l'établir que j'ai consumé, non pas je l'espère sans quelque fruit, les premières années de mon enseignement : en toute occasion je l'ai rappelé et m'y suis appuyé, comme sur une chose démontrée et sur une vérité désormais au-dessus de la discussion. On a cru devoir après moi y insister encore, et on a bien fait ; car on ne peut pas trop insister en philosophie sur la vraie méthode, pourvu qu'on n'en fasse pas à la longue un lieu commun dans lequel on se repose soi-même et on arrête les autres. Je le répète donc : si la psychologie n'est pas la borne de la philosophie, elle en est la base ; et par ce principe qui en renferme tant d'autres, mon entreprise philosophique dans son caractère le plus général est profondément empreinte de l'esprit de la philosophie moderne, qui, depuis Descartes et Locke, n'admet plus d'autre méthode que l'expérience et place la science de la nature humaine à la tête de la science philosophique ; elle se rattache même étroitement à la philosophie du dix-huitième siècle qu'elle continue en la modifiant, et se sépare au contraire de la nouvelle philosophie allemande. Celle-ci, aspirant à reproduire dans ses conceptions l'ordre même des choses, débute par l'être des êtres, pour descendre ensuite par tous les degrés de l'existence jusqu'à l'homme et aux diverses facultés dont il est pourvu ; elle arrive à la psychologie par l'ontologie, par la métaphysique et la physique réunies. Et certes moi aussi je suis convaincu que dans l'ordre universel l'homme n'est qu'un résultat, le résumé de tout ce qui précède, et que la racine de la psychologie est au fond dans l'ontologie ; mais comment sais-je cela? comment l'ai-je appris? Parce que, ayant étudié l'homme et y ayant discerné certains élémens, j'ai retrouvé avec des conditions et sous des formes différentes ces mêmes élémens dans la nature extérieure, et que, d'inductions en inductions, de raisonnemens en raisonnemens, il m'a bien fallu rattacher ces élémens, ceux de l'humanité et ceux de la nature, au principe invisible de l'une et de l'autre. Mais je n'ai pas commencé par ce principe, et je n'y ai pas placé d'abord certaines puissances, certains attributs ; car à l'aide de quoi l'aurais-je fait ? Ce n'eût pas été là une induction, puisque je ne connaissais encore ni l'homme ni la nature ; c'eût donc été ce qu'on appelle en Allemagne une *construction* et chez nous une hypothèse. Cette hypothèse fût-elle une vérité, comme je le crois, elle n'en est pas moins nulle scientifiquement. La première chose sur laquelle je tombe nécessairement en essayant à connaître, c'est moi-même ; c'est moi qui suis l'instrument avec lequel je connais toute chose ; il faut donc que j'apprécie cet instrument avant de l'employer, sans quoi je ne sais, à proprement parler, ni ce que je fais, ni de quel droit je le fais. Sans doute maintenant je sais que le petit monde de l'humanité n'est qu'un reflet d'un plus grand monde ; mais c'est par ce petit monde que je suis arrivé au grand, et je n'ai compris l'un qu'à l'aide de l'autre. Me voici aujourd'hui sur le haut de la montagne, d'où se découvre à mes yeux un horizon immense, mais je viens du fond d'une vallée obscure, et je puis encore apercevoir et montrer aux autres le sentier qui m'a conduit jusqu'où je suis parvenu, pour les aider et les encourager à s'y élever comme moi, au lieu de leur laisser croire et de me persuader à moi-même que je suis tombé là du haut des cieux. En un mot, je veux que l'on suive dans l'exposition des idées la même marche que dans leur invention. Je préfère l'analyse à la synthèse, parce qu'elle reproduit l'ordre d'invention qui est le vrai, tandis que la synthèse, en prétendant reproduire l'ordre nécessaire des choses, court le risque de n'engendrer que des abstractions hypothétiques. Où en serions-nous, je vous prie, si, l'auteur lui-même n'avait plus ou moins pratiqué cette humble méthode qu'il dissimule ou qu'il dédaigne après l'avoir suivie; si, en l'écoutant ou en le lisant, on ne vérifiait tacitement ses assertions sur les connaissances même qu'on a acquises par une autre voie; et si finalement on n'arrivait pas à une partie du système, savoir la psychologie, dont la lumière se réfléchit sur toutes les autres parties et dont la vérité devient pour nous la mesure de la vérité du système entier? Prend-on seulement la synthèse comme une méthode d'exposition à l'usage de l'auteur et de quelques adeptes? à la bonne heure. Ce n'est plus là qu'une question d'art. Mais si on en fait une question de philosophie, si on érige la synthèse en une méthode philosophique, et si du haut de cette méthode on prend en pitié la méthode psychologique, comme incapable d'atteindre à aucun grand résultat, l'affaire alors est plus sérieuse, et j'abandonne le génie lui-même de peur de m'égarer sur ses traces.

II. — Mais si pour la méthode je me sépare de la nouvelle philosophie allemande et me rapproche de l'ancienne philosophie française du dix-huitième siècle, je ne tarde guère à me séparer de celle-ci dès les premières applications de la méthode qui nous est commune. Cette philosophie observe, il est vrai, mais elle n'observe que les faits qui lui conviennent, et elle corrompt d'abord la méthode expérimentale par des vues systématiques.

Il est certain qu'aux premiers regards qu'on jette sur la conscience, on y aperçoit une suite de phénomènes qui, décomposés dans leurs élémens, se ramènent à la sensation. Ces phénomènes sont incontestables et ils sont nombreux ; leur jeu, bien qu'assez compliqué, se démêle aisément ; et ils ont l'avantage de reposer sur un fait primitif qui, en rattachant la science de l'homme aux sciences physiques, a l'air de lui en assurer l'évidence ; ce fait est celui de l'impression produite sur les organes et par le cerveau reproduite dans la conscience. C'est donc une illusion fort naturelle de croire que cet ordre de phénomènes comprend tous ceux dont nous pouvons avoir conscience. Or s'il n'y a réellement qu'un seul ordre de phénomènes dans la conscience, on ne peut rapporter ces phénomènes qu'à une seule faculté, laquelle dans ses transformations produit toutes les autres. Cette faculté est la sensibilité. Mais si la sensibilité est la racine de toutes nos facultés intellectuelles, elle ne peut pas ne pas être la racine de nos facultés morales ; si tout dans l'homme se réduit à sentir, tout s'y réduit à jouir et à souffrir ; fuir la douleur, rechercher le plaisir est la règle unique de nos actions ; de là en un mot tout un système dont les conséquences ont été tirées et sont aujourd'hui parfaitement connues. Ce système est celui de l'école sensualiste, ainsi nommée du principe unique qu'elle reconnaît. Une observation impartiale détruit et le principe et le système entier en faisant voir qu'il y a dans la conscience des phénomènes que nul effort ne peut ramener légitimement à celui de la sensation, des idées nombreuses, très-réelles, qui jouent un grand rôle et dans la vie et dans le langage, et que la sensation n'explique point. Après avoir été frappé des rapports des facultés humaines, on est frappé aussi de leurs différences, et une méthode sévère aggrandit le champ de la psychologie.

J'ai classé tous les phénomènes de conscience en trois classes, lesquelles se rattachent à trois grandes facultés élémentaires, qui, dans leurs combinaisons, comprennent et expliquent toutes les autres : ces facultés sont la sensibilité, l'activité, la raison. Ce n'est pas ici le lieu de rendre compte de cette classification ; il suffit de remarquer qu'elle a fait quelque fortune, car je la vois reproduite dans presque tous les ouvrages de psychologie qui ont paru depuis quelque temps. Il est superflu de montrer comment une pareille psychologie renverse la philosophie de la sensation, et conduit à une philosophie opposée dans toutes ses parties : métaphysique, morale, théodicée, politique, histoire. Cette philosophie est représentée sur la scène de la philosophie du dix-neuvième siècle par l'école écossaise et surtout par l'école de Kant qui, professant la même méthode, l'applique avec tout autrement de rigueur et d'étendue, qui a enrichi la psychologie de tant d'observations ingénieuses et profondes, et qui surtout, par la grandeur et la beauté de sa morale, sera toujours une des plus admirables écoles de philosophie dont puisse s'honorer l'esprit humain.

Qu'on juge de l'importance de la psychologie! Il a suffi d'une seule erreur psychologique pour jeter Kant dans une route qui l'a conduit à un abime. Kant a fait une admirable analyse de la raison humaine. Il est impossible de décrire avec plus de netteté et de précision les conditions et les lois de son développement; mais n'ayant point analysé avec le même soin l'activité volontaire et libre, ce grand homme n'a pas vu que c'était particulièrement à cette classe de phénomènes qu'était attachée la personnalité, et que la raison, bien qu'unie à la personnalité, en est profondément distincte. Or, si la raison est personnelle comme l'attention et la volonté, il s'ensuit que toutes les conceptions qu'elle nous suggère sont personnelles aussi, que toutes les vérités qu'elle nous découvre sont purement relatives à notre manière de concevoir, et que les objets prétendus réels, les choses, les êtres, les substances dont cette raison nous révèle l'existence, ne reposant que sur ce témoignage équivoque, ne peuvent avoir qu'une valeur subjective, c'est-à-dire relative au sujet qui les aperçoit, et nulle valeur objective, c'est-à-dire réelle et indépendante du sujet. On peut bien croire encore à la réalité de ces objets, si notre raison est ainsi faite qu'elle ne puisse pas ne pas y croire, et parce qu'elle est ainsi faite; mais alors il y a un abime entre croire et savoir; et tout notre savoir ne consiste qu'à reconnaître les conditions intérieures et psychologiques de la nécessité de croire, vide elle-même de tout savoir réel et absolu. De là un scepticisme nouveau et original, qui, ne méconnaissant point en nous l'existence de la raison comme faculté distincte de la sensibilité, ne nie pas que, dans son développement régulier, la raison ne nous suggère en effet l'idée de l'ame, de Dieu et du monde, scepticisme entièrement distinct de celui de l'école sensualiste, qui passe même par le dogmatisme en psychologie, et n'arrive au doute que lorsqu'il s'agit d'ontologie, mais là conteste la légitimité de tout passage de la psychologie à l'ontologie, sur ce principe que la raison étant une faculté propre au sujet ne peut avoir de valeur que dans les limites du sujet, et qu'ainsi toutes les vérités objectives et ontologiques qu'elle nous découvre, ne sont que le sujet lui-même, transporté hors de soi par une force qui lui appartient et qui est subjective elle-même.

Voulez-vous le dernier mot de ce système? allez du principe à la conséquence, du maître circonspect à l'élève audacieux : allez de Kant à Fichte ; vous verrez la raison déjà subjective dans Kant (1), confondue par Fichte (2) avec le moi lui-même, d'où cette formule : Le moi se pose, il pose le monde, il pose Dieu ; il se pose comme la cause primitive et permanente de laquelle tout part et à laquelle tout se ramène, comme le cercle à la fois et la circonférence ; il pose le monde comme une simple négation de lui-même ; il pose Dieu comme

---

(1) *Manuel de Tennemann*, tom. 2. p. 230 — 272.
(2) *Tennemann*, tom. 2. p. 272 — 294.

lui-même encore pris absolument. Le moi absolu, voilà le dernier degré de toute subjectivité, le terme extrême et nécessaire du système de Kant, et en même temps sa réfutation. Le bon sens fait justice de cette conséquence extravagante; mais il appartient à la philosophie de détruire la conséquence dans son principe, et ce principe c'est la subjectivité et la personnalité de la raison. C'est là l'erreur radicale, erreur psychologique qu'une psychologie sévère doit dissiper. Tout mon effort a donc été de démontrer que la personnalité, le moi est éminemment l'activité volontaire et libre; que là est le vrai sujet, et que la raison est tout aussi distincte de ce sujet que la sensation et les impressions organiques.

Assurément la raison ne se développe qu'à la condition que le moi soit déjà, comme le moi n'apparaît dans la conscience que sous la condition d'une sensation et de mouvemens organiques préalables. Elle tient étroitement et à la personnalité et à la sensibilité, mais elle n'est ni l'une ni l'autre; et c'est parce qu'elle n'est ni l'une ni l'autre, c'est parce qu'elle est en nous sans être nous-même, qu'elle nous découvre ce qui n'est pas nous, des objets autres que le sujet lui-même et placés hors de sa sphère. Aussi le genre humain n'a-t-il pas douté un instant, je ne dis pas seulement de l'existence des objets que la raison lui découvre, de l'existence du monde extérieur, par exemple, mais même de la vérité en soi de cette existence. Nul abus de langage n'a jamais pu aller jusqu'à nous rapporter et nous attribuer à nous-mêmes les révélations de la raison. On dit : mon action et par conséquent ma vertu, mon crime ; nous nous les imputons ; nous en sommes et nous nous en sentons responsables, parce que nous nous en sentons la cause. On dit : ma raison, mais pour exprimer seulement le rapport de la raison au moi dans la conscience. On dit : mon erreur, et à bon droit ; car il y a souvent de notre fait dans nos erreurs, et voilà pourquoi nous nous les reprochons quelquefois. Mais, je le demande, qui a jamais osé dire : Ma vérité ? Chacun sent, chacun sait que la vérité n'est ni à lui ni à personne. Étrange inconséquence ! on conteste l'indépendance de la raison, quand elle nous transporte en dehors de la conscience, mais dans la conscience même on ne la conteste point. Qui doute, par exemple, de la vérité des aperceptions immédiates de conscience, aperceptions sur lesquelles est fondée la connaissance de notre existence personnelle ? Nul sceptique n'en doute ; car nul sceptique ne doute au moins qu'il ne doute : or, ne pas douter qu'on doute, c'est savoir qu'on doute, c'est savoir quelque chose, c'est savoir enfin. Mais qui sait, qui aperçoit, qui connaît à tel ou tel degré ? qui, je vous prie, sinon la raison elle-même ? Si donc la connaissance que donne la raison dans ces limites et à ce degré est incontestée, pourquoi les autres connaissances que donne la même raison seraient-elles plus incertaines ? pourquoi admettre l'indépendance de la raison dans un cas et ne pas l'admettre dans un autre ? La raison est une à tous ses degrés. On n'a pas le droit de resserrer ou d'étendre arbitrairement son autorité, et de lui dire à son gré : Tu iras jusqu'ici ; tu n'iras pas jusque-là.

III. — La raison une fois rétablie dans sa vraie nature et dans l'indépendance qui lui appartient, on reconnaît aisément la légitimité de ses applications, alors même qu'après avoir été renfermées dans le champ de la conscience, elles s'étendent régulièrement au-delà. La raison atteint aussi bien les êtres que les phénomènes ; elle nous révèle le monde et Dieu avec la même autorité que notre existence et la moindre de ses modifications, et l'ontologie est tout aussi légitime que la psychologie, puisque c'est la psychologie qui, en nous éclairant sur la nature de la raison, nous conduit elle-même à l'ontologie.

L'ontologie, c'est la science de l'être ; c'est la connaissance de notre existence personnelle, celle du monde extérieur, celle de Dieu. Cette triple connaissance, c'est la raison qui la donne au même titre que la moindre connaissance, la raison, faculté unique de tout savoir, principe unique de toute certitude, règle unique du vrai et du faux, du bien et du mal, qui seule peut s'apercevoir de ses écarts, se corriger quand elle se trompe, se redresser quand elle s'égare, s'accuser, s'absoudre ou se condamner elle-même. Et il ne faut pas s'imaginer que la raison attende de longs développemens pour apporter à l'homme cette triple connaissance de lui-même, du monde et de Dieu ; non, cette triple connaissance nous est donnée tout entière dans chacune de ses parties, et même dans tout fait de conscience, dans le premier comme dans le dernier. C'est encore la psychologie qui éclaire ici l'ontologie, mais une psychologie à laquelle une réflexion profonde peut seule atteindre.

Peut-il y avoir un seul fait de conscience sans l'intervention de quelque attention? Affaiblissez ou enlevez tout à fait l'attention : nos pensées se confondent et se dissipent peu à peu en rêveries indistinctes, qui bientôt s'évanouissent elles-mêmes et sont pour nous comme si elles n'étaient pas. Les perceptions mêmes des sens s'émoussent faute d'attention, et dégénèrent en pures impressions organiques. L'organe est frappé, souvent même avec force; l'esprit étant ailleurs ne perçoit pas l'impression ; il n'y a pas sensation ; il n'y a pas conscience. L'attention est donc la condition de toute conscience.

Maintenant tout acte d'attention n'est-il pas un acte plus ou moins volontaire? et tout acte volontaire n'est-il pas marqué de ce caractère que nous nous en considérons comme la cause? et n'est-ce pas cette cause dont les effets varient et qui reste la même, n'est-ce pas cette puissance que ses actes seuls nous révèlent, mais qui se distingue de ses actes et que ses actes n'épuisent point, n'est-ce pas, dis-je, cette cause, cette force que nous appelons je, moi, notre individualité, notre personnalité, cette personnalité dont nous ne doutons jamais et que nous ne confondons jamais avec aucune autre, parce que nous ne rapportons jamais à aucune autre les actes volontaires qui nous en donnent le sentiment intime et l'inébranlable conviction?

Le moi nous est donc donné sous la raison de cause, de force. Mais cette force, cette cause que nous sommes, peut-elle tout ce qu'elle veut, et ne rencontre-t-elle pas d'obstacles? Elle en rencontre à tout moment et de tout genre, et au sentiment de notre puissance s'ajoute continuellement celui de notre faiblesse. Des milliers d'impressions nous assaillent sans cesse; ôtez l'attention, elles n'arrivent pas jusqu'à la conscience; que l'attention s'y applique, le phénomène de la sensation commence. Or ici, en même temps que je me rapporte à moi, comme en étant la cause, l'acte d'attention, je ne puis pas me rapporter au même titre la sensation à laquelle l'attention s'applique; je ne le puis pas, mais je ne puis pas non plus ne pas la rapporter à quelque cause, à une cause nécessairement autre que moi, c'est-à-dire à une cause extérieure, et à une cause extérieure dont l'existence est aussi certaine pour moi que mon existence propre, puisque le phénomène qui me la suggère m'est aussi certain que le phénomène qui m'avait suggéré la mienne, et que tous deux me sont donnés l'un avec l'autre.

Voilà donc deux espèces de causes distinctes l'une de l'autre: l'une personnelle, placée au centre même de la conscience, l'autre en dehors de la conscience et extérieure. La cause que nous sommes est évidemment bornée, imparfaite, finie, puisque à tous momens elle rencontre des obstacles et des limites dans cette variété de causes auxquelles nous rapportons nécessairement les phénomènes que nous ne produisons pas, les phénomènes purement affectifs et non volitifs. D'un autre côté, ces causes elles-mêmes sont bornées et finies, puisque nous leur résistons dans une certaine mesure comme elles nous résistent, et limitons leur action comme elles limitent la nôtre, et qu'elles-mêmes aussi se limitent réciproquement. C'est la raison qui nous découvre ces deux sortes de causes; c'est elle qui, se développant dans la conscience et y apercevant en même temps l'attention et la sensation, aussitôt ces deux phénomènes simultanés aperçus, nous fait concevoir immédiatement les deux sortes de causes distinctes, mais corrélatives et réciproquement finies, auxquelles ils se rapportent. Mais la raison s'arrête-t-elle là? Non, c'est un fait encore, qu'une fois donnée la notion de causes finies et bornées, nous ne pouvons pas ne pas concevoir une cause supérieure, absolue et infinie, qui est elle-même la cause première et dernière de toutes les autres. La cause interne et personnelle et les causes extérieures sont bien incontestablement des causes relativement à leurs effets propres : mais la même raison qui nous les donne comme causes, nous les donnant aussi comme causes bornées et relatives, nous empêche de nous y arrêter comme à des causes qui se suffisent à elles-mêmes, et nous force de les rapporter à une cause suprême, qui les a fait être et qui les maintient, qui est relativement à elles ce qu'elles sont relativement aux phénomènes qui leur sont propres, et qui étant la cause de toute cause et l'être de tout être, se suffit en soi, et suffit à la raison qui ne cherche et ne trouve rien au-delà.

Remarquez bien ce point fondamental, dont les conséquences sont très-graves. Comme la notion du moi est celle de la cause à laquelle nous rapportons les phénomènes de la volition, de même la notion du non-moi est toute entière dans celle de la cause des phénomènes sensitifs et involontaires. Or, l'être que nous sommes et le monde extérieur n'étant que des causes, il s'ensuit que l'être des êtres auquel nous les rapportons, nous est également donné sous la notion de cause. Dieu n'est pour nous qu'à titre de cause; sans quoi la raison ne lui rapporterait ni l'humanité ni le monde. Il n'est substance absolue qu'en tant que cause absolue, et son essence est précisément dans sa puissance créatrice. Il me faudrait ici un volume pour décrire convenablement et mettre dans une pleine lumière la manière dont la raison nous élève à la cause absolue, après nous avoir donné la dualité de la cause personnelle et des causes extérieures. Je résume en quelques lignes de longues recherches dont on verra les débris dans ces *Fragmens*, et la marche dans la *Préface*. C'est cette marche seule que j'ai voulu rappeler.

Il n'y a point ici d'hypothèse : il suffit de rentrer dans sa conscience, mais à une certaine profondeur, pour y retrouver tout ce qui vient d'être exposé : car, pour résumer encore ce résumé, il n'y a pas un seul fait de conscience possible sans le moi : d'autre part le moi ne peut se connaître sans connaître le non-moi ; ni l'un ni l'autre ne peuvent être connus avec la limitation réciproque qui les caractérise, sans une conception plus ou moins distincte de quelque chose d'infini et d'absolu à quoi ils se rapportent. Ces trois idées du moi ou de la personne libre, du non moi ou de la nature, de leur cause absolue, de leur substance ou de Dieu, se tiennent étroitement et composent un seul et même fait de conscience dont les élémens sont inséparables. Il n'y a pas un homme qui ne porte ce fait tout entier avec lui dans sa conscience. De là la foi naturelle et permanente du genre humain. Mais tout homme ne se rend pas compte de ce qu'il sait. Savoir sans s'en rendre compte, savoir en s'en rendant compte, c'est là toute la différence possible de l'homme à l'homme, du peuple au philosophe. Dans l'un la raison est toute spontanée et atteint d'abord tous ses objets, mais sans revenir sur elle-même et se demander compte de ses procédés ; dans l'autre la réflexion s'ajoute à la raison, mais cette réflexion, dans ses investigations les plus profondes, ne peut ajouter à la raison naturelle un seul élément qu'elle ne possède déjà : elle n'y peut rien ajouter que la connaissance d'elle-même. Encore je dis la réflexion bien dirigée ; car si elle l'est mal, elle ne comprend pas la raison naturelle toute entière ; elle lui retranche quelque élément, et ne répare ses mutilations que par des inventions arbitraires. Omettre d'abord, ensuite inventer, c'est là le vice commun de presque tous les systèmes de philosophie. La prétention de celui-ci est de reproduire dans ses formules scientifiques la pure croyance du genre humain, pas moins que cette croyance, pas plus que cette croyance, cette croyance seule, mais elle toute entière. Son caractère singulier est de fonder l'ontologie sur la psychologie, et de passer de l'une à l'autre à l'aide d'une faculté psychologique et ontologique tout ensemble, subjective et objective à la fois, qui apparaît en nous sans nous appartenir en propre, éclaire le pâtre comme le philosophe, ne manque à personne et suffit à tous; savoir, la raison, qui du sein de la conscience s'étend dans l'infini et atteint jusqu'à l'être des êtres.

Un système si simple dans ses procédés et ses résultats, qui, partant de la méthode du siècle, retrouve avec elle tous les grands élémens de la croyance éternelle du genre humain, et reconstruit le dogmatisme sans autre instrument que la raison, ne pouvait manquer de choquer les deux écoles qui partagent chez nous la philosophie comme tout le reste, je veux dire l'école sensualiste et l'école théologique, l'une qui enchaîne la raison dans les limites des phénomènes sensibles, l'autre qui la proscrit absolument et la déclare incapable d'arriver à la vérité.

De la polémique de l'école sensualiste contre les *Fragmens* (1), j'extrairai les deux ou trois argumens

(1) Voyez particulièrement quelques articles du *Producteur*, journal des disciples de Saint-Simon, qui préludaient alors au matérialisme mys-

suivans, parce qu'ils ont été depuis fort répétés, et sont devenus à mon égard comme le lieu commun du sensualisme.

1° Il y a contradiction entre la méthode d'observation et d'induction proclamée dans la *Préface* et ses applications systématiques; car quand on part de la conscience, on ne peut arriver légitimement à l'ontologie.

Je réponds à cela que si dans la conscience on trouve une faculté dont le caractère soit d'être universelle et absolue, l'autorité de cette faculté, pour tomber sous l'œil de la conscience, n'est pas renfermée dans les limites de la conscience; sans quoi le sensualisme non plus ne devrait pas sortir de la conscience; car lui aussi, il part d'une donnée de conscience, savoir la sensation, et c'est avec cette donnée, qu'il connaît par la conscience, qu'il arrive avec le raisonnement, dont l'usage lui est encore attesté par la conscience, à la connaissance de l'existence extérieure, c'est-à-dire à l'ontologie. Mais l'objection ne vaut ni contre lui ni contre moi. En effet, la conscience est un pur témoin. Les facultés dont elle témoigne ne cessent pas pour cela d'avoir leur valeur propre et leur portée légitime qu'il s'agit de mesurer et d'apprécier ; or la sensation par elle-même est dépourvue de toute lumière et ne se connaît

tique qui les a perdus par un matérialisme philosophique et industriel qui leur faisait de nombreux partisans. Ces articles t. 3, pag. 325, et t. 4, pag. 19, sont de M. Laurent, auteur d'un *Résumé de l'Histoire de la Philosophie*, fait sur l'ouvrage de M. de Gérando.

pas même, tandis que la raison se connaît et connaît tout le reste, et va au-delà de la sphère du moi, parce qu'elle n'appartient point au moi.

2° Ce système qui prétend relever le spiritualisme en le fondant sur la base de l'expérience, n'est, après tout, dans ses dernières conclusions, que le système fameux de Spinosa et des Eléates, le panthéisme, qui détruit précisément la notion reçue de Dieu et de la Providence.

C'est pour répondre à cette accusation, qui a trouvé tant d'échos même en dehors de l'école sensualiste, que j'ai écrit une dissertation spéciale sur l'école d'Elée où je m'explique catégoriquement sur le panthéisme, sur son origine philosophique et historique, sur le principe de ses erreurs, et aussi sur ce qu'il a de bon, d'utile même (1).

Le panthéisme est proprement la divinisation du tout, le grand tout donné comme Dieu, l'Univers-Dieu de la plupart de mes adversaires, de Saint-Simon, par exemple. C'est au fond un véritable athéisme, mais auquel on peut mêler, comme l'a fait, sinon Saint-Simon, du moins son école, une certaine teinte religieuse, en appliquant au monde très-illégitimement les idées de bien et de beau, d'infini et d'unité qui appartiennent seulement à la cause suprême et ne se rencontrent dans le monde qu'en tant qu'il est, comme

---

(1) *Nouveaux Fragmens philosophiques*, Xénophane et Zénon d'Elée, p. 9-160.

tout effet, la manifestation de toutes les puissances renfermées dans la cause. Le système opposé au panthéisme est celui de l'unité absolue, tellement supérieure et antérieure au monde qu'elle lui est étrangère, et qu'alors il devient impossible de comprendre comment cette unité a pu sortir d'elle-même, et comment d'un pareil principe on peut tirer ce vaste univers avec la variété de ses forces et de ses phénomènes. Ce dernier système est l'abus de l'abstraction métaphysique, comme le premier est l'abus d'une contemplation exaltée de la nature, retenue, quelquefois à son insu, dans les liens des sens et de l'imagination. Ces deux systèmes sont plus naturels qu'on ne peut le supposer quand on ne connaît pas l'histoire de la philosophie, ou qu'on n'a pas soi-même passé par les divers états d'ame et d'intelligence qui produisent l'un et l'autre. En général tout naturaliste doit se garder du premier, et tout métaphysicien du second. La perfection, mais aussi la difficulté, est de ne pas perdre le sentiment de la nature dans la méditation et dans l'école, et, en présence de la nature, de remonter en esprit et en vérité jusqu'au principe invisible que nous manifeste et nous voile en même temps la ravissante harmonie du monde. Conçoit-on que ce soit l'école sensualiste qui élève contre quelqu'un l'accusation de panthéisme, et qui l'élève contre moi? M'accuser de panthéisme, c'est m'accuser de confondre la cause première, absolue, infinie, avec l'univers, c'est-à-dire avec les deux causes relatives

et finies du moi et du non-moi dont les bornes et l'évidente insuffisance sont le fondement sur lequel je m'élève à Dieu. En vérité je ne croyais pas avoir jamais à me défendre d'un pareil reproche. Mais si je n'ai pas confondu Dieu et le monde, si mon Dieu n'est pas l'Univers-Dieu du panthéisme, il n'est pas non plus, j'en conviens, l'abstraction de l'unité absolue, le Dieu mort de la scholastique ; et Dieu n'étant donné qu'en tant que cause absolue, à ce titre, selon moi, il ne peut pas ne pas produire, de sorte que la création cesse d'être inintelligible et qu'il n'y a pas plus de Dieu sans monde que de monde sans Dieu. Ce dernier point m'a paru d'une telle importance, que je n'ai pas craint de l'exprimer avec toute la force qui était en moi. « Le Dieu de la
« conscience n'est pas un Dieu abstrait; un roi so-
« litaire relégué par-delà la création sur le trône désert
« d'une éternité silencieuse et d'une existence absolue
« qui ressemble au néant même de l'existence. C'est
« un Dieu à la fois vrai et réel, à la fois substance et
« cause, toujours substance et toujours cause, n'étant
« substance qu'en tant que cause, c'est-à-dire étant
« cause absolue, un et plusieurs, éternité et temps,
« espace et nombre, essence et vie, indivisibilité et
« totalité, principe, fin et milieu, au sommet de l'être
« et à son plus humble degré, infini et fini tout ensem-
« ble (1) »...... Chose admirable ! c'est de ce passage que l'on a conclu que mon système n'était que celui de

(1) *Préface*, pag. 40.

Spinosa et des Eléates. Il n'y a qu'une petite difficulté à cela, c'est que précisément ce passage est dirigé contre toute spéculation métaphysique dans l'esprit de Spinosa et des Eléates. J'en demande bien pardon à mes adversaires, mais le Dieu de Spinosa et des Eléates est une pure substance et non pas une cause. La substance de Spinosa a des attributs plutôt que des effets. Dans le système de Spinosa, la création est impossible; dans le mien, elle est nécessaire. Quant aux Eléates, ils n'admettent ni le témoignage des sens, ni l'existence de la diversité ni celle d'aucun phénomène, et ils absorbent l'univers entier dans l'abîme de l'unité absolue. N'importe; mes adversaires ont tant répété que j'étais panthéiste et Eléate, ce qui implique contradiction, que pendant quelque temps cela fut convenu dans une partie assez nombreuse du public, et qu'il m'a fallu faire une histoire de l'école d'Elée pour prouver que je n'étais pas de cette école.

3° Mais voici la grande, la foudroyante objection : tout cela n'est qu'une importation de la philosophie allemande, et cette seule idée soulève autant certains patriotismes que si j'eusse introduit l'étranger dans le cœur de mon pays. Je répondrai nettement qu'en philosophie il n'y a d'autre patrie que la vérité, et qu'il ne s'agit pas de savoir si la philosophie que j'enseigne est allemande, anglaise ou française, mais si elle est vraie. A-t-on jamais parlé d'une géométrie ou d'une physique française? et la philosophie, par la nature même de ses objets, n'a-t-elle pas ou du moins ne poursuit-elle pas ce caractère d'universalité dans lequel toutes les distinctions de nationalité s'évanoissent? Et puis, n'avons-nous pas emprunté pour les arts à l'Italie, et n'empruntons-nous pas tous les jours encore à l'Angleterre pour l'intelligence et la pratique du gouvernement représentatif, pour l'économie politique et tout ce qui regarde la vie extérieure? Pourquoi donc n'emprunterions-nous pas aussi à l'Allemagne, pour ce qui regarde la vie intérieure, l'art de l'éducation et la philosophie? Enfin nos adversaires ont-ils oublié d'où leur vient leur propre philosophie? Cette philosophie n'est-elle pas une importation de la philosophie de Locke, c'est-à-dire une philosophie anglaise, une philosophie étrangère? Et cependant elle a régné en France pendant toute la fin du dix-huitième siècle avec une autorité presque illimitée; elle y a été nationale autant qu'une philosophie peut l'être. Celle de Descartes aussi avait régné en France au dix-septième siècle; elle y avait été profondément nationale, puisque toute l'élite de la nation, depuis Pascal jusqu'à madame de Sévigné, avait subi son ascendant. Et pourtant ces deux philosophies, qui, à un demi-siècle de distance, ont été en France presque également nationales, sont diamétralement opposées. D'où leur vient donc leur nationalité commune, dans les différences profondes qui les séparent? Selon moi, le secret de la commune nationalité de ces deux philosophies contraires est tout entier dans l'esprit commun qui préside à toutes les deux, et qui domine toutes leurs différences : cet esprit de méthode et d'analyse, ce besoin de netteté, de précision, de liaison parfaite, qui est l'esprit français par excellence. Voilà notre vraie nationalité en philosophie ; voilà celle dont il faut nous relever, et qu'il ne faut abandonner à aucun prix. Si j'ai péché contre celle-là, je me reconnais coupable, mais coupable bien malgré moi. Mais l'esprit français pour rester fidèle à lui-même, n'est pas condamné à ignorer tout le reste; il n'a rien à craindre du contact des écoles philosophiques qui fleurissent dans les autres parties de la grande famille européenne; et il saura bien, avec sa sagacité et sa fermeté ordinaire, y discerner le bien et le mal, rendre au vent ce qui est vapeur et chimère, et profiter de ce qui est solide et vrai. Ce n'était donc pas une mauvaise entreprise de s'engager dans les profondeurs un peu sombres de la philosophie allemande, d'y rechercher les trésors de méditation qu'elle peut receler, et de les faire connaître à la France. S'il y a quelque mal à cela ; oui, j'en conviens, j'ai donné le premier ce fatal exemple; j'ai ouvert la route : de toutes parts on y est entré sur mes pas, et j'ose croire que c'est un service véritable que j'ai rendu à mon pays, et que tôt ou tard on le reconnaîtra. Reste donc la question d'originalité en ce qui me concerne. Mais où ces messieurs ont-ils vu que je prétende à l'originalité ? Dans la *République*, le sophiste Thrasymaque faisant à Socrate à peu près le même reproche; Socrate lui répond : « Tu « as raison, Thrasymaque, de dire que je vais de tous « côtés apprenant des autres ; mais tu as tort d'ajouter « que je ne leur en sais aucun gré : au contraire, je

« leur en témoigne ma reconnaissance autant qu'il est
« en moi (1). » Ici Socrate, c'est Platon lui-même,
c'est Aristote, c'est Leibnitz, c'est quiconque a eu le
bonheur de naître avec une ame un peu élevée, un
esprit de quelque étendue et l'amour de la vérité dans
un siècle de lumières, riche en grands exemples et en
beaux génies. Et moi aussi, j'ai toujours remercié la
Providence de m'avoir fait naître dans un temps où
j'ai rencontré tant de sources d'instruction, tant de
livres et tant d'hommes dont le commerce m'a été
utile. Loin de prétendre que je n'ai pas eu de
maîtres, j'avoue que j'en ai eu beaucoup et dans le
passé et dans le présent, et en France et hors de France.
Pour abréger, je ne parlerai ici que des contemporains.

Il est resté et restera toujours dans ma mémoire,
avec une émotion reconnaissante, le jour où, pour la
première fois en 1811, élève de l'Ecole Normale,
destiné à l'enseignement des lettres, j'entendis
M. Laromiguière. Ce jour décida de toute ma vie:
il m'enleva à mes premières études qui me promettaient
des succès paisibles, pour me jeter dans une carrière
où les contrariétés et les orages ne m'ont pas manqué.
Je ne suis pas Mallebranche; mais j'éprouvai en en-
tendant M. Laromiguière ce qu'on dit que Mallebranche éprouva en ouvrant par hasard un traité de
Descartes. M. Laromiguière enseignait la philosophie
de Locke et de Condillac, heureusement modifiée sur

---

(1) *République*, tom. IX de ma traduction, pag. 27.

quelques points, avec une clarté, une grâce qui ôtaient jusqu'à l'apparence des difficultés, et avec un charme de bonhomie spirituelle qui pénétrait et subjuguait. L'École Normale lui appartenait tout entière. L'année suivante, un enseignement nouveau vint nous disputer au premier; et M. Royer-Collard, par la sévérité de sa logique, par la gravité et le poids de sa parole, nous détourna peu à peu, et non pas sans résistance, du chemin battu de Condillac, dans le sentier devenu depuis si facile, mais alors pénible et infréquenté, de la philosophie écossaise. A côté de ces deux éminens professeurs, j'eus l'avantage de trouver encore un homme sans égal en France pour le talent de l'observation intérieure, la finesse et la profondeur du sens psychologique, je veux parler de M. de Biran. Me voilà déjà de compte fait trois maîtres en France; je ne dirai jamais tout ce que je leur dois. M. Laromiguière m'initia à l'art de décomposer la pensée; il m'exerça à descendre des idées les plus abstraites et les plus générales que nous possédions aujourd'hui jusqu'aux sensations les plus vulgaires qui en sont la première origine, et à me rendre compte du jeu des facultés, élémentaires ou composées, qui interviennent successivement dans la formation de ces idées. M. Royer-Collard m'apprit que, si ces facultés ont en effet besoin d'être sollicitées par la sensation pour se développer et porter la moindre idée, elles sont soumises dans leur action à certaines conditions intérieures, à certaines lois, à certains principes, que la sensation n'explique pas, qui résistent à toute analyse, et qui sont comme le patrimoine naturel de l'esprit humain. Avec M. de Biran, j'étudiai surtout les phénomènes de la volonté. Cet observateur admirable m'enseigna à démêler dans toutes nos connaissances, et même dans les faits les plus simples de conscience, la part de l'activité volontaire, de cette activité dans laquelle éclate et se révèle notre personnalité.

C'est sous cette triple discipline que je me suis formé; c'est ainsi préparé que je suis entré, en 1815, dans l'enseignement public de la philosophie, à l'École Normale et à la Faculté des Lettres.

J'eus bientôt ou je crus avoir épuisé l'enseignement de mes premiers maîtres, et je cherchai des maîtres nouveaux : après la France et l'Ecosse, mes yeux se portèrent naturellement vers l'Allemagne. J'appris donc l'allemand, et me mis à déchiffrer avec des peines infinies les principaux monumens de la philosophie de Kant, sans autre secours que la barbare traduction latine de Born. Je vécus ainsi deux années entières, comme enseveli dans les souterrains de la psychologie kantienne, et uniquement occupé du passage de la psychologie à l'ontologie. J'ai déjà dit comment la psychologie elle-même me l'enseigna, et comment je traversai la philosophie de Kant. Celle de Fichte ne pouvait m'arrêter long-temps, et à la fin de l'année 1817 j'avais laissé derrière moi la première école allemande. C'est alors que je fis une course en Allemagne. Je puis dire qu'à cette époque de ma vie, j'étais précisément dans l'état où s'était trouvée l'Allemagne elle-même au commencement du dix-neuvième siècle, après Kant et Fichte, et à l'apparition de *la philosophie de la nature*. Ma méthode, ma direction, ma psychologie, mes vues générales étaient arrêtées, et elles me conduisaient à *la philosophie de la nature*. Je ne vis qu'elle en Allemagne. Sans doute j'y rencontrai des hommes d'un mérite incontestable, en possession d'une juste renommée, utilement appliqués à combler les lacunes de la philosophie de Kant, à réparer ses imperfections, et à la mettre en état de résister à la nouvelle philosophie. Je rendis justice à leurs talens, mais sans épouser leur cause. Je rencontrai aussi l'école de Jacobi, à peu près réunie à celle de Kant contre l'ennemi commun, travaillant de concert à élever la foi au-dessus de la raison, et plaçant la foi dans l'enthousiasme. Et l'enthousiasme en effet est une des sources les plus légitimes de la foi; car l'enthousiasme n'est pas autre chose que l'intuition spontanée de la vérité, intuition spontanée plus naturelle, plus générale et plus sûre que la réflexion, et qui n'est pas moins réelle et ne tombe pas moins sous l'œil de la conscience. Mais l'erreur de l'école de Jacobi est de ne pas voir que cet enthousiasme véridique, cette illumination qui ressemble à une prophétie, appartient à la raison elle-même, et n'en est qu'une application plus pure et plus haute, de telle sorte que la foi a sa racine encore dans la raison. Jacobi au contraire sépare la raison et la foi, et par là, ôtant à la foi sa base et sa règle, il l'abandonne à tous les écarts du cœur et de l'imagination, et ne laisse à la philosophie d'autre asile qu'un mysticisme inquiet et brillant, sans vraie lumière et sans vrai repos (1). Une philosophie qui part précisément du divorce de la foi et de la raison était trop opposée aux résultats auxquels j'étais parvenu pour m'arrêter, m'intéresser même, et je ne fus vivement frappé que de la nouvelle philosophie. Elle agitait encore et partageait l'Allemagne comme aux jours de sa nouveauté. Le grand nom de Schelling retentissait dans toutes les écoles; ici célébré, là presque maudit, partout excitant cet intérêt passionné, ce concert d'ardens éloges et d'attaques violentes que nous appelons la gloire. Je ne vis pas Schelling cette fois; mais à sa place je rencontrai, sans le chercher et comme par hasard, Hegel à Heidelberg. Je commençai par lui, et c'est par lui aussi que j'ai fini en Allemagne.

Il s'en faut bien que Hegel fût alors l'homme célèbre que j'ai depuis retrouvé à Berlin, fixant sur lui tous les regards, et à la tête d'une école nombreuse et ardente. Hegel n'avait encore d'autre réputation que celle d'un disciple distingué de Schelling. Il avait publié des livres qu'on avait peu lus; son enseignement commençait à peine à le faire connaître davantage. *L'Encyclopédie des sciences philosophiques* paraissait en ce moment, et j'en eus un des premiers exemplaires. C'était un livre tout hérissé de formules d'une apparence assez scholastique, et écrit dans une langue très-peu lucide, surtout pour moi. Hegel ne savait pas beaucoup plus le français que je ne savais l'allemand, et, enfoncé dans ses études, mal sûr encore de

(1) *Tennemann*, tom 2. p. 330.

lui-même et de sa renommée, il ne voyait presque personne, et, pour tout dire, il n'était pas d'une amabilité extrême. Je ne puis comprendre comment un jeune homme obscur parvint à l'intéresser; mais au bout d'une heure il fut à moi comme je fus à lui, et jusqu'au dernier moment notre amitié, plus d'une fois éprouvée, ne s'est pas démentie. Dès la première conversation, je le devinai, je compris toute sa portée, je me sentis en présence d'un homme supérieur; et quand d'Heidelberg je continuai ma course en Allemagne, je l'annonçai partout, je le prophétisai en quelque sorte; et à mon retour en France, je dis à mes amis : Messieurs, j'ai vu un homme de génie. L'impression que m'avait laissée Hegel était profonde, mais confuse. L'année suivante j'allai chercher à Munich l'auteur même du système. On ne peut pas se moins ressembler que le disciple et le maître. Hegel laisse à peine tomber de rares et profondes paroles, quelque peu énigmatiques; sa diction forte mais embarrassée, son visage immobile, son front couvert de nuages, semblent l'image de la pensée qui se replie sur elle-même. Schelling est la pensée qui se développe; son langage est, comme son regard, plein d'éclat et de vie : il est naturellement éloquent. J'ai passé un mois entier avec lui et Jacobi à Munich, en 1818, et c'est là que j'ai commencé à voir un peu plus clair dans *la philosophie de la nature.*

Qu'est-ce donc que cette philosophie? Puis-je le dire ici en quelques mots? Est-il possible d'en donner même la moindre idée intelligible à ceux qui n'ont pas passé par tous les antécédens de cette philosophie, par tous les degrés de l'école de Kant? Le dernier mot de la philosophie de Kant avait été le système de Fichte, et le dernier mot du système de Fichte était le *moi* posé ou plutôt se posant lui-même comme principe unique. Arrivée à cette extrémité, il fallait que la philosophie allemande y pérît ou qu'elle en sortît : Schelling est l'homme qui la tira du labyrinthe d'une psychologie à la fois idéaliste et sceptique pour la rendre à la réalité et à la vie. Il revendiqua surtout les droits du monde extérieur, de la nature, et c'est de là que sa philosophie a tiré son nom. Dans le système de Kant et de Fichte, toute existence absolue et substantielle n'est plus qu'une hypothèse, sans autre fondement que le besoin du sujet et du moi, qui l'admet pour se satisfaire lui-même. Schelling, pour sortir du relatif et du subjectif, se place d'emblée dans l'absolu. Selon lui, la philosophie, si elle veut un terrain solide, doit laisser là la psychologie et la dialectique, le moi comme le non-moi, et, sans s'embarrasser des objections du scepticisme, s'élever d'abord jusqu'à l'être absolu, substance commune et commun idéal du moi et du non-moi, qui ne se rapporte exclusivement ni à l'un ni à l'autre, mais qui les comprend tous les deux et en est l'identité. Cette identité absolue du moi et du non-moi, de l'homme et de la nature, c'est Dieu. Il suit de là que Dieu est dans la nature aussi bien que dans l'homme. Il suit encore que cette nature a en elle-même autant de valeur que l'homme, qu'elle a sa vérité comme lui puisqu'elle existe au même titre, et qu'elle lui doit ressembler puisqu'elle dérive du même principe : leur seule différence est celle de la conscience à la non-conscience. D'autre part, Dieu ne peut être moins dans l'humanité que dans la nature ; si la nature est en quelque sorte aussi rationnelle que l'esprit de l'homme, l'esprit de l'homme doit avoir des lois aussi nécessaires que celles de la nature ; et le monde de l'humanité est aussi régulièrement fait que le monde extérieur ; or le monde de l'humanité se manifeste dans l'histoire ; l'histoire a donc ses lois ; elle forme donc dans ses diverses époques et dans ses aberrations apparentes un système harmonique, comme le monde extérieur est un dans la diversité de ses phénomènes. De cette double conséquence et de leur commun principe dérive la haute importance des études historiques et des sciences physiques. De là, pour la première fois, l'idéalisme introduit dans les sciences physiques, et le réalisme dans l'histoire ; les deux sphères de la philosophie jusque-là ennemies, la psychologie et la physique, enfin réconciliées ; un admirable sentiment à la fois de raison et de vie, une poésie sublime répandue dans toute la philosophie ; et par-dessus tout cela l'idée de Dieu partout présente, et servant au système entier de principe et de lumière.

Les premières années du dix-neuvième siècle ont vu paraître ce grand système. L'Europe le doit à l'Allemagne, et l'Allemagne à Schelling. Ce système est le vrai ; car il est l'expression la plus complète de la réalité tout entière, de l'existence universelle. Schelling a mis au monde ce système ; mais il l'a laissé rempli de lacunes et d'imperfections de toute espèce. Hegel, venu après Schelling, appartient à son école : il s'y est fait une place à part, non-seulement en développant et en enrichissant le système, mais en lui donnant à plusieurs égards une face nouvelle. Les admirateurs d'Hegel le considèrent comme l'Aristote d'un autre Platon : les partisans exclusifs de Schelling ne veulent voir en lui que le Wolff d'un autre Leibnitz. Quoi qu'il en soit de ces comparaisons un peu altières, personne ne peut nier qu'au maître a été donnée une invention puissante, et au disciple une réflexion profonde. Hegel a beaucoup emprunté à Schelling ; moi, bien plus faible que l'un et que l'autre, j'ai emprunté à tous les deux. Il y a de la folie à me le reprocher, et il n'y a pas certes à moi grande humilité à le reconnaître. Il y a plus de douze années, en dédiant à Schelling et à Hegel mon édition du Commentaire de Proclus sur le *Parménide*, je les appelais publiquement tous les deux *mes amis et mes maîtres, et les chefs de la philosophie de notre siècle* (1). Il m'est doux de renouveler aujourd'hui cet hommage, et je ne le répèterai jamais assez au gré de ma sincère admiration et de ma tendre amitié. Grace à Dieu, je n'ai pas l'ame faite de manière à être jamais embarrassé de la reconnaissance.

(1) *Amicis et magistris, philosophiæ præsentis ducibus. Procli Opera*, tom. IV, 1821. Voyez aussi dans ma traduction de Platon, tom. III, (1826) la dédicace du *Gorgias*.

Mais tout en me plaisant à proclamer les ressemblances qui rattachent la philosophie que je professe à celle de ces deux grands maîtres, je dois aussi à la vérité d'avouer que des différences fondamentales me séparent d'eux, bien malgré moi. Un critique écossais dont l'érudition égale la sagacité, et qu'on n'accusera pas assurément de flatterie envers moi, M. Hamilton a signalé ces différences (1). Je rougirais d'y insister ; mais je ne puis pas ne pas rappeler la première et la plus féconde de toutes, celle de la méthode. Comme je l'ai déjà dit, mes deux illustres amis se placent d'abord au faîte de la spéculation ; moi je pars de l'expérience. Pour échapper au caractère subjectif des inductions d'une psychologie imparfaite, ils débutent par l'ontologie, qui n'est plus alors qu'une hypothèse ; moi je débute par la psychologie, et c'est la psychologie elle-même qui me conduit à l'ontologie et me sauve à la fois du scepticisme et de l'hypothèse. Dans la confiance que la vérité porte avec elle son évidence, et que c'est d'ailleurs à l'ensemble à justifier toutes les parties, Hegel débute par des abstractions qui sont pour lui le fondement et le type de toute réalité ; mais nulle part il n'indique ni ne décrit le procédé qui lui donne ces abstractions. Schelling parle bien quelquefois de l'intuition intellectuelle comme du procédé qui saisit l'être lui-même ; mais de peur d'imprimer un caractère subjectif à cette intuition intellectuelle, il prétend qu'elle ne tombe pas dans la

(1) *Edinburgh Review*, n° 99

conscience, ce qui la rend pour moi absolument incompréhensible. Tout au contraire, dans ma théorie, l'intuition intellectuelle, sans être personnelle et subjective, atteint l'être du sein de la conscience ; elle est un fait de conscience tout aussi réel que celui de la conception réfléchie, mais seulement plus difficile à saisir, sans être pourtant insaisissable, car il serait alors comme s'il n'était pas. Enfin à quelle faculté appartient l'intuition intellectuelle de Schelling? Est-ce à une faculté spéciale? ou bien n'est-elle, comme dans ma théorie, qu'un degré plus élevé et plus pur de la raison? Je ne crois pas qu'il soit permis de glisser légèrement sur tous ces points et sur bien d'autres que je ne puis pas même indiquer. Loin de là, je suis profondément convaincu qu'on ne peut éclairer avec trop de soin le passage de la psychologie à l'ontologie, pour que celle-ci ne soit pas ou du moins ne paraisse pas un tissu d'hypothèses plus ou moins artistement enchaînées. Ici comme partout se manifeste la différence générale qui me sépare de la nouvelle école allemande, savoir le caractère psychologique plus empreint dans toutes mes vues, et auquel je m'attache scrupuleusement comme à un appui pour ma faiblesse et à une garantie pour mes inductions (1).

---

(1) Voyez sur le caractère de la Philosophie de Schelling, l'excellent résumé de Tennemann, *Manuel de l'Histoire de la Philosophie*, trad. française, tom. 2, pag. 294-312. Pour Hegel, il me suffit de citer la division de son *Encyclopédie des Sciences Philosophiques*, troisième édit., Berlin, 1830. Première partie : *Science de la Logique*, prise dans le sens de

J'ai presque besoin de demander grace pour cette apologie, qui peut-être ressemble plus à un chapitre de Mémoires particuliers qu'à une discussion de philosophie. A présent, du moins, le lecteur en sait autant que moi-même sur tous ceux qui ont influé sur mon esprit et sur mes idées. Quant à mon originalité, j'en fais très-bon marché. Je n'ai jamais cherché et ne cherche qu'une chose, la vérité, d'abord pour m'en nourrir et m'en pénétrer moi-même, ensuite pour la communiquer à mes semblables. J'ai déjà eu bien des maîtres, et j'espère bien être toujours jusqu'à mon dernier soupir le disciple de quiconque aura quelque vérité nouvelle à m'apprendre.

Je passe maintenant à d'autres adversaires, aux accusations tout autrement graves de l'école théologique.

Que peut-il y avoir entre l'école théologique et moi ? suis-je donc un ennemi du christianisme et de l'Eglise ? J'ai fait bien des cours et beaucoup trop de livres ; peut-on y trouver un seul mot qui s'écarte du respect dû aux choses sacrées ? qu'on me cite une seule parole douteuse ou légère, et je la retire, je la désavoue comme indigne d'un philosophe.

Mais peut-être, sans le vouloir et à mon insu, la

Platon, comme la science des idées en elles-mêmes, c'est-à-dire des essences nécessaires des choses. Deuxième partie : *Philosophie de la Nature*. Troisième partie : *Philosophie de l'Esprit*. C'est dans cette troisième partie de la science philosophique que se trouve la psychologie. De même dans la *Logique* : 1° l'*Être*; 2° l'*Essence*; 3° la *Notion*. Et dans l'être trois degrés, dans cet ordre : *Seyn, Daseyn, Fürsichseyn*.

philosophie que j'enseigne ébranle-t-elle la foi chrétienne? Ceci serait plus dangereux et en même temps moins criminel; car n'est pas toujours orthodoxe qui veut l'être. Voyons; quel est le dogme que ma théorie met en péril? Est-ce le dogme du Verbe et de la Trinité? Si c'est celui-là ou quelque autre, qu'on le dise, qu'on le prouve, qu'on essaie de le prouver; ce sera là du moins une discussion sérieuse et vraiment théologique. Je l'accepte d'avance; je la sollicite.

Non, il ne s'agit pas de tout cela. On ne m'accuse ni de mal parler ni de mal penser du christianisme. Ce n'est pas par tel ou tel endroit que ma philosophie est impie; son impiété est bien autrement profonde; car elle est dans son existence même : tout son crime est d'être une philosophie, et non pas seulement, comme au douzième siècle, un simple commentaire des décisions de l'Église et des saintes Ecritures.

Parlons clairement : L'école théologique, pour mieux défendre la religion, entreprend de détruire la philosophie, toute philosophie, la bonne comme la mauvaise, et peut-être la bonne plus encore que la mauvaise. Voilà pourquoi elle se fait sceptique contre la philosophie; mais c'est un pur jeu; car tout ce scepticisme tend a un dogmatisme énorme. Le grand argument de l'école théologique, et comme son cri de guerre, est l'impuissance de la raison humaine.

Voici l'argumentation connue de cette école.

La raison est une faculté toute personnelle. Quand donc nous affirmons quelque chose au nom de la raison, c'est au nom de notre raison que nous l'affirmons; la certitude n'a point alors d'autre base, d'autre *criterium* que notre sens individuel, ce qui est absurde. Donc la raison ne peut nous donner une certitude véritable. Or, la raison une fois convaincue d'impuissance, il faut chercher une autre autorité. Cette autorité est celle du sens commun opposé au sens individuel, sens commun maintenu par la tradition, rendu visible par l'Église et promulgué par le saint-siège.

On a cent fois renversé ce fastueux échafaudage. D'abord nous soutenons, nous autres philosophes, que ce qu'il plaît à l'école théologique d'appeler raison individuelle est la raison générale, universelle, qui, dans chaque homme, est en abrégé le sens commun du genre humain. Nous soutenons que si ce sens commun existe en effet dans le genre humain, il ne peut se composer de fragmens des diverses raisons individuelles, comparées et combinées entre elles; car il ne peut pas y avoir plus dans la collection que dans chacun de ses élémens, et mille raisons individuelles, impuissantes, ne peuvent recevoir l'infaillibilité de leur réunion. Qui fera, d'ailleurs, cette réunion? En un mot, nous soutenons que le sens commun du genre humain existe, parce qu'il y a dans chaque homme une raison non individuelle, mais générale, qui, étant la même dans tous parce qu'elle n'est individuelle dans aucun, constitue la véritable fraternité des hommes et le patrimoine commun de l'espèce humaine. Autrement le sens commun est une pure hypothèse. Supposons que cette hypothèse soit une vérité, pour que chacun soumette son sens individuel au sens commun de l'espèce, il faut au moins que chacun puisse reconnaître ce sens commun : mais comment le reconnaîtrait-il ? serait-ce avec son sens individuel ? évidemment dans le système en question, puisqu'il n'y a plus rien de mieux dans l'homme. Mais alors comment, avec ce sens individuel, reconnaître infailliblement le sens commun ? On ne le peut, sous peine de conclure de l'individuel au général, et de se prendre soi-même pour mesure de la certitude. Il faudrait donc avoir en soi d'abord une mesure de certitude, pour reconnaître celle que l'on nous propose. Il faudrait en posséder une autre encore, pour reconnaître que l'Eglise représente en effet le sens commun de l'espèce humaine; car c'est ce rapport de conformité qui fait seul toute l'autorité de l'Eglise. Apparemment c'est une soumission raisonnable qu'on nous demande; or, pour cette soumission raisonnable, l'emploi de la raison est déjà nécessaire.

Toute l'éloquence et tous les sophismes du monde ne peuvent masquer ce perpétuel paralogisme. Et pourtant voilà l'argumentation dont on triomphe. Sans cesse battue, on la reproduit sans cesse. Elle a monté des journaux du parti dans les mandemens des évêques (1); elle fait le fond de l'enseignement des sémi-

(1) Voyez, entre autres pièces du même genre, l'instruction pastorale de monseigneur l'évêque de Chartres, contre mon Cours de Philosophie, *Quotidienne* du 16 février 1828.

naires; elle remplit la première chaire de la chrétienté (1); et, pour que rien ne manque à l'inconséquence, les protestans l'ont trouvée si merveilleuse qu'ils n'ont point hésité à l'emprunter au catholicisme. Ouvrez toutes les publications méthodistes (2) : au talent près, vous croyez lire M. l'abbé de la Mennais. Mêmes principes, même manière de raisonner, même haine de la raison et de la philosophie; la seule différence est qu'au sens commun on substitue la parole de Dieu et les saintes Ecritures à l'Église. Dans toute philosophie, dit-on, c'est toujours un homme qui parle; c'est un homme seul qui s'adresse à notre raison avec la sienne; mais nous ne voulons nul homme entre nous et la vérité; nous ne voulons nous rendre qu'à Dieu lui-même et à sa parole. Vraiment, nos adversaires ne sont pas difficiles; mais, de grace, qui leur enseigne cette parole? qui leur répond qu'elle est la parole de Dieu? quel motif ont-ils de le croire? Qui leur dit que Dieu a parlé? et à quel signe le reconnaissent-ils? Ceux-ci, pour nous le prouver, nous proposent des recherches d'érudition et de critique historique, ceux-là en appellent à une sorte d'illumination immédiate dans la lecture des saintes Ecritures. Mais il est trop étrange de nous renvoyer à la critique de peur de la philosophie, et à l'histoire pour éviter que les hommes ne se mettent entre la vérité et nous. Quant à l'illumination immédiate, l'intervention de la raison y est moins évidente, mais

(1) *De Methodo Philosophandi*, pars prima, Romæ, 1828, par le Père Ventura, théatin, professeur au collège de la Sapienza.

(2) Voyez *le Semeur*, organe du parti méthodiste.

elle est tout aussi réelle. En effet, quelle est celle de nos facultés qui dans la lecture des saintes écritures doit recevoir ces subites lumières ? Ce n'est pas la sensibilité probablement ; ce n'est pas l'imagination ; ce n'est pas non plus le raisonnement. etc.; cherchez et vous verrez qu'il faut bien que ce soit la raison. C'est la raison qui, pourvue du pouvoir de reconnaître le vrai, le bien, le beau, le grand, le saint, le divin, partout où il est, le reconnaît dans les saintes Écritures, comme elle le reconnaît dans la nature, comme elle le reconnaît dans la conscience et dans l'ame, qui est une Bible aussi à sa manière. Vous voulez réduire la philosophie à un commentaire des saintes Écritures : vous vous fiez donc à qui fera ce commentaire. Les saintes écritures ont leurs obscurités et leurs voiles ; leur langage est celui du symbolique Orient : pour le comprendre et l'interpréter, une raison très-exercée et très-développée est nécessaire. C'est donc, en dernière analyse, à la raison qu'il en faut revenir ; c'est son témoignage qui mesure tous les autres témoignages ; c'est sur son autorité que reposent toutes les autres autorités. Si cette autorité est purement individuelle, comme on le prétend, il n'y a plus de certitude au monde, plus de vérité universelle. Mais s'il y a de la certitude, s'il y a des vérités universelles, c'est que la raison qui nous les enseigne a en elle-même une autorité souveraine et universelle. On ne peut en vérité s'empêcher de sourire en voyant une secte protestante, après s'être séparée de l'église au nom du droit du libre examen, finir par renier l'autorité de la faculté qui examine. Qu'elle retourne donc à l'Église; elle y trouvera du moins une règle uniforme, une discipline générale qui sera pour elle un appui et un refuge contre les extravagances du mysticisme.

Est-il besoin d'avertir qu'il ne s'agit pas ici du Christianisme, ni de l'Eglise ni des saintes Ecritures, mais seulement de la guerre imprudente qu'un zèle malentendu déclare en leur nom à la raison et à la philosophie? Séparer la foi de la raison est mal servir la foi au dix-neuvième siècle. Réduire la philosophie à la théologie est un anachronisme intolérable. La philosophie est à jamais émancipée. Il y a presque du ridicule à venir lui proposer aujourd'hui de n'être plus que la servante de la théologie. Laissons-leur à chacune une convenable indépendance. Elles peuvent très-bien subsister ensemble. Leur domaine est distinct, et il est assez vaste pour qu'elles n'aient pas besoin d'entreprendre l'une sur l'autre. La religion qui s'adresse à tous les hommes, manquerait son but si elle se présentait sous une forme que l'intelligence seule pût atteindre, car alors ses enseignemens seraient perdus pour les trois quarts de l'espèce humaine. Elle ne parle pas seulement à l'intelligence, mais elle parle aussi au cœur, aux sens, à l'imagination, à l'homme tout entier. C'est là ce qui rend son utilité incomparablement supérieure à celle de la philosophie, par la multitude des créatures humaines sur lesquelles elle agit. Mais cet immense avantage entraîne aussi des inconvéniens qui paraissent peu à peu dans le progrès du temps et de la civilisation. A la lettre, les religions sont les institutrices et les nourrices du genre humain. C'est à elles qu'appartiennent les temples, les places publiques, toutes les grandes influences, la popularité, la puissance. Il n'en est point ainsi de la philosophie. Elle ne parle qu'à l'intelligence, et par conséquent à un très-petit nombre d'hommes; mais ce petit nombre est l'élite et l'avant-garde de l'humanité. Les fonctions de la philosophie et de la religion étant aussi différentes, pourquoi donc se combattraient-elles? Elles servent toutes deux l'espèce humaine chacune à sa manière et selon les formes qui leur sont propres. La philosophie serait insensée et criminelle de vouloir détruire la religion, car elle ne peut espérer la remplacer auprès des masses, qui ne peuvent suivre des cours de métaphysique. D'un autre côté, la religion ne peut détruire la philosophie; car la philosophie représente le droit sacré et le besoin invincible de la raison humaine de se rendre compte de toutes choses. Une théologie profonde qui connaîtrait son véritable terrain, ne serait jamais hostile à la philosophie, dont à la rigueur elle ne peut se passer; et en même temps une philosophie qui connaîtrait bien la nature de la philosophie, son véritable objet, sa portée et ses limites, ne serait jamais tentée d'imposer ses procédés à la théologie. C'est toujours la mauvaise philosophie et la mauvaise théologie qui se querellent. Le Christianisme est le berceau de la philosophie moderne, et j'ai moi-même signalé plus d'une haute vérité cachée sous le voile des images chrétiennes. Que ces saintes et sublimes images entrent de bonne heure dans les ames de nos enfans, et y déposent les germes de toutes les vérités : la patrie, l'humanité, la philosophie elle-même y trouveront les plus précieux avantages ; mais il ne faut pas prétendre que jamais la raison n'essaie de se rendre compte de la vérité sous une autre forme que celle-là. Ce serait méconnaître la diversité et la richesse des facultés humaines, leurs besoins distincts et la portée légitime de ces besoins ; ce serait s'opposer à la marche nécessaire des choses. Mais au milieu de ces égaremens, c'est à la philosophie, attaquée et calomniée, de rendre le bien pour le mal, et, tout en maintenant son indépendance avec une fermeté inébranlable, de maintenir aussi, autant qu'il est en elle, l'alliance naturelle qui l'unit à la religion. Ce serait d'ailleurs une philosophie bien superficielle que celle qui serait embarrassée du Christianisme. Par-là elle s'avouerait elle-même atteinte et convaincue d'une manifeste insuffisance, puisqu'elle ne comprendrait pas et ne pourrait expliquer le plus grand événement du passé, la plus grande institution du présent. Ceci m'amène au dernier point sur lequel il me reste à dire quelques mots, savoir l'application de la philosophie à l'histoire, et singulièrement à l'histoire de la philosophie, pour ne pas sortir de ces *Fragmens* et ne pas trop étendre cette préface, déjà bien longue.

IV. Les vues de tout système sur l'histoire de la science à laquelle il se rapporte sont le jugement le plus certain de ce système, la mesure exacte de ses principes. Est-il incomplet? Ne contient-il qu'un seul élément de la conscience et des choses; n'est-il fondé que sur un principe unique, si spécieux et si brillant qu'il puisse être? il est réduit, pour ne pas se renier lui-même, à n'apercevoir aucune vérité dans tous les systèmes fondés sur un principe contraire, et à ne trouver un peu de raison que dans ceux qui reposent sur le même principe. Une pareille conception historique est l'arrêt d'un système; car c'est une triste sagesse que celle qui a pour condition la folie universelle; et ne se défendre qu'en accusant tous les autres, c'est s'accuser et se condamner soi-même. Mais supposez un système qui, par une observation patiente et profonde, et une induction à la fois vaste et scrupuleuse, soit parvenu à embrasser tous les élémens de la conscience et de la réalité; quand ensuite il portera ses regards sur l'histoire, de quelque côté qu'il se tourne, il ne rencontrera pas un seul système d'un peu d'importance dans lequel il ne retrouve quelque élément de lui-même, et avec lequel il ne s'accorde au moins par quelque endroit. En effet, on ne peut guère se séparer assez du sens commun accordé à tous les hommes pour tomber et se reposer dans des erreurs pures de toute vérité : l'erreur ne pénètre dans l'intelligence que sous le masque d'une vérité qu'elle défigure. Un système vraiment complet s'applique donc avec une facilité merveilleuse à l'histoire. Il n'est pas forcé pour s'absoudre de proscrire tous les systèmes; il lui suffit de séparer la part inévitable d'erreur mêlée à la portion de vérité qui est la force et la vie de chacun d'eux ; et en opérant de la même façon sur tous, d'ennemis qu'ils étaient par leurs erreurs contraires il les fait amis et frères par les vérités qu'ils renferment, et ainsi épurés et réconciliés il en compose un vaste ensemble, adéquat à la vérité tout entière. Or cette méthode, à la fois philosophique et historique, qui, en possession de la vérité, sait en retrouver des fragmens çà et là dans tous les systèmes, c'est l'éclectisme. Il faut distinguer trois choses dans l'éclectisme : son point de départ, ses procédés et son but ; son principe, ses instrumens et ses résultats. L'éclectisme suppose un système qui lui serve de point de départ et de principe pour s'orienter dans l'histoire ; il lui faut pour instrument une critique sévère appuyée sur une érudition étendue et solide ; il a pour résultat préalable la décomposition de tous les systèmes par le fer et le feu de la critique, et pour résultat définitif leur recomposition en un système unique qui est la représentation complète de la conscience dans l'histoire. L'éclectisme part d'une philosophie, et il tend, par l'histoire, à la démonstration vivante de cette philosophie. Voilà pourquoi je disais à la fin de la préface des *Fragmens*, après avoir exposé le système que j'ai rappelé ici : « Je poursuivrai la réforme « des études philosophiques en France, en éclai- « rant l'histoire de la philosophie par ce système, et « en démontrant ce système par l'histoire entière de « la philosophie. » Conçoit-on après cela qu'on n'ait vu dans l'éclectisme qu'un syncrétisme aveugle, qui mêle ensemble tous les systèmes, approuve tout, confond le vrai et le faux, le bien et le mal ; un nouveau fatalisme ; le rêve d'un esprit malade qui demande à l'histoire un système, faute de pouvoir en produire un ? Toutes ces objections s'évanouissent d'elles-mêmes devant le plus rapide examen.

Première objection. — L'éclectisme est un syncrétisme qui mêle ensemble tous les systèmes.

Réponse. — L'éclectisme ne mêle pas ensemble tous les systèmes ; car il ne laisse intact aucun système ; il décompose chacun d'eux en deux parties, l'une fausse, l'autre vraie ; il détruit la première et n'admet que la seconde dans le travail de la recomposition. C'est la partie vraie de chaque système qu'il ajoute à la partie vraie d'un autre système, c'est-à-dire la vérité à la vérité pour en former un ensemble vrai. Il ne mêle jamais un système entier à un autre système entier ; il ne mêle donc pas tous les systèmes. L'éclectisme n'est donc pas le syncrétisme ; l'un est même l'opposé de l'autre : ils se ressemblent philosophiquement et grammaticalement comme choix et mélange, discernement et confusion.

Seconde objection. — L'éclectisme approuve tout, confond le vrai et le faux, le bien et le mal.

Réponse. — L'éclectisme n'approuve pas tout, car il professe que dans tout système il y a une part considérable d'erreur. Il ne confond pas le vrai et le faux, il les distingue au contraire ; il sépare l'un d'avec l'autre, néglige le faux et n'emploie que le vrai.

Troisième objection. — L'éclectisme est le fatalisme.

Réponse. — Il n'y a point de fatalisme à dire que l'homme est ainsi fait qu'avec son admirable intelligence il saisit toujours quelque chose de la vérité, et qu'avec les bornes de son intelligence, surtout avec sa paresse, sa légèreté, sa présomption, il croit avoir atteint la vérité tout entière quand il n'en possède qu'une partie, d'où il résulte qu'il y a toujours du vrai et du faux, du bien et du mal dans les œuvres de l'homme, et particulièrement dans les systèmes philosophiques. Il y a d'autant moins de fatalisme à cela, que l'éclectisme soutient qu'avec de grands efforts sur soi-même, en redoublant de vigilance, d'attention, de circonspection, on peut arriver à diminuer les chances d'erreur, et que lui-même aspire à ce résultat.

Quatrième objection. — L'éclectisme est l'absence de tout système.

Réponse. — L'éclectisme n'est point l'absence de tout système; car c'est l'application d'un système : il suppose un système, il part d'un système. En effet, pour recueillir et réunir les vérités éparses dans les différens systèmes, il faut d'abord les séparer des erreurs auxquelles elles sont mêlées ; or, pour cela, il faut savoir les discerner et les reconnaître : mais, pour reconnaître que telle opinion est vraie ou fausse, il faut savoir soi-même où est l'erreur et où est la vérité; il faut donc être ou se croire déjà en possession de la vérité, et il faut avoir un système pour juger tous les systèmes. L'éclectisme suppose un système déjà formé, qu'il enrichit et qu'il éclaire encore ; ce n'est donc pas l'absence de tout système.

Maintenant l'éclectisme est-il une conception qui m'appartienne exclusivement? Non sans doute ; et je me méfierais fort d'une idée qui serait entièrement nouvelle dans le monde, et à laquelle personne n'aurait songé. Non, grace à Dieu, l'éclectisme n'est pas d'hier ; il est né le jour où un esprit bien fait dans une ame bienveillante s'est avisé de chercher à mettre d'accord deux adversaires passionnés, en leur montrant que les opinions pour lesquelles ils se combattent ne sont pas en elles-mêmes inconciliables, et, qu'avec quelques sacrifices réciproques, il est possible de les faire aller ensemble. L'éclectisme était déjà dans la pensée de Platon ; il était la prétention déclarée, légitime ou non, de l'école d'Alexandrie. Chez les modernes, il n'est pas seulement la prétention, il est la pratique constante de Leibnitz, et il jaillit de toutes parts des riches points de vue historiques de la nouvelle philosophie allemande. Le temps est venu de l'élever enfin à la rigueur et à la dignité d'un principe; c'est ce que j'ai essayé de faire. Ce nom, depuis long-temps tombé dans un profond oubli, à peine prononcé par une faible voix, a retenti d'un bout de l'Europe à l'autre, et l'esprit du dix-neuvième siècle s'est reconnu dans l'éclectisme : ils sauront bien faire leur route ensemble à travers tous les obstacles.

Dans un pareil succès, quand l'éclectisme a déjà fait tant de conquêtes qu'il n'avait pas cherchées, il y aurait une faiblesse excessive et d'esprit et de caractère à être surpris ou blessé des attaques violentes dont il a été l'objet. Il était inévitable que tous les systèmes exclusifs se soulevassent contre un système qui entreprenait de mettre fin à leurs querelles, en brisant leurs prétentions opposées et en les pliant à une discipline commune. Tous les partis extrêmes se sont donc ligués contre l'éclectisme, sous l'honorable drapeau du maintien de la discorde. Dieu sait quelle guerre ils lui ont faite, et avec quelles armes! J'ai eu l'avantage de tenir unies contre moi, pendant plusieurs années, et l'école sensualiste et l'école théologique. En 1830, l'une et l'autre école sont descendues dans l'arène politique. L'école sensualiste a produit tout naturellement le parti démagogique, et l'école théologique est devenue tout aussi naturellement l'absolutisme, sauf à prendre de temps en temps le masque de la démagogie pour mieux aller à ses fins, comme en philosophie c'est par le scepticisme qu'elle entreprend de ramener la théocratie. Au contraire, celui qui combattait tout principe exclusif dans la science, a dû repousser aussi tout principe exclusif dans l'Etat et défendre le gouvernement représentatif. En 1828, j'ai donné du gouvernement représentatif et de la Charte (1) une théorie dans laquelle je persiste. Des convictions fondées, non sur des circonstances passagères, mais sur une étude approfondie de l'humanité et de l'histoire, ne s'ébranlent point au vent de la première tempête. Trois jours n'ont pas changé la nature des choses et l'état de la société française. Oui, comme l'ame hu-

---

1) Cours de 1828, dernière leçon.

maine, dans son développement naturel, renferme plusieurs élémens dont la vraie philosophie est l'expression harmonique, de même toute société civilisée a plusieurs élémens tout-à-fait distincts que le vrai gouvernement doit reconnaître et représenter, et le triomphe d'un seul de ces élémens dans un gouvernement simple, ne saurait être, sous un nom ou sous un autre, qu'une tyrannie. Un gouvernement mixte est le seul qui convienne à une grande nation comme la France. La Révolution de Juillet n'est pas autre chose que la révolution anglaise de 1688, mais en France, c'est-à-dire avec beaucoup moins d'aristocratie, et un peu plus de démocratie et de monarchie. La proportion de ces élémens peut varier selon les circonstances ; mais ces trois élémens sont nécessaires. Laissons la république aux jeunes sociétés de l'Amérique, et la monarchie absolue à la vieille Asie. Placée entre l'ancien monde et le monde nouveau, à distance égale de la décrépitude et de l'enfance, notre Europe dans sa maturité puissante contient tous les élémens de la vie sociale, arrivée à son entier développement : elle est donc comme condamnée au gouvernement représentatif. Cette admirable forme de gouvernement est une heureuse nécessité de notre temps ; et, sans folle propagande, elle fera le tour de l'Europe. Pour la France, la question, je ne crains pas de le dire, est d'être ainsi ou de cesser d'être. Avec le gouvernement représentatif, je vois la liberté publique, la concorde et la force au dedans, et par conséquent au dehors des chances presque infaillibles de grandeur et de gloire.

Que le gouvernement représentatif succombe : je n'aperçois plus que des convulsions stériles, la guerre civile avec la guerre étrangère, une imitation impuissante d'une grande époque écoulée sans retour, et pour toute nouveauté peut-être le démembrement de la France, et le sort de la Pologne et de l'Italie. Je détourne les yeux d'un pareil résultat, et ne veux rien qui puisse y conduire. Ma foi politique est donc en tout conforme à ma foi philosophique, et l'une et l'autre sont au-dessus des outrages des partis.

V. COUSIN.

Paris, le 30 juin 1833.

PRÉFACE

DE LA PREMIÈRE ÉDITION.

Ces *Fragmens* sont des articles insérés la plupart dans le *Journal des savans* et dans les *Archives philosophiques* de 1816 à 1819. Empruntés à mes leçons de cette époque, je ne puis essayer de les rappeler à quelque unité sans dire un mot de l'enseignement auquel ils se rapportent, et qu'ils représentent comme des morceaux isolés peuvent représenter un tout. Appelé à parler de moi-même, je le ferai sans aucune de ces précautions de modestie qui ne valent pas la simplicité et la droiture de l'intention, et je dirai loyalement tout ce que j'ai fait ou voulu faire, depuis le jour où nommé maître de conférences philosophiques à l'école normale, et professeur suppléant de l'histoire de la philosophie moderne à la faculté des lettres, je vouai, sans retour et sans réserve, ma vie entière à la poursuite de la réforme philosophique si honorablement commencée par M. Royer-Collard.

Dans la position où je me trouvais, mes premiers soins furent donnés à la méthode. Un système n'est guère que le développement d'une méthode appliquée à certains objets. Rien n'est donc plus important que de reconnaître d'abord et de déterminer la méthode que l'on veut suivre, de nous rendre compte à nous-mêmes de nos bons et de nos mauvais instincts, et de la direction dans laquelle ils nous poussent et à laquelle il faut savoir si nous voulons ou si nous ne voulons pas consentir; car il faut que notre philosophie soit comme notre destinée, qu'elle nous appartienne. Sans doute on doit l'emprunter à la vérité et à la nécessité des choses, mais on doit aussi la recevoir librement, en sachant bien ce qu'on emprunte et ce qu'on reçoit. La philosophie spéculative ou pratique est l'alliance de la nécessité et de la liberté dans l'esprit de l'homme qui se met spontanément en harmonie avec les lois de l'existence universelle. Le but est dans l'infini, mais le point de départ est en nous-mêmes. Ouvrez l'histoire : tout philosophe qui a respecté ses semblables, et qui n'a pas voulu seulement leur offrir les résultats indécis de quelques rêves, a commencé par un retour sur la méthode. Toute doctrine qui a exercé quelque influence ne l'a fait et n'a pu le faire que par la direction nouvelle qu'elle a imprimée aux esprits, par le point de vue nouveau sous lequel elle a fait considérer les choses, c'est-à-dire par sa méthode. Toute réforme philosophique a son principe avoué ou secret dans un changement ou dans un progrès de méthode. Mon premier effort devait donc être d'examiner consciencieusement le point d'où j'allais partir, la direction que j'allais prendre, la méthode que j'allais employer et qui contenait en elle les résultats de toute espèce, inconnus à moi-même, auxquels son application successive devait me conduire. D'ailleurs, professeur public, maître de conférences dans une école de professeurs appelés un jour par leur enseignement ou par leurs écrits à influer sur l'avenir philosophique de la France, c'était un devoir sacré pour moi de leur inculquer d'abord l'esprit d'examen et de critique avec lequel ils pouvaient, plus tôt ou plus tard, reconnaître mes propres erreurs, modifier mon enseignement ou s'en séparer. Plus la conviction est sincère et profonde, plus elle peut être dangereuse; et l'honnête homme qui la sent au fond de son cœur avec l'autorité périlleuse qu'elle lui donne, a l'obligation de s'absoudre d'avance de la contagion des erreurs qui lui échappent, en armant son auditoire contre lui-même, en le formant à l'indépendance, en discutant préalablement et sans cesse l'esprit général de ses leçons, c'est-à-dire en insistant sur la méthode.

Ce fut donc là mon premier soin. Mais à quelle méthode m'arrêtai-je? à celle qui était dans l'esprit du temps, étudié sérieusement et volontairement accepté, dans les habitudes nationales et dans mes propres habitudes. Je vais m'expliquer.

C'est un fait incontestable qu'en Angleterre et en France au dix-huitième siècle, Locke et Condillac ont remplacé les grandes écoles antérieures, et régné sans contradiction jusqu'à ce jour. Au lieu de s'irriter de ce fait, il faut tâcher de le comprendre; car, après tout, les faits ne se créent point eux-mêmes, ils ont leurs lois qui se rattachent aux lois générales de l'espèce humaine. Si la philosophie de la sensation s'est réellement accréditée en Angleterre et en France, ce phénomène doit avoir sa raison. Or cette raison, si l'on y pense, fait honneur et non pas injure à l'esprit humain. Ce n'était pas sa faute s'il n'avait pu rester dans les fers du cartésianisme, car c'était au cartésianisme à le garder, à satisfaire à toutes les conditions qui peuvent éterniser un système. Dans le mouvement général des choses et le progrès des temps, l'esprit d'analyse et d'observation devait avoir aussi sa place, et cette place il l'a eue au dix-huitième siècle. L'esprit du dix-huitième siècle n'a pas besoin d'apologie. L'apologie d'un siècle est dans son existence, car son existence est un arrêt et un jugement de Dieu même, ou l'histoire n'est qu'une fantasmagorie insignifiante. On accuse beaucoup l'esprit nouveau d'incrédulité et de scepticisme, mais il n'est sceptique que sur ce qu'il n'entend pas, incrédule que sur ce qu'il ne peut croire, c'est-à-dire que les conditions de comprendre et de croire ayant alors, comme déjà à plusieurs époques, changé pour le genre humain, il fallait bien, sous peine d'abdiquer son indépendance, qu'il imposât ces conditions nouvelles à tout ce qui aspirait à gouverner son intelligence et sa foi. La foi n'est ni épuisée ni diminuée. Le genre humain, comme l'individu, ne vit que de foi; seulement les conditions de la foi se renouvellent. Au dix-huitième siècle, la condition générale pour comprendre et pour croire était d'avoir observé; dès-lors toute philosophie qui aspirait à l'empire devait être fondée sur l'observation. Or, le cartésianisme, tel surtout que l'avaient fait Mallebranche, Spinosa, Leibnitz et Wolf, le cartésianisme qui, dès le second pas, abandonne l'observation et se perd dans les hypothèses ontologiques et des formules scolastiques, ne pouvait prétendre au titre de philosophie expérimentale. Un autre système se présenta sous ce titre, et à ce titre il fut accepté. Voilà l'explication de la chute du cartésianisme et de la fortune inouie de la philosophie de Locke et de Condillac. Si l'on y réfléchit, la fortune de cette triste philosophie témoigne encore de la dignité et de l'indépendance de l'esprit humain qui quitte à son tour les systèmes qui le quittent, et fait sa route à travers les erreurs les plus déplorables, plutôt que de ne pas avancer. Il n'a pas pris la philosophie de la sensation comme matérialiste, mais comme expérimentale, et elle l'était en effet jusqu'à un certain point. Le succès de cette philosophie ne lui est pas venu de ses dogmes, mais de sa méthode qui n'était pas à elle, mais au siècle. Et il est si vrai que la méthode expérimentale était le fruit nécessaire du temps, et non l'œuvre passagère d'une secte en Angleterre et en France, que si on examine avec sang-froid les écoles contemporaines les plus opposées à celle de la sensation, on y retrouve les mêmes prétentions à l'observation et à l'expérience. Reid et Kant, en Écosse et en Allemagne, ont combattu à outrance et renversé de fond en comble la doctrine de Locke, mais avec quelles armes? avec celles de Locke lui-même, avec la méthode expérimentale autrement appliquée. Reid part de l'esprit humain et de ses facultés qu'il analyse dans leur action réelle, et dont il constate les lois. Kant séparant la raison de tous ses objets et la considérant pour ainsi dire dans son intérieur, en donne une statistique subtile et profonde; sa philosophie est une *Critique*; c'est toujours de l'observation et de l'expérience. Faites le tour de l'Europe et du monde, partout le même esprit, partout la même méthode : c'est là qu'est réellement l'unité du siècle, puisque cette unité se retrouve au sein des plus graves dissidences.

Examinons-nous bien nous autres hommes et surtout Français du dix-neuvième siècle. L'esprit d'analyse a beaucoup détruit autour de nous. Nés au milieu de ruines en tout genre, nous sentons le besoin de reconstruire; ce besoin est intime, pressant, impérieux; il y a péril pour nous dans l'état où nous sommes, et pourtant si nous sommes plus justes que nos pères envers le passé, nous ne pouvons pas nous y reposer plus qu'eux; nous amnistions nos pères et le temps, et nous n'avons foi qu'à l'observation et à l'expérience. Ainsi nous sommes; il faut nous y résigner.

Et y a-t-il grand mal à cela? pensons-y bien. Se réduire à l'observation et à l'expérience, c'est se réduire à la nature humaine; car on n'observe qu'avec soi-même, dans la mesure de ses facultés et de leurs lois. Nous voilà donc réduits à la nature humaine. Mais nous faut-il donc autre chose? Si l'observation, qui va aussi loin que peut aller la nature humaine, ne suffit point pour atteindre à toutes les vérités et à toutes les croyances, et pour remplir le cercle entier de la science, le mal vraiment n'est pas dans la méthode qui nous réduit à nos moyens naturels de connaître, mais dans l'impuissance de ces moyens et de notre nature de laquelle nous ne pouvons sortir. En effet, quelque méthode que nous empruntions, c'est nous qui l'avons faite ou qui l'employons; c'est toujours avec nous-mêmes que nous agissons; c'est toujours la nature humaine qui, en ayant l'air de s'oublier, est toujours là, et fait tout ce qui se fait ou se tente, même en apparence au-delà de ses forces. Ou il faut désespérer de la science, ou la nature humaine est suffisante pour y parvenir; l'observation, c'est-à-dire la nature humaine acceptée comme unique instrument de découverte, bien employée suffit, ou rien ne suffit; car nous n'avons pas autre chose et nos devanciers n'ont eu rien de plus. Etudions les systèmes sur lesquels le temps a passé : qu'a-t-il détruit et qu'a-t-il pu détruire ? la partie hypothétique de ces systèmes. Mais qui donnait de la vie et de la consistance à ces hypothèses ? Précisément quelques vérités qui avaient été trouvées par l'observation, que l'observation retrouve aujourd'hui, et qui ont encore aujourd'hui, à ce titre, la même vérité et la même nouveauté qu'autrefois. Qui a élevé si haut et soutient encore les *nombres* de Pythagore, les *idées* de Platon, les *catégories* d'Aristote? un fait, tout aussi réel aujourd'hui que dans l'antiquité, savoir, qu'il y a dans l'intelligence des élémens réels inexplicables par les seules acquisitions des sens. Qui a produit la vision en Dieu de Mallebranche, et l'harmonie préétablie de Leibnitz? encore des faits, qu'il n'y a pas une seule connaissance qui n'implique pour l'esprit la notion d'existence, c'est-à-dire de Dieu; que l'intelligence et la sensibilité en nous sont distinctes, mais inséparables, que chacune a ses lois indépendantes qui la gouvernent, mais que ces lois ont leurs rapports secrets et leur harmonie. Si l'on examine ainsi les plus célèbres hypothèses, on verra qu'alors même qu'elles se perdent dans les nuages, leur racine est ici-bas dans quelque fait réel en soi, et que c'est par là qu'elles se sont établies et accréditées parmi les hommes. L'erreur toute seule est incompréhensible et inadmissible; c'est par son rapport avec le vrai qu'elle se soutient. Il n'est pas en la puissance des systèmes les plus extravagans de n'avoir pas quelques côtés raisonnables; et c'est toujours le sens commun inaperçu qui fait la fortune des hypothèses auxquelles il se mêle. Au fond tout ce qu'il y a de vrai et de durable dans les systèmes épars à travers les âges est l'ouvrage de l'observation qui travaille pour la philosophie souvent à l'insu du philosophe; et, chose étrange, il n'y a d'immortel dans la mobilité des doctrines humaines que ce qui vient précisément de cette méthode expérimentale qui a l'air de ne pouvoir saisir que ce qui passe.

La méthode d'observation est bonne en elle-même. Elle nous est donnée par l'esprit du temps, qui lui-même est l'œuvre de l'esprit général du monde. Nous n'avons foi qu'à elle, nous ne pouvons rien que par elle, et pourtant en Angleterre et en France elle n'a pu jusqu'ici que détruire sans rien fonder. Parmi nous son seul ouvrage en philosophie est le système de la sensation transformée. A qui le tort? aux hommes, non à la méthode. La méthode est irréprochable et elle suffit toujours, mais il faut l'appliquer selon son esprit. Il ne faut qu'observer, mais il faut observer tout. La nature humaine n'est pas impuissante, mais il ne faut lui retrancher aucune partie de ses forces. On peut arriver à un système qui dure, mais pourvu qu'on ne se laisse arrêter d'abord par aucun préjugé systématique. La philosophie du dix-huitième siècle n'a pas agi et ne pouvait agir ainsi. Née d'une lutte contre le passé et devant servir elle-même à cette lutte, elle était expérimentale contre le passé, mais systématique en fait d'expérience, et de peur de s'égarer dans les anciennes ténèbres, trouvant sous sa main dans les sensations des faits évidens, elle s'y reposa, par faiblesse d'abord, car toute méthode naissante est toujours faible, puis par la séduction presque irrésistible alors du succès des sciences physiques qui détournaient l'attention de tout autre ordre de phénomènes, enfin par l'aveuglement de l'esprit de révolution qui ne pouvait s'éclairer que par son excès même, et dont la destinée était de ne s'arrêter qu'après avoir obtenu un absolu triomphe. Son berceau avait été l'Angleterre, son champ de bataille devait être la France. On a beaucoup célébré Bacon comme le père de la méthode expérimentale; mais la vérité est que Bacon a tracé les règles et les procédés de la méthode expérimentale dans l'enceinte des sciences physiques et pas au-delà, et que le premier il a égaré la méthode dans une route systématique, en la bornant au monde extérieur et à la sensibilité. Elle est de Bacon cette phrase : « Mens humana si agat in materiam, naturam rerum et opera Dei contemplando, pro modo materiæ operatur atque ab eâdem determinatur; si ipsa in se vertatur, tanquam aranea texens telam, tunc demum indeterminata est; et parit telas quasdam doctrinæ tenuitate fili operisque mirabiles, sed quoad usum frivolas et inanes. » En général l'observation de Bacon ne s'adresse qu'aux phénomènes sensibles ; l'induction appuyée sur cette base unique ne portera pas loin. La philosophie qui devait sortir d'une application aussi incomplète de la méthode, ne pouvait être qu'incomplète elle-même et tristement incomplète. Le système de la sensation transformée était au bout de pareils conseils, et Bacon devait engendrer Condillac. Telle est l'importance des aberrations de la méthode. Les plus légères traînent à leur suite les erreurs les plus graves que l'on ne peut plus détruire qu'en remontant jusqu'à leur principe. La première aberration de la vraie méthode philosophique vient de Bacon; ses conséquences ne s'arrêtent qu'à Condillac, au-delà duquel il n'y a plus de place pour aucune aberration nouvelle, soit en fait de méthode, soit en fait de système. Consent-on à la méthode incomplète de Bacon? il faut consentir à toutes les lacunes du système de Condillac ; la faiblesse seule et l'inconséquence s'arrêtent au milieu. Le système de Condillac dans sa rigueur choque-t-il la nature humaine et l'observation la moins attentive? il faut remonter jusqu'à Bacon et essayer de tarir le mal dans sa source ; il faut emprunter à Bacon la méthode expérimentale, mais ne pas corrompre d'abord l'observation en lui imposant un système. Il faut n'employer que la méthode d'observation, mais l'appliquer à tous les faits, quels qu'ils soient, pourvu qu'ils existent : son exactitude est dans son impartialité, et l'impartialité ne se trouve que dans l'étendue. Ainsi, peut-être, se ferait l'alliance tant cherchée des sciences métaphysiques et physiques, non par le sacrifice systématique des unes aux autres, mais par l'unité de leur méthode appliquée à des phénomènes divers. Par là on satisferait aux conditions de l'esprit du temps et à ce qu'il y a eu de légitime et de nécessaire dans la révolution du dix-huitième siècle ; et on satisferait aussi peut-être à des besoins plus élevés de la nature humaine, qui sont eux-mêmes des faits, des faits aussi incontestables et aussi impérieux que les autres.

Telles furent les réflexions qui s'offrirent à moi au début de ma carrière philosophique. Par conscience historique je les ai reproduites dans toute leur faiblesse à peu près telles qu'elles sont consignées dans mes leçons de cette époque. Les méthodes ne se perfectionnent qu'en s'appliquant ; et si, après onze ans d'enseignement et d'études, je reste fidèle à la méthode qui a dirigé mes premiers essais, c'est peut-être par des motifs plus profonds et plus inhérens à la nature des choses que ceux que je viens de développer. Mais en 1815, ces motifs suffirent pour me faire adopter la méthode d'observation et d'induction comme méthode philosophique, avec cette loi de toute observation, savoir, qu'elle doit être complète, épuiser son objet et ne s'arrêter que là où les faits lui manquent, où par conséquent l'induction n'a plus de base et l'esprit de l'homme aucune prise. Les faits, voilà donc le point de départ, sinon la borne de la philosophie. Or, les faits, quels qu'ils soient, n'existent pour nous qu'autant qu'ils arrivent à la conscience. C'est là seulement que l'observation les atteint et les décrit avant de les livrer à l'induction, qui leur fait rendre les conséquences qu'ils renferment dans leur sein. Le champ de l'observation philosophique, c'est la conscience, il n'y en a pas d'autre, mais dans celui-là il n'y a rien à négliger ; tout est important, car tout se tient, et une partie manquant l'unité totale est insaisissable. Rentrer dans la conscience et en étudier scrupuleusement tous les phénomènes, leurs différences et leurs rapports, telle est la première étude du philosophe ; son nom scientifique est la *psychologie*. La psychologie est donc la condition et comme le vestibule de la philosophie. La méthode psychologique consiste à s'isoler de tout autre monde que celui de la conscience pour s'établir et s'orienter dans celui-là où tout est réalité, mais où la réalité est si diverse et si délicate, et le talent psychologique consiste à se placer à volonté dans ce monde tout intérieur, à s'en donner le spectacle à soi-même, et à en reproduire librement et distinctement tous les faits que les circonstances de la vie n'amènent guère que fortuitement et confusément. Je le répète, les années et l'exercice m'ont révélé bien des degrés divers de profondeur dans la méthode psychologique ; mais enfin, à quelque degré qu'on la considère, elle constitue l'unité fondamentale de mes leçons et de tous ces fragmens. C'est là le premier point de vue sous lequel ils méritent encore peut-être l'attention des amis de la philosophie.

Il s'agit maintenant de rendre compte des résultats auxquels me conduisit successsivement l'application, de plus en plus rigoureuse, de la méthode psychologique.

L'année 1816 fut employée toute entière à essayer mes forces et la méthode philosophique sur des questions toutes particulières, où j'avais l'avantage de retrouver souvent les traces de M. Royer-Collard et des philosophes écossais, guides si excellens à l'entrée de la carrière. Nous n'oublierons jamais, ni mes amis ni moi, cette laborieuse année de 1816, marquée par nos premiers efforts, et où fut définitivement assise dans l'école normale la réforme philosophique sur des fondemens qui ne se sont point écroulés avec l'école. Cette année nous mit en possession de la méthode qui préside encore à tous nos travaux. Quant à ses résultats positifs, ils ne dépassèrent guère le cercle de la philosophie écossaise, et ne méritent pas d'occuper le public. Ceux de l'année 1817 ont déjà un peu plus d'importance.

Aussitôt que l'on rentre dans la conscience, et que sans aucune vue systématique on observe les phénomènes si variés qui s'y manifestent avec les caractères réels dont ils sont marqués, on est frappé d'abord de la présence d'une foule de phénomènes qu'il est impossible de confondre avec ceux de la sensibilité. La sensation et les notions qu'elle fournit ou auxquelles elle se mêle, constituent bien un ordre réel de phénomènes dans la conscience; mais il s'y rencontre aussi d'autres faits également incontestables qui peuvent se résumer en deux grandes classes, les faits volontaires et les faits rationnels. La volonté n'est pas la sensation, car souvent elle la combat, et c'est même dans cette opposition qu'elle se manifeste éminemment. La raison n'est pas non plus identique à la sensation, car parmi les notions que nous fournit la raison, il en est dont les caractères sont inconciliables avec ceux des phénomènes sensibles, par exemple les notions de cause, de substance, de temps, d'espace, d'unité, etc. Qu'on tourmente autant qu'on voudra la sensation, on n'en tirera jamais le caractère d'universalité et de nécessité dont ces notions et plusieurs autres sont incontestablement marquées. La notion du bien et celle du beau sont dans le même cas, et arrachent par conséquent l'art et la morale à l'origine et aux limites que la philosophie exclusive de la sensation leur imposait, et les placent avec la métaphysique dans une sphère supérieure et indépendante. Mais cette sphère elle-même, dans toute sa sublimité, fait partie de la conscience et tombe par conséquent sous l'observation. L'observation la dégage des nuages qui l'enveloppent d'ordinaire, l'établit sur la base inébranlable de la conscience, et donne aux phénomènes qu'elle comprend la même autorité qu'à tous les autres phénomènes dont la conscience est le théâtre. Ainsi la méthode d'observation, dans les bornes où la retient d'abord sa circonspection, nous ouvre déjà d'assez belles perspectives. Il faut les suivre et les étendre.

Le premier devoir de la méthode psychologique est de se renfermer dans le champ de la conscience, où il n'y a que des phénomènes, tous aperceptibles et appréciables par l'observation. Or, comme aucune existence substantielle ne tombe sous l'œil de la conscience, il s'ensuit que le premier effet d'une application sévère de la méthode est d'ajourner l'ontologie. Elle l'ajourne, dis-je, elle ne la détruit pas. En effet, c'est un fait attesté par l'observation que dans cette même conscience où il n'y a que des phénomènes, il se trouve des notions dont le développement régulier dépasse les limites de la conscience et atteint des existences. Arrêtez-vous le développement de ces notions? vous limitez arbitrairement la portée d'un fait, vous attaquez donc ce fait lui-même et par là vous ébranlez l'autorité de tous les autres faits. Il faut ou révoquer en doute l'autorité de la conscience en elle-même ou admettre intégralement cette autorité pour tous les faits attestés par la conscience. La raison n'est ni plus ni moins réelle et certaine que la volonté et la sensibilité ; sa certitude une fois admise, il faut la suivre partout où elle conduit rigoureusement, fût-ce même à travers l'ontologie. Par exemple, c'est un fait rationnel attesté par la conscience que, pour l'intelligence, tout phénomène qui commence à paraître suppose une cause. C'est un fait encore que ce principe de causalité est marqué du caractère d'universalité et de nécessité. S'il est universel et nécessaire, le limiter c'est le détruire. Or, dans le phénomène de la sensation, le principe de causalité intervient universellement et nécessairement, et rapporte ce phénomène à une cause ; et la conscience attestant que cette cause n'est pas la cause personnelle que la volonté représente, il s'ensuit que le principe de causalité dans son irrésistible application conduit à une cause impersonnelle, c'est-à-dire à une cause extérieure, que plus tard, et toujours irrésistiblement, le principe de causalité enrichit de caractères et de lois dont l'ensemble est l'univers. Voilà donc une existence, mais une existence révélée par un principe qui lui-même est attesté par la conscience. Voilà un premier pas dans l'ontologie, mais par la route de la psychologie, c'est-à-dire de l'observation. Des procédés semblables conduisent à la cause de toutes causes, à la cause substantielle, à Dieu, et non-seulement au Dieu fort, mais au Dieu moral, au Dieu saint; de sorte que cette méthode expérimentale qui, appliquée à un seul ordre de phénomènes, incomplète et exclusive, détruisait l'ontologie et les hautes parties de la conscience, appliquée avec loyauté, fermeté, et étendue à tous les phénomènes, relève ce qu'elle avait renversé, et fournit elle-même à l'ontologie un instrument sûr et des bases légitimes. Ainsi, pour avoir débuté avec modestie, on peut finir par des résultats dont l'importance égale la certitude.

Je les ai à peine indiqués, mais le lecteur les trouvera exposés avec tous les procédés méthodiques qui les donnent et les justifient dans le programme de mes leçons de l'année 1817, imprimé parmi ces fragmens.

Dans l'année 1818 nos travaux avancèrent dans la même route, et commencèrent à prendre plus d'étendue et de profondeur. Les faits de conscience ayant été réduits l'année précédente à trois grandes classes, les faits sensibles, les faits volontaires et les faits rationnels, le temps était venu d'analyser plus intimement chacun d'eux, et les rapports qui les unissent dans l'unité indivisible de la conscience. Ce fut surtout les faits volontaires et les faits rationnels qui occupèrent mon attention, parce qu'ils avaient été le plus négligés dans la philosophie française.

Les faits sensibles sont nécessaires; nous ne nous les imputons pas; les faits rationnels sont nécessaires aussi, et la raison n'est pas moins indépendante de la volonté que la sensibilité. Les faits volontaires sont seuls marqués aux yeux de la conscience du caractère d'imputabilité et de personnalité : la volonté seule est la personne ou le moi. Le moi est le centre de la sphère intellectuelle. Tant qu'il n'est pas, les conditions de l'existence de tous les autres phénomènes peuvent bien avoir lieu, mais, sans rapport au moi, ils ne se redoublent pas dans la conscience et sont pour elle comme s'ils n'étaient pas. D'autre part, la volonté ne crée aucun des phénomènes rationnels et sensibles; elle les suppose même, puisqu'elle ne se saisit elle-même qu'en se distinguant d'eux. Nous ne nous trouvons nous-mêmes que dans un monde étranger, entre deux ordres de phénomènes qui ne nous appartiennent pas, que nous n'apercevons même qu'à la condition de nous en séparer. Bien plus, nous n'apercevons que par une lumière qui ne vient pas de nous, car notre personnalité est la volonté et rien de plus : toute lumière vient de la raison, et c'est la raison qui aperçoit et elle-même et la sensibilité qui l'enveloppe et la volonté qu'elle oblige sans la contraindre. L'élément de la connaissance est rationnel par son essence, et la conscience, quoique composée de trois élémens intégrans et inséparables, emprunte son fondement le plus immédiat de la raison, sans laquelle il n'y aurait aucune science possible, et par conséquent aucune conscience. La sensibilité est la condition extérieure de la conscience; la volonté en est le centre, et la raison la lumière. Une analyse approfondie de la raison est une des entreprises les plus délicates de la psychologie.

La raison est impersonnelle de sa nature. Ce n'est pas nous qui la faisons, et elle est si peu individuelle que son caractère est précisément le contraire de l'individualité, savoir l'universalité et la nécessité, puisque c'est à elle que nous devons la connaissance des vérités nécessaires et universelles, des principes auxquels nous obéissons tous, et auxquels nous ne pouvons pas ne pas obéir. L'existence de ces principes est donc une donnée préalable qui doit avoir été mise antérieurement dans une évidence complète. C'est une conquête de la méthode d'observation qui doit être devenue pour elle une base incontestée. Vient ensuite la question de savoir quel est le nombre précis de ces principes régulateurs de la raison, qui sont pour nous la raison elle-même. Après avoir constaté l'existence de pareils principes, la méthode doit en tenter une énumération complète et une classification rigoureuse. Platon, qui après Pythagore appuya sur eux sa philosophie, négligea de les compter; il semble qu'il lui répugnait de laisser toucher par une analyse profane ces ailes divines sur lesquelles il s'envolait dans le monde des idées. Le méthodique Aristote, fidèle à son maître, mais plus fidèle encore à l'analyse, après avoir changé les idées en catégories, les soumit à un examen sévère et osa en donner une liste. Cette liste si dédaignée par les esprits frivoles comme une nomenclature aride est l'effort le plus hardi et le plus périlleux de la méthode. L'énumération d'Aristote est-elle complète? je le crois; elle épuise le sujet : que ce soit là sa gloire immortelle. Mais si l'énumération est complète, la classification et la coordination des catégories ne laissent-elles rien à désirer? Ici commence le vice de la liste d'Aristote. Selon moi, l'ordre en est arbitraire et ne répond pas au développement progressif de l'intelligence. De plus, cette liste ne contient-elle pas des répétitions, et ne serait-il pas possible de la réduire? je le crois encore. Chez les modernes, le cartésianisme reconnut des vérités nécessaires; mais il ne tenta rien en ce genre de complet et de précis. Dans le dix-huitième siècle, en France, on écarta les vérités nécessaires comme par la question préalable; on ne leur fit pas même l'honneur de les soumettre à l'examen; elles avaient eu le tort de se trouver dans l'ancien système, elles devaient être sacrifiées à la sensation, base et mesure unique de toute vérité possible. L'école écossaise qui les remit en honneur en énuméra quelques-unes, mais ne songea pas à en faire le compte. Il était réservé à Kant de renouveler l'entreprise d'Aristote et de tenter le premier, parmi les modernes, une liste complète des lois de la pensée. Kant en fit une revue exacte et profonde, et son travail est supérieur encore à celui d'Aristote; mais je crois pouvoir lui faire les mêmes reproches, et un examen long et détaillé a pu démontrer à tous ceux qui ont suivi mes cours de 1818, que si la liste de Kant est complète, elle est arbitraire dans sa classification, et qu'elle peut être légitimement réduite. Si dans mon enseignement j'ai fait quelque chose d'utile, c'est peut-être sur ce point. J'ai du moins renouvelé une question importante, j'ai agité les deux solutions les plus célèbres, et j'en ai essayé une que le temps et la discussion n'ont point encore ébranlée. Selon moi, toutes les lois de la pensée peuvent se réduire à deux, savoir la loi de la causalité et celle de la substance. Ce sont là les deux lois essentielles et fondamentales dont toutes les autres ne sont qu'une dérivation, un développement dont l'ordre n'est point arbitraire. Je crois avoir démontré que si on examine ces deux lois dans l'ordre de la nature des choses, la première est celle de la substance et la seconde celle de la causalité, tandis que, dans l'ordre d'acquisition de nos connaissances, la loi de causalité précède celle de la substance, ou plutôt toutes les deux nous sont données l'une avec l'autre, et sont contemporaines dans la conscience.

Il ne suffit pas d'avoir énuméré, classé, réduit, systématisé les lois de la raison; il faut prouver qu'elles sont absolues pour prouver que leurs conséquences, quelles qu'elles soient, sont absolues. C'est ici que tombe la discussion célèbre de Kant sur l'objectif et le subjectif dans la connaissance humaine. Ce grand homme, après avoir si bien vu toutes les lois qui président à la pensée, frappé du caractère de nécessité de ces lois, c'est-à-dire de l'impossibilité où nous sommes de ne pas les reconnaître et les suivre, crut voir précisément dans ce caractère un lien de dépendance et de relativité à l'égard du moi, dont il était loin d'avoir approfondi le caractère propre et distinctif. Or une fois les lois de la raison abaissées à n'être plus que des lois relatives à la condition humaine, toute leur portée est circonscrite à la sphère de notre nature personnelle, et leurs conséquences les plus étendues, toujours marquées d'un caractère indélébile de subjectivité, n'engendrent que des croyances irrésistibles, si l'on veut, mais non des vérités indépendantes. Voilà comment cet analyste incomparable, après avoir si bien décrit toutes les lois de la pensée, les frappe d'impuissance, et avec toutes les données de la certitude aboutit à un scepticisme ontologique, contre lequel il ne trouve d'autre asile que l'inconséquence sublime de prêter aux lois de la raison pratique plus d'objectivité qu'à celles de la raison spéculative. Tout l'effort de mes leçons de 1818, après l'inventaire régulier des lois de la raison, fut de leur ôter le caractère de subjectivité que celui de nécessité leur impose en apparence, de les rétablir dans leur indépendance, et de sauver la philosophie de l'écueil où elle était venue échouer au moment même de toucher au port. Plu-

sieurs mois de discussions publiques furent consacrés
à démontrer que les lois de la raison humaine ne sont
rien moins que les lois de la raison en elle-même.
Plus que jamais fidèle à la méthode psychologique,
au lieu de sortir de l'observation, je m'y enfonçai davantage, et c'est par l'observation que dans l'intimité
de la conscience et à un degré où Kant n'avait pas pénétré, sous la relativité et la subjectivité apparente des
principes nécessaires, j'atteignis et démêlai le fait instantané, mais réel, de l'aperception spontanée de la
vérité, aperception qui, ne se réfléchissant point immédiatement elle-même, passe inaperçue dans les profondeurs de la conscience, mais y est la base véritable
de ce qui, plus tard, sous une forme logique et entre
les mains de la réflexion, devient une conception nécessaire. Toute subjectivité avec toute réflexivité expire dans la spontanéité de l'aperception. Mais l'aperception spontanée est si pure qu'elle nous échappe ; c'est
la lumière réfléchie qui nous frappe, mais souvent en
offusquant de son éclat infidèle la pureté de la lumière primitive. La raison devient bien subjective
par son rapport au moi volontaire et libre, siège et
type de toute subjectivité; mais en elle-même elle est
impersonnelle; elle n'appartient pas plus à tel moi qu'à
tel autre moi dans l'humanité; elle n'appartient pas
même à l'humanité, et ses lois par conséquent ne
relèvent que d'elles-mêmes. Elles dominent et gouvernent l'humanité qui les aperçoit comme la nature
qui les représente, mais elles ne leur appartiennent
point. On pourrait même dire avec plus de vérité

que la nature et l'humanité leur appartiennent, puisque l'une et l'autre n'ont de beauté et de vérité que par leur rapport avec l'intelligence, et que la nature sans lois qui la règlent, et l'humanité sans principes qui la dirigent, s'abîmeraient bientôt dans le néant d'où elles n'eussent jamais pu sortir. Les lois de l'intelligence constituent donc un monde à part, qui domine le monde visible, préside à ses mouvemens, le soutient et le porte, mais n'en dépend pas. C'est là ce monde intelligible, cette sphère des *idées* distinctes et indépendantes de leurs sujets internes et externes que Platon entrevit et que l'analyse et la psychologie moderne retrouvent encore aujourd'hui dans le fond de la conscience.

Les lois de la pensée démontrées absolues, l'induction peut s'en servir sans crainte; et des principes absolus obtenus par l'observation peuvent légitimement nous conduire là où l'observation elle-même n'a plus de prise immédiate. Or, parmi les lois de la pensée données par la psychologie, les deux lois fondamentales qui contiennent toutes les autres, la loi de causalité et la loi de substance, irrésistiblement appliquées à elles-mêmes, nous élèvent directement à leur cause et à leur substance; et comme elles sont absolues, elles nous élèvent à une cause absolue et à une substance absolue. Mais une cause absolue et une substance absolue sont identiques dans l'essence, toute cause absolue devant être substance en tant qu'absolue, et toute substance absolue devant être cause pour pouvoir se manifester. De plus, une substance absolue doit être unique, pour être absolue : deux absolus sont contradictoires, et l'absolue substance est une ou n'est pas. On peut même dire que toute substance est absolue en tant que substance, et par conséquent une; car des substances relatives détruisent l'idée même de substance, et des substances finies qui supposent au-delà d'elles une substance encore à laquelle elles se rattachent, ressemblent fort à des phénomènes. L'unité de la substance dérive donc de l'idée même de la substance, laquelle dérive de la loi de la substance, résultat incontestable de l'observation psychologique; de sorte que l'expérience appliquée à la conscience donne à un certain degré de profondeur ce qui lui est le plus opposé en apparence, c'est-à-dire l'ontologie. En effet, la causalité substantielle c'est l'être en soi ; donc les lois rationnelles sont les lois de l'être, et la raison est la vraie existence. Ainsi, comme l'analyse appliquée à la conscience avait séparé d'abord la raison de la personnalité, de même maintenant du point élevé auquel nous a conduits l'analyse, nous voyons que la raison et ses lois, se rattachant à la substance, ne peuvent être ni une modification ni un effet du moi, puisqu'elles sont l'effet immédiat de la manifestation de la substance absolue. L'ontologie renvoie donc à la psychologie les lumières qu'elle lui emprunte; et là est déjà l'identité des deux extrémités de la science.

Telle est l'analyse de la raison, celle de l'activité n'est pas moins importante.

De tous les phénomènes actifs, le plus saillant est

sans contredit celui de la volonté. C'est un fait qu'au milieu des mouvemens que les agens extérieurs déterminent en nous, malgré nous, nous avons le pouvoir de prendre l'initiative d'un mouvement différent, d'abord de le concevoir, puis de délibérer si nous l'exécuterons, enfin de nous résoudre et de passer à l'exécution, de la commencer, de la poursuivre ou de la suspendre, de l'accomplir ou de l'arrêter, et toujours de la maîtriser. Le fait est certain, et ce qui n'est pas moins certain, c'est que le mouvement exécuté à ces conditions prend à nos yeux un nouveau caractère : nous nous l'imputons, nous le rapportons comme effet à nous, qui alors nous en considérons comme la cause. Là est pour nous l'origine de la notion de cause, non d'une cause abstraite, mais d'une cause personnelle, de nous-mêmes. Le caractère propre du moi est la causalité, ou la volonté, puisque nous ne nous rapportons et ne nous imputons que ce que nous causons, et que nous ne causons que ce que nous voulons. Vouloir, causer, être pour nous, toutes expressions synonymes du même fait qui contient à la fois la volonté, la causalité et le moi. Le rapport de la volonté et de la personne n'est pas un simple rapport de coexistence, c'est un véritable rapport d'identité. Etre pour le moi n'est pas une chose, et vouloir une autre, car alors il pourrait y avoir ou des volitions qui seraient impersonnelles, ce qui est contraire aux faits, ou une personnalité, un moi qui se saurait sans vouloir, ce qui est impossible ; car se savoir pour le moi, c'est se distinguer d'un non-moi ; or, il ne peut s'en distinguer qu'en s'en séparant, en sortant du mouvement impersonnel pour en produire un qu'il s'impute à lui-même, c'est-à-dire en voulant. La volonté est donc l'être de la personne. Les mouvemens de la sensibilité, les désirs, les passions, loin de constituer la personnalité, la détruisent. La personnalité et la passion sont essentiellement dans un rapport inverse, dans une contradiction qui est la vie. Comme on ne peut trouver l'élément de personnalité ailleurs que dans la volonté, de même aussi on ne peut trouver ailleurs l'élément de causalité. Il ne faut pas confondre la volonté ou la causalité interne qui produit immédiatement des effets, internes d'abord comme leur cause, avec les instrumens extérieurs et réellement passifs de cette causalité qui, comme instrumens, ont l'air de produire aussi des effets, mais sans en être la cause première, c'est-à-dire la vraie cause. Quand je pousse une bille sur une autre, ce n'est pas la bille qui cause véritablement le mouvement qu'elle imprime, car ce mouvement lui a été imprimé à elle-même par la main, par les muscles qui dans le mystère de notre organisation sont au service de la volonté. A proprement parler, ces actions ne sont que des effets enchaînés l'un à l'autre, simulant alternativement des causes, sans en contenir une véritable, et se rapportant tous comme effets plus ou moins éloignés à la volonté, comme cause première. Cherche-t-on la notion de cause dans l'action de la bille sur la bille, comme on le faisait avant Hume, ou de la main sur la bille, et des premiers muscles locomoteurs sur leurs extrémités, ou même dans l'action de la volonté sur le muscle, comme l'a fait M. de Biran, on ne la trouvera dans aucun de ces cas, pas même dans le dernier, car il est possible qu'il y ait une paralysie des muscles qui rende la volonté impuissante sur eux, improductive, incapable d'être cause et par conséquent d'en suggérer la notion. Mais ce qu'aucune paralysie ne peut empêcher, c'est l'action de la volonté sur elle-même, la production d'une résolution, c'est-à-dire une causation toute spirituelle, type primitif de la causalité, dont toutes les actions extérieures, à commencer par l'effort musculaire, et à finir par le mouvement de la bille sur la bille, ne sont que des symboles plus ou moins infidèles. La première cause pour nous est donc la volonté dont le premier effet est une volition. Là est la source à la fois la plus haute et la plus pure de la notion de cause qui s'y confond avec celle de la personnalité. Et c'est la prise de possession pour ainsi dire de la cause dans la volonté et la personnalité qui est pour nous la condition de la conception ultérieure ou simultanée des causes extérieures impersonnelles.

Le phénomène de la volonté présente les momens suivans : 1° prédéterminer un acte à faire ; 2° délibérer ; 3° se résoudre. Si l'on y prend garde, c'est la raison qui constitue le premier tout entier, et même le second, car c'est elle aussi qui délibère, mais ce n'est pas elle qui résout et se détermine. Or, la raison qui se mêle ici à la volonté, s'y mêle sous une forme réfléchie ; concevoir un but, délibérer emporte l'idée de réflexion. La réflexion est donc la condition de tout

acte volontaire, si tout acte volontaire suppose une prédétermination de son objet et une délibération. Or, agir volontairement c'est agir ainsi, nous l'avons vu ; et c'est parce que la volonté est en effet réfléchie, qu'elle présente un phénomène si frappant. Mais une opération réfléchie peut-elle être une opération primitive? Vouloir c'est, sachant qu'on peut se résoudre et agir, délibérer si on se résoudra, si on agira de telle ou telle manière, et choisir en faveur de l'une ou de l'autre. Le résultat de ce choix, de cette décision précédée de délibération et de prédétermination est la volition, effet immédiat de l'activité personnelle; mais pour se résoudre et agir ainsi, il fallait savoir qu'on pouvait se résoudre et agir, il fallait antérieurement s'être résolu, avoir agi autrement, sans délibération ni prédétermination, c'est-à-dire sans réflexion. L'opération antérieure à la réflexion est la spontanéité. C'est un fait que même aujourd'hui nous agissons souvent sans avoir délibéré, et que l'aperception rationnelle nous découvrant spontanément l'acte à faire, l'activité personnelle entre aussi spontanément en exercice et se résout d'abord, non par une impulsion étrangère, mais par une sorte d'inspiration immédiate, supérieure à la réflexion et souvent meilleure qu'elle. Le *qu'il mourût!* du vieil Horace, le *à moi, Auvergne!* du brave d'Assas ne sont pas des élans aveugles et par conséquent dépourvus de moralité ; mais ce n'est pas non plus au raisonnement et à la réflexion que l'héroïsme les emprunte. Le phénomène de l'activité spontanée est donc tout aussi réel que celui de l'activité volontaire.

Seulement, comme tout ce qui est réfléchi est profondément déterminé et par cela même distinct, le phénomène de l'activité volontaire et réfléchie est plus apparent que celui de l'activité spontanée, moins déterminée et plus obscure. Ensuite, le propre de tout acte volontaire est de pouvoir se répéter à volonté, de pouvoir être évoqué pour ainsi dire par-devant la conscience qui l'examine et le décrit tout à son aise, tandis que le caractère propre d'un acte spontané étant de n'être pas volontaire, l'acte spontané ne se répète point à volonté et passe ou inaperçu ou irrévocable, et ne peut être ultérieurement rappelé qu'à la condition d'être réfléchi, c'est-à-dire d'être détruit comme fait spontané. La spontanéité est donc nécessairement obscure de cette obscurité qui environne tout ce qui est primitif et instantané.

Cherchons bien, et nous ne trouverons pas d'autres modes d'action. La réflexion et la spontanéité comprennent toutes les formes réelles de l'activité.

La réflexion en principe et en fait suppose et suit la spontanéité; mais comme il ne peut y avoir rien de plus dans le réflexif que dans le spontané, tout ce que nous avons dit de l'un s'applique à l'autre, et quoique la spontanéité ne soit accompagnée ni de prédétermination ni de délibération, elle n'est pas moins comme la volonté une puissance réelle d'action et par conséquent une cause productrice, et par conséquent personnelle. La spontanéité contient donc tout ce que contient la volonté, et elle le contient antérieurement à elle, sous une forme moins déterminée, mais plus pure, ce qui élève encore la source immédiate de la causalité et du moi. Le moi est déjà avec la puissance productrice qui le caractérise dans l'éclair de la spontanéité, et c'est dans cet éclair instantané qu'il se saisit instantanément lui-même. On pourrait dire qu'il se trouve dans la spontanéité, et que dans la réflexion il se constitue. Le moi, dit Fichte, se pose lui-même dans une détermination volontaire. Ce point de vue est celui de la réflexion. Pour que le moi se pose, comme dit Fichte, il faut qu'il se distingue explicitement du non-moi. Distinguer, c'est nier; distinguer une chose d'une autre, c'est affirmer encore, mais en niant, c'est affirmer après avoir nié. Or, il n'est pas vrai que la vie intellectuelle débute par une négation, et avant la réflexion et le fait à la description duquel Fichte a pour jamais attaché son nom, est une opération dans laquelle le moi se trouve sans s'être cherché, se pose, si l'on veut, mais sans avoir voulu se poser, par la seule vertu et l'énergie propre de l'activité qu'il reconnaît lui-même en la manifestant, mais sans l'avoir connue d'avance; car l'activité ne se révèle à elle-même que par ses actes, et le premier a dû être l'effet d'une puissance qui jusque-là s'était ignorée elle-même.

Quelle est donc cette puissance qui ne se révèle que par ses actes, qui se trouve et s'aperçoit dans la spontanéité, se retrouve et se réfléchit dans la volonté?

Spontanés ou volontaires, tous les actes personnels ont cela de commun, qu'ils se rapportent immédiatement à une cause qui a son point de départ uniquement en elle-même, c'est-à-dire qu'ils sont libres; telle est la notion propre de liberté. La liberté ne peut être seulement la volonté, car alors la spontanéité ne serait pas libre; et d'un autre côté la liberté ne peut être seulement la spontanéité, car la volonté ne serait plus libre à son tour. Si donc les deux phénomènes sont également libres, ils ne peuvent l'être qu'à cette condition, qu'on retranchera à la notion de liberté ce qui appartient exclusivement à l'un et à l'autre des deux phénomènes, et qu'on ne lui laissera que ce qu'ils ont de commun. Or, qu'ont-ils de commun sinon d'avoir leur point de départ en eux-mêmes et de se rapporter immédiatement à une cause, qui est leur cause propre et n'agit que par sa propre énergie? la liberté étant le caractère commun de la spontanéité et de la volonté, comprend sous elle ces deux phénomènes; elle doit avoir et elle a par conséquent quelque chose de plus général qu'eux, et qui constitue leur identité. Cette théorie de la liberté est la seule qui s'accorde avec les faits divers que la conscience du genre humain proclame libres, et qui dans leurs diversités ont donné lieu à des théories en contradiction les unes avec les autres, parce qu'elles sont faites exclusivement pour tel ou tel ordre de phénomènes. Ainsi, par exemple, la théorie qui concentre la liberté dans la volonté ne devrait admettre d'autre liberté que la liberté réfléchie, précédée d'une prédétermination, accompagnée d'une délibération et marquée de caractères qui réduisent singulièrement le nombre des actes libres et enlèvent toute liberté à tout ce qui n'est pas réfléchi, à l'enthousiasme du poète et de l'artiste dans le moment de la création, à l'ignorance qui réfléchit peu et n'agit guere que spontanément, c'est-à-dire aux trois quarts de l'espèce humaine. Parce que l'expression de libre arbitre implique l'idée de choix, de comparaison et de réflexion, on a imposé ces conditions à la liberté, dont le libre arbitre n'est qu'une forme; le libre arbitre, c'est la volonté libre, c'est-à-dire la volonté; mais la volonté est si peu adéquate à la liberté, que la langue même lui donne l'épithète de libre, la rapportant ainsi à quelque chose de plus général qu'elle-même. Il en faut dire autant de la spontanéité. Dégagée de l'appareil plus ou moins tardif de la réflexion, de la comparaison et de la délibération, la spontanéité manifeste la liberté sous une forme plus pure, mais elle n'est qu'une forme de la liberté, et non la liberté toute entière : l'idée fondamentale de la liberté est celle d'une puissance, qui, sous quelque forme qu'elle agisse, n'agit que par une énergie qui lui est propre.

Si la liberté est distincte des phénomènes libres, le caractère de tout phénomène étant d'être plus ou moins déterminé, mais de l'être toujours, il suit que le caractère propre de la liberté dans son contraste avec les phénomènes libres, est l'indétermination. La liberté n'est donc pas une forme de l'activité, mais l'activité en soi, l'activité indéterminée qui, précisément à ce titre, se détermine sous une forme ou sous une autre. D'où il suit encore que le moi ou l'activité personnelle, spontanée et réfléchie, ne représente que le déterminé de l'activité, mais non son essence. La liberté est l'idéal du moi ; le moi doit y tendre sans cesse sans y arriver jamais ; il en participe, mais il n'est point elle. Il est la liberté en acte, non la liberté en puissance ; c'est une cause, mais une cause phénoménale et non substantielle, relative et non absolue. Le moi absolu de Fichte est une contradiction. Il implique que rien d'absolu et de substantiel se rencontre dans quoi que ce soit de déterminé, c'est-à-dire de phénoménal. En fait d'activité, la substance ne peut donc se trouver qu'en dehors et au-dessus de toute activité phénoménale, dans la puissance non encore passée à l'action, dans l'indéterminé capable de se déterminer par soi-même, dans la liberté dégagée de ses formes qui, en la déterminant, la limitent. Nous voilà donc dans l'analyse du *moi*, arrivés encore par la psychologie à une nouvelle face de l'ontologie, à une activité substantielle, antérieure et supérieure à toute activité phénoménale, qui produit tous les phénomènes de l'activité, leur survit à tous et les renouvelle tous, immortelle et inépuisable dans la défaillance de ses modes temporaires. Et encore, chose admirable, cette activité absolue affecte dans son développement deux formes parallèles à celles de la raison, savoir la spontanéité et la réflexion. Ces deux momens se retrouvent dans une sphère comme dans l'autre, et le principe de l'une comme de l'autre est toujours une causalité substantielle. L'activité et la raison, la liberté et l'intelligence se pénètrent donc intimement dans l'unité de la substance.

Le dernier phénomène de conscience que nous n'avons pas encore analysé, la sensation exigerait des développemens analogues que le temps m'interdit, et je dois me contenter ici de quelques mots que les penseurs comprendront, et qui serviront du moins de pierre d'attente à mes travaux ultérieurs sur la philosophie de la nature.

La sensation est un phénomène de la conscience tout aussi incontestable que les deux autres; or si ce phénomène est réel, nul phénomène ne pouvant se suffire à lui-même, la raison qui agit sous la loi de causalité et de substance nous force de rapporter le phénomène de la sensation à une cause existante, et cette cause évidemment n'étant pas le *moi*, il faut bien que la raison rapporte la sensation à une autre cause, car l'action de la raison est irrésistible; elle la rapporte donc à une cause étrangère au *moi*, placée hors de la domination du moi, c'est-à-dire à une cause extérieure; là est pour nous la notion du dehors opposé au dedans que le *moi* constitue et remplit, la notion d'objet extérieur opposé au sujet qui est la personnalité elle-même, la notion de la passivité opposée à la liberté. Mais que cette expression de passivité ne nous trompe pas; car le *moi* n'est pas passif et ne peut jamais l'être, puisqu'il est l'activité libre; ce n'est pas l'objet non plus qui est passif, puisqu'il nous est donné uniquement sous la raison de cause, de force active. La passivité n'est donc qu'un rapport entre deux forces qui agissent l'une sur l'autre. Variez et multipliez le phénomène de la sensation, la raison le rapporte toujours et nécessairement à une cause qu'elle charge successivement, à mesure que les expériences s'étendent, non des modifications internes du sujet, mais des propriétés objectives capables de les exciter, c'est-à-dire qu'elle développe la notion de cause, mais sans en sortir, car des propriétés sont toujours des causes et ne peuvent être connues que comme telles. Le monde extérieur n'est donc qu'un assemblage de causes correspondantes à nos sensations réelles ou possibles; le rapport de ces causes entre elles est l'ordre du monde. Ainsi ce monde est de la même étoffe que nous, et la nature est la sœur de l'homme; elle est active, vivante, animée comme lui; et son histoire est un drame tout aussi bien que la nôtre.

De plus, comme le développement de la force personnelle ou humaine se fait dans la conscience en quelque sorte sous les auspices de la raison, que nous reconnaissons comme notre loi alors même que nous la violons, de même les forces extérieures sont nécessairement conçues comme soumises à des lois dans leur développement, ou pour mieux dire les lois des forces extérieures ne sont autre chose que leur mode de développement dont la constance constitue pour nous la régularité. La force dans la nature est distincte de sa loi, comme la personnalité en nous l'est de la raison; je dis distincte, et non pas séparée; car toute force porte sa loi avec elle et la manifeste dans son action et par son action. Or, toute loi suppose une raison, et les lois du monde ne sont pas autre chose que la raison considérée dans le monde. Voilà donc un nouveau rapport de l'homme avec la nature : la nature se compose comme l'humanité de lois et de forces, de raison et d'activité; et sous ce point de vue les deux mondes se rapprochent encore.

N'y a-t-il rien de plus? Comme nous avons réduit à deux les lois de la raison et les modes de la force libre, de même ne pourrait-on tenter une réduction des forces de la nature et de leurs lois? Ne pourrait-on réduire tous les modes réguliers d'action de la nature à deux modes qui dans leur rapport avec l'action spontanée et réfléchie du moi et de la raison, manifesteraient une harmonie plus intime encore que celle que nous venons d'indiquer entre le monde intérieur et le monde extérieur? On entrevoit que je veux parler ici de l'expansion et de la concentration ; mais tant que des travaux méthodiques n'auront pas converti ces conjectures en certitudes, j'espère et me tais; je me contente de remarquer que déjà les considérations philosophiques qui réduisent la notion du monde extérieur à celle de la force ont fait leur route, et gouvernent à son insu la physique moderne. Quel physicien, depuis Euler, cherche autre chose dans la nature que des forces et des lois? Qui parle aujourd'hui d'atomes? et même les molécules, renouvelées des atomes, qui les donne pour autre chose qu'une hypothèse? Si le fait est incontestable, si la physique moderne ne s'occupe plus que de forces et de lois, j'en conclus rigoureusement que la physique, qu'elle le sache ou qu'elle l'ignore, n'est pas matérialiste, et qu'elle s'est faite spiritualiste le jour où elle a rejeté toute autre méthode que l'observation et l'induction, lesquelles ne peuvent jamais conduire qu'à des forces et à des lois ; or, qu'y a-t-il de matériel dans des forces et dans des lois? donc les sciences physiques sont entrées elles-mêmes dans la large route du spiritualisme bien entendu ; et elles n'ont plus qu'à y marcher d'un pas ferme, et à approfondir de plus en plus les forces et leurs lois, pour les généraliser davantage. Allons plus loin. Comme c'est une loi déjà reconnue de la même raison qui gouverne l'humanité et la nature, de rattacher toute cause finie et toute loi multiple, c'est-à-dire toute cause et toute loi phénoménale, à quelque chose d'absolu qui ne laisse plus rien à chercher au-delà relativement à l'existence, c'est-à-dire à une substance ; cette loi rattache le monde extérieur composé de forces et de lois à une substance, qui doit être une cause pour être le sujet des causes de ce monde, qui doit être une intelligence pour être le sujet de ses lois, une substance enfin qui doit être l'identité de l'activité et de l'intelligence. Nous voilà donc arrivés de nouveau par l'observation et l'induction dans la sphère extérieure, précisément au même point où l'observation et l'induction nous ont conduits successivement dans la sphère de la personnalité et dans celle de la raison ; la conscience dans sa triplicité est donc une ; le monde physique et moral est un, la science est une, c'est-à-dire, en d'autres termes, Dieu est un.

Résumons ces idées, et développons-les en les résumant.

En rentrant dans la conscience, nous avons vu que

le rapport de la raison, de l'activité et de la sensation est tellement intime, que l'un de ces élémens donné, les deux autres entrent de suite en exercice, et que cet élément, c'est l'activité libre. Sans l'activité libre ou le moi, la conscience n'est pas, c'est-à-dire que les deux autres phénomènes, qu'ils aient lieu ou qu'ils n'aient pas lieu, sont comme s'ils n'étaient pas pour le moi qui n'est pas encore. Or le moi n'existe pour lui-même, ne s'aperçoit et ne peut s'apercevoir qu'en se distinguant de la sensation que par là même il aperçoit, et qui prend par là son rang dans la conscience. Mais comme le moi ne peut s'apercevoir et apercevoir la sensation qu'en apercevant, c'est-à-dire par l'intervention de la raison, principe nécessaire de toute aperception, de toute connaissance, il s'ensuit que l'exercice de la raison est contemporain de l'exercice de l'activité personnelle et des impressions sensibles. La triplicité de conscience, dont les élémens sont distincts et irréductibles l'un à l'autre, se résout donc dans un fait unique, comme l'unité de la conscience n'existe qu'à la condition de cette triplicité. De plus, si les trois phénomènes élémentaires de la conscience sont contemporains, si la raison éclaire immédiatement l'activité qui se distingue alors de la sensation ; comme la raison n'est pas autre chose que l'action des deux grandes lois de la causalité et de la substance, il faut qu'immédiatement la raison rapporte l'action à une cause et à une substance intérieure, savoir le moi, la sensation à une cause et à une substance extérieure, le non-moi ; mais ne pouvant s'y arrêter comme à des causes vraiment substantielles, tant parce que leur phénoménalité et leur contingence manifeste leur ôte tout caractère absolu et substantiel, que parce qu'étant deux, elles se limitent l'une par l'autre, et s'excluent ainsi du rang de substance, il faut que la raison les rapporte à une cause substantielle unique, au-delà de laquelle il n'y a plus rien à chercher relativement à l'existence, c'est-à-dire en fait de cause et de substance, car l'existence est l'identité des deux. Donc l'existence substantielle et causatrice, avec les deux causes ou substances finies dans lesquelles elle se développe, est connue en même temps que ces deux causes, avec les différences qui les séparent et le lien de nature qui les rapproche, c'est-à-dire que l'ontologie nous est donnée en même temps toute entière, et même qu'elle nous est donnée en même temps que la psychologie. Ainsi dans le premier fait de conscience l'unité psychologique dans sa triplicité se rencontre pour ainsi dire vis-à-vis de l'unité ontologique dans sa triplicité parallèle. Le fait de conscience qui comprend trois élémens internes nous révèle aussi trois élémens externes : tout fait de conscience est psychologique et ontologique à la fois, et contient déjà les trois grandes idées que la science plus tard divise ou résume, mais qu'elle ne peut dépasser, savoir l'homme, la nature et Dieu. Mais l'homme, la nature, et le Dieu de la conscience ne sont pas de vaines formules, mais des faits et des réalités. L'homme n'est pas dans la conscience sans la nature, ni la nature sans l'homme, mais tous deux s'y rencontrent dans leur opposition et leur réciprocité, comme des causes, et des causes relatives, dont la nature est de se développer toujours, et toujours l'une par l'autre. Le Dieu de la conscience n'est pas un dieu abstrait, un roi solitaire relégué par-delà la création sur le trône désert d'une éternité silencieuse et d'une existence absolue qui ressemble au néant même de l'existence : c'est un Dieu à la fois vrai et réel, à la fois substance et cause, toujours substance et toujours cause, n'étant substance qu'en tant que cause, et cause qu'en tant que substance, c'est-à-dire étant cause absolue, un et plusieurs, éternité et temps, espace et nombre, essence et vie, indivisibilité et totalité, principe, fin et milieu, au sommet de l'être et à son plus humble degré, infini et fini tout ensemble, triple enfin, c'est-à-dire à la fois Dieu, nature et humanité. En effet si Dieu n'est pas tout, il n'est rien ; s'il est absolument indivisible en soi, il est inaccessible et par conséquent il est incompréhensible, et son incompréhensibilité est pour nous sa destruction. Incompréhensible comme formule et dans l'école, Dieu est clair dans le monde qui le manifeste, et pour l'ame qui le possède et le sent. Partout présent, il revient en quelque sorte à lui-même dans la conscience de l'homme dont il constitue indirectement le mécanisme et la triplicité phénoménale par le reflet de sa propre vertu et de la triplicité substantielle dont il est l'identité absolue.

Arrivée sur ces hauteurs la philosophie s'éclaircit en s'agrandissant, l'harmonie universelle entre dans la pensée de l'homme, l'étend et la pacifie. Le divorce de l'ontologie et de la psychologie, de la spéculation et de l'observation, de la science et du sens commun, expire dans une méthode qui arrive à la spéculation par l'observation, à l'ontologie par la psychologie, pour affermir ensuite l'observation par la spéculation, la psychologie par l'ontologie, et qui partant des données immédiates de la conscience dont est fait le sens commun du genre humain, en tire la science qui ne contient rien de plus que le sens commun, mais l'élève à une forme plus sévère et plus pure, et lui rend compte de lui-même. Mais je touche ici à un point fondamental.

Si tout fait de conscience contient toutes les facultés humaines, la sensibilité, l'activité libre et la raison, le moi, le non-moi et leur identité absolue; et si tout fait de conscience est égal à lui-même, il en résulte que tout homme qui a la conscience de lui-même possède et ne peut pas ne pas posséder toutes les idées contenues nécessairement dans la conscience. Ainsi tout homme, s'il se sait, sait tout le reste, la nature et Dieu en même temps que lui-même. Tout homme croit à son existence, donc tout homme croit au monde et à Dieu; tout homme pense, donc tout homme pense Dieu, si l'on peut s'exprimer ainsi; toute proposition humaine, réfléchissant la conscience, réfléchit l'idée de l'unité et de l'être essentielle à la conscience : donc toute proposition humaine renferme Dieu; tout homme qui parle parle de Dieu, et toute parole est un acte de foi et un hymne. L'athéisme est une formule vide, une négation sans réalité, une abstraction de l'esprit qui se détruit elle-même en s'affirmant, car toute affirmation, même négative, est un jugement qui renferme l'idée d'être, et par conséquent Dieu tout entier. L'athéisme est l'illusion de quelques sophistes qui opposent leur liberté à leur raison et ne savent pas même se rendre compte de ce qu'ils pensent; mais le genre humain qui ne renie point sa conscience et ne se met point en contradiction avec ses lois, connaît Dieu, y croit et le proclame perpétuellement. En effet le genre humain croit à la raison et ne peut pas ne pas y croire, à cette raison qui apparaît dans la conscience en rapport momentané avec le moi, reflet pur encore quoique affaibli de cette lumière primitive qui découle du sein même de la substance éternelle, laquelle est tout ensemble substance, cause, intelligence. Sans l'apparition de la raison dans la conscience, nulle connaissance ni psychologique ni encore moins ontologique. La raison est en quelque sorte le pont jeté entre la psychologie et l'ontologie, entre la conscience et l'être; elle pose à la fois sur l'une et sur l'autre; elle descend de Dieu et s'incline vers l'homme; elle apparaît à la conscience comme un hôte qui lui apporte des nouvelles d'un monde inconnu dont il lui donne à la fois et l'idée et le besoin. Si la raison était personnelle, elle serait de nulle valeur et sans aucune autorité hors du sujet et du moi individuel. Si elle restait à l'état de substance non manifestée, elle serait comme si elle n'était pas pour le moi qui ne se connaîtrait pas lui-même. Il faut donc que la substance intelligente se manifeste; et cette manifestation est l'apparition de la raison dans la conscience. La raison est donc à la lettre une révélation, une révélation nécessaire et universelle, qui n'a manqué à aucun homme et a éclairé tout homme à sa venue en ce monde : *illuminat omnem hominem venientem in hunc mundum.* La raison est le médiateur nécessaire entre Dieu et l'homme, ce λόγος de Pythagore et de Platon, ce *verbe* fait chair qui sert d'interprète à Dieu et de précepteur à l'homme, homme à la fois et Dieu tout ensemble. Ce n'est pas sans doute le Dieu absolu dans sa majestueuse indivisibilité, mais sa manifestation en esprit et en vérité ; ce n'est pas l'être des êtres, mais c'est le Dieu du genre humain. Comme Dieu ne manque jamais au genre humain et ne l'abandonne jamais, le genre humain croit en Dieu d'une croyance irrésistible et inaltérable, et cette unité de croyance est à lui-même sa plus haute unité.

Si cet ensemble de croyances est dans tout fait de conscience, et si la conscience est une dans tout le genre humain, d'où vient donc la diversité prodigieuse qui semble exister d'homme à homme, et en quoi consiste cette diversité ? En vérité, quand au premier coup-d'œil on croit apercevoir tant de différences d'un individu à un individu, d'un pays à un pays, d'une époque de l'humanité à une autre époque, on éprouve un sentiment profond de mélancolie ; et l'on est tenté de ne voir dans un développement intellectuel si capricieux et dans l'humanité toute entière qu'un phénomène sans fixité, sans grandeur et sans intérêt. Mais les faits plus attentivement observés démontrent que nul homme n'est étranger à aucune des trois grandes idées qui constituent la conscience, savoir la personnalité ou la liberté de l'homme, l'impersonnalité ou la fatalité de la nature et la providence de Dieu. Tout homme comprend ces trois idées immédiatement, parce qu'il les a trouvées d'abord et qu'il les retrouve constamment en lui-même. Les exceptions par leur petit nombre, par les absurdités qu'elles entraînent, par les troubles qu'elles engendrent, ne servent qu'à faire ressortir davantage l'universalité de la foi dans l'espèce humaine, le trésor de bon sens déposé dans la vérité, et la paix et le bonheur qu'il y a pour une ame humaine à ne point se séparer des croyances de ses semblables. Laissez là les exceptions qui paraissent de loin en loin dans quelques époques critiques de l'histoire, et vous verrez que toujours et partout les masses qui seules existent vivent dans la même foi, dont les formes seules varient. Mais les masses n'ont pas le secret de leurs croyances. La vérité n'est pas la science; la vérité est pour tous, la science pour peu : toute vérité est dans le genre humain, mais le genre humain n'est pas philosophe. Au fond, la philosophie est l'aristocratie de l'espèce humaine. Sa gloire et sa force, comme celle de toute vraie aristocratie, est de ne point se séparer du peuple, de sympathiser et de s'identifier avec lui, de travailler pour lui en s'appuyant sur lui. La science philosophique est le compte sévère que la réflexion se rend à elle-même d'idées qu'elle n'a pas faites. Nous l'avons démontré plus haut : la réflexion suppose une opération préalable à laquelle elle s'applique, puisque la réflexion est un retour. Si aucune opération antérieure n'avait eu lieu, il n'y aurait pas place à la répétition volontaire de cette opération, c'est-à-dire à la réflexion ; car la réflexion n'est pas autre chose ; elle ne crée pas, elle constate et développe. Donc il n'y a pas plus intégralement dans la réflexion que dans l'opération qui la précède, dans la spontanéité ; seulement la réflexion est un degré de l'intelligence, plus rare et plus élevé que la spontanéité, et encore à cette condition qu'elle la résume fidèlement et la développe sans la détruire. Or, selon moi, l'humanité en masse est spontanée et non réfléchie ; l'humanité est inspirée. Le souffle divin qui est en elle lui révèle toujours et partout toutes les vérités sous une forme ou sous une autre, selon les temps et selon les lieux. L'ame de l'humanité est une ame poétique qui découvre en elle-même les secrets des êtres, et les exprime en des chants prophétiques qui retentissent d'âge en âge. A côté de l'humanité est la philosophie qui l'écoute avec attention, recueille ses paroles, les note pour ainsi dire ; et quand le moment de l'inspiration est passé, les présente avec respect à l'artiste admirable qui n'avait pas la conscience de son génie et qui souvent ne reconnaît pas son propre ouvrage. La spontanéité est le génie de la nature humaine, la réflexion est le génie de quelques hommes. La différence de la réflexion à la spontanéité, est la seule différence possible dans l'identité de l'intelligence. Je crois avoir prouvé que c'est la seule différence réelle dans les formes de la raison, dans celles de l'activité, peut-être même dans celles de la vie ; en histoire, c'est aussi la seule qui sépare un homme d'un de ses semblables : d'où il suit que nous sommes tous pénétrés du même esprit, tous de la même famille, enfans du même père, et que notre fraternité n'admet que les dissemblances nécessaires à l'individualité. Considérées sous cet aspect, les dissemblances individuelles ont de la noblesse et de l'intérêt, parce qu'elles témoignent de l'indépendance de chacun de nous et séparent l'homme de la nature. Nous sommes des hommes et non des astres; nous avons des mouvemens qui nous sont propres, mais tous nos mouvemens, les plus irréguliers en apparence, s'accomplissent dans un cercle qui est celui de notre nature, et dont les deux extrémités sont deux points essentiellement similaires. La spontanéité est le point de départ, la réflexion le point de retour, la circonférence entière est la vie intellectuelle, le centre est l'intelligence absolue qui domine et explique tout. Ces principes sont d'une fécondité inépuisable. Allez de la nature humaine à la nature extérieure, vous y retrouverez la spontanéité sous la forme de l'expansion, la réflexion sous celle de la concentration. Portez vos regards sur l'existence universelle: la nature extérieure y joue le rôle de la spontanéité, l'humanité celui de la réflexion. Enfin, dans l'histoire de l'espèce humaine, le monde oriental représente ce premier mouvement dont la spontanéité puissante a fourni au genre humain sa base indestructible; et le monde payen, et surtout chrétien, représente la réflexion qui se développe peu à peu, s'ajoute à la spontanéité, la décompose et la recompose avec la liberté qui lui est propre, tandis que l'esprit du monde plane sur toutes ses formes et demeure au centre; mais sous toutes ces formes, dans tous ces mondes, à tous les degrés de l'existence physique, intellectuelle ou historique, les mêmes élémens intégrans se retrouvent dans leur variété et leur harmonie.

Telle est l'espèce de système auquel vint aboutir, sur la fin de 1818, tout le travail des années précédentes; système très-imparfait sans doute, et qui depuis s'est bien étendu et modifié dans mon esprit, mais dont je défendrais encore aujourd'hui les principales bases, et qui du moins avait, malgré tous ses défauts, à l'époque où il fut conçu et exposé, l'avantage de réaliser en partie la pensée dominante de ma vie, celle de reconstruire les croyances éternelles avec l'esprit du temps, et d'arriver aussi à l'unité, mais par la route de la méthode expérimentale. C'est là le point de vue sous lequel il faut le considérer et l'apprécier.

Ce système fit le fond de mon enseignement de 1818; et c'est à lui que se rattachent directement ou indirectement tous les fragmens dont se compose ce volume; il en est l'unité, et peut servir comme de fil pour s'y reconnaître, au milieu d'articles de dates et de matières différentes. Là est la borne de mes recherches jusqu'en 1819, et le fondement de tous les développemens dogmatiques et historiques de mon enseignement pendant les années subséquentes. Si l'on y prend garde, le système que nous venons de retracer à la hâte n'est pas autre chose qu'un éclectisme impartial appliqué aux faits de conscience. Il fut aussi dès-lors appliqué aux doctrines diverses dont se compose l'histoire de la philosophie, et l'on en retrouvera des traces nombreuses dans ces fragmens; mais depuis il a pris dans mon esprit et dans mes travaux une importance dont il m'est impossible de donner ici la moindre idée. Je me contenterai de dire que depuis 1819, mon point de vue systématique et dogmatique s'étant un peu affermi et élevé, je quittai pour quelque temps la spéculation, ou plutôt je la poursuivis et la réalisai en l'appliquant plus spécialement que je ne l'avais encore fait à l'histoire de la philosophie. Toujours fidèle à la méthode psychologique, je la transportai dans l'histoire, et confrontant les systèmes avec les faits de conscience, demandant à chaque système une représentation complète de la conscience sans pouvoir l'obtenir, j'arrivai bientôt à ce résultat que mes études ultérieures ont tant développé, savoir : que chaque système exprime un ordre de phénomènes et d'idées, qui est très-réel à la vérité, mais qui n'est pas seul dans la conscience, et qui pourtant dans le système joue un rôle presque exclusif; d'où il suit que chaque système n'est pas faux, mais incomplet; d'où il suit encore qu'en réunissant tous les systèmes incomplets, on aurait une philosophie complète, adéquate à la totalité de la conscience. De là à un véritable système historique, universel et précis tout ensemble, l'intervalle est grand sans doute ; mais le premier pas est fait, et la carrière ouverte. J'essaierai de la remplir; j'essaierai, malgré tous les obstacles, de poursuivre la réforme des études philosophiques en France, en éclairant l'histoire de la philosophie par un système, et en démontrant ce système par l'histoire entière de la philosophie. C'est à ce but que se rattache la série de mes publications historiques, dont mes amis seuls peuvent comprendre entièrement la portée ; c'est dans ce plan qu'entrait déjà mon enseignement des années 1819 et 1820, sur l'histoire de la philosophie du dix-huitième siècle, en France, en Angleterre et en Allemagne. Peut-être je publierai ces leçons; mais mes leçons antérieures de 1815 à 1818 ne verront pas le jour. Ce sont des études que j'ai faites par-devant le public, et qui, j'espère, n'auront pas été inutiles pour ranimer dans mon pays le goût des matières philosophiques, et imprimer une direction salutaire aux élèves de l'école normale et aux jeunes gens qui suivaient mes cours de la faculté des lettres. Mais je les condamne moi-même à l'oubli ; elles sont trop en arrière du point où nous sommes tous parvenus. J'aurais même à demander grace pour ces fragmens qui s'y rapportent et qui leur sont encore bien inférieurs, s'ils n'étaient déjà imprimés, et si les reproduire n'était pas les ensevelir définitivement. D'ailleurs j'ai pensé que sans avoir assez de généralité pour entrer dans les besoins du moment et dans les discussions que les querelles des partis ont mises à l'ordre du jour, ils pouvaient avoir cette utilité de reporter l'attention sur des détails psychologiques, arides sans doute et dépourvus de toute grandeur apparente, mais qu'il ne faut jamais oublier puisqu'ils sont le point de départ légitime de tous les développemens que peut et doit prendre la philosophie. J'ai pensé encore qu'au moment où l'industrialisme et la théocratie s'efforcent d'entraîner tous les esprits hors des voies larges et impartiales de la science, c'était presque un devoir pour moi de relever un drapeau indépendant, qui n'est pas oublié peut-être, et de rappeler aux amis de la vérité la seule méthode philosophique qui, selon moi, puisse y conduire; cette méthode d'observation et d'induction qui a élevé si haut et porté si loin toutes les sciences physiques, qui imprime à la pensée un mouvement à la fois vaste et régulier, ne s'appuie que sur la nature humaine, mais l'embrasse toute entière, et avec elle atteint l'infini; qui n'impose aucun système à la réalité, mais se charge de démontrer que la réalité, si elle est entière, est un système, un système vivant et achevé, dans la conscience et hors de la conscience, dans l'univers et dans l'histoire; cette méthode qui, ne se proposant d'autre tâche que celle de comprendre les choses, accepte, explique et respecte tout, et ne détruit que les arrangemens artificiels des hypothèses exclusives; méthode sévère, dont la circonspection voile et justifie la hardiesse, et hors de laquelle tous les mouvemens de l'esprit ne sont que des tourmens infructueux pour soi-même et pour les autres, pour la science, pour le pays et pour l'avenir.

Enfin j'ai voulu prendre officiellement congé de trois années de ma vie qui me sont chères par le souvenir des travaux obscurs et pénibles qui les remplirent; je les salue ici pour la dernière fois et leur dis adieu à jamais. C'est de 1819 que dateront désormais mes publications.

V. COUSIN.

Ce 1er avril 1826.

FRAGMENS PHILOSOPHIQUES.

LEÇONS DE PHILOSOPHIE,

ou

ESSAI SUR LES FACULTÉS DE L'AME,

Par M. LAROMIGUIÈRE,

PROFESSEUR DE PHILOSOPHIE A LA FACULTÉ DES LETTRES DE L'ACADÉMIE DE PARIS.

(Paris, chez Brunot-Labbe : tome I, 1815; tome II, 1818; in-8º.)

Depuis un siècle à peu près que la métaphysique de Locke, sur les ailes brillantes et légères de l'imagination de Voltaire, traversa le détroit et s'introduisit en France, elle y a régné sans contradiction et avec une autorité dont il n'y a pas d'exemple dans l'histoire entière de la philosophie. C'est un fait presque merveilleux que, depuis Condillac, il n'a paru parmi nous aucun ouvrage contraire à sa doctrine, qui ait produit quelque impression sur le public. Condillac régnait donc en paix; et sa domination, prolongée jusqu'à nos jours à travers des changemens de toute espèce, paraissait à l'abri de tout danger et poursuivait son paisible cours. Les discussions avaient cessé : les disciples n'avaient plus qu'à développer les paroles du maître; la philosophie semblait achevée. Cependant les choses en sont venues insensiblement à ce point qu'il paraît tout à coup un ouvrage où l'auteur abandonne et combat même le système établi, sans choquer le public. Que dis-je? le public, jusqu'alors si prévenu en faveur de Condillac, accueille son adversaire, et ne paraît pas même éloigné d'embrasser la nouvelle direction. Ceci prouverait deux choses : d'abord, qu'une révolution philosophique se fait sourdement dans quelques esprits; ensuite, que cette révolution est déjà préparée dans l'opinion publique. Or nous ne craignons pas d'avancer qu'une telle révolution, si elle n'est point une chimère, est un des faits les plus importans de l'époque actuelle.

Mais le fait est-il bien réel? L'esprit humain a-t-il ressaisi parmi nous le droit d'examen? et M. Laromiguière, jadis si zélé, si scrupuleux disciple de Condillac, a-t-il vraiment abandonné sa doctrine? C'est ce qu'il s'agit de constater par une analyse exacte et approfondie des *Leçons de philosophie*.

Il y a deux hommes dans M. Laromiguière, l'ancien et le nouveau, le disciple et l'adversaire de Condillac. L'adversaire se montre souvent, et c'est là le phénomène que nous nous proposons de signaler; le disciple reparaît plus souvent encore, et c'est ce qui prouve précisément, selon nous, la réalité de la révolution que nous annonçons; car, si l'ouvrage de M. Laromiguière n'était qu'un nouveau système, sans rapport avec ceux qui l'ont précédé et avec celui de Condillac, qui est leur type commun, faute de s'appuyer sur le passé, il n'exercerait aucune influence sur l'avenir, et ne serait pour nous qu'un système de plus dans la multitude des systèmes, un ouvrage plus ou moins ingénieux, mais stérile, parce que cela seul est fécond qui est animé de l'esprit du siècle, qui se lie à ses besoins, à ses vœux, à sa tendance. S'il n'y avait aucun rapport entre Condillac et M. Laromiguière, quand même M. Laromiguière aurait pour lui la raison, il n'aurait pas pour lui le public, qui veut bien marcher, mais non pas courir; qui veut bien permettre qu'on améliore ses idées, mais non pas qu'on les détruise brusquement : jamais le même individu n'a complètement changé; la société ne change complètement que par les changemens partiels et progressifs des diverses générations. Si la rupture de M. Laromiguière avec Condillac eût été violente, on pourrait accuser la passion ou le caprice, et ne voir là qu'un phénomène superficiel et passager; mais les changemens insensibles préparent les révolutions durables. Enfin, si l'auteur n'avait pas été un disciple de Condillac et ne s'en montrait pas toujours le plus ardent admirateur, il eût manqué à Condillac d'être abandonné par un des siens. Être attaqué n'est qu'un accident ordinaire, même à un système vainqueur; trouver des résistances est un accident inévitable pour un système nouveau qui se développe et qui marche à la victoire; gagner peu de terrain est l'effet de toute résistance opiniâtre, et n'est encore qu'un phénomène peu inquiétant : mais en perdre, mais reculer quand on a été si loin; mais tomber, ne fût-ce que d'une ligne, quand on est parvenu au faîte, ce sont là des présages tout autrement sinistres : en fait de système aussi, toute chute est ruine; reculer, c'est être vaincu; perdre, c'est déjà périr. Ce qui caractérise l'ouvrage de M. Laromiguière, comme ce qui en fait l'importance, est donc précisément ce mélange, ou, pour ainsi dire, cette lutte de deux esprits opposés, de deux systèmes contraires; lutte d'autant plus intéressante que l'auteur n'en a pas le secret, d'autant plus sérieuse qu'elle est plus naïve. C'est le spectacle de cette lutte que nous voulons donner au public; elle est partout dans le livre de M. Laromiguière; elle est dans chaque grande division, dans chaque chapitre, dans chaque alinéa, dans chaque phrase : tant une situation est profonde lorsqu'elle est vraie!

L'ouvrage de M. Laromiguière est la collection des leçons qu'il donna à la faculté des lettres de l'académie de Paris, pendant les années 1811, 1812 et 1813. Les succès du professeur furent grands : ceux de l'écrivain y répondront; tel est l'effet d'un enseignement et d'un style qui conduisent toujours le lecteur ou l'auditeur de ce qu'il sait mieux à ce qu'il sait moins, ou à ce qu'il ignore tout-à-fait.

Ces leçons se présentent sous le titre d'*Essai sur les facultés de l'âme*. Au fond, cet essai comprend toute la métaphysique; car l'auteur, considérant les facultés et dans leur nature et dans leurs produits, c'est-à-dire en elles-mêmes et dans les diverses idées dont leur développement progressif enrichit l'intelligence, embrasse tout ce que l'on peut dire de l'homme intellectuel; car, où s'arrête la portée de nos facultés, là seulement finit l'homme intellectuel. Mais jusqu'où ne vont pas les facultés de l'homme? Et quelles questions peuvent échapper à la simplicité infinie du plan de M. Laromiguière? L'analyse des facultés, considérées en elles-mêmes et dans leurs rapports les unes avec les autres, est l'objet du premier volume; le second traite de leurs produits, ou des idées. Nous nous proposons de les examiner en détail, montrant toujours en quoi l'auteur suit Condillac et en quoi il s'en écarte, dans le vaste champ qu'il parcourt après lui; et comme, en général, dans la philosophie, l'idée de la méthode plane sur toutes les autres idées, et comme Condillac et M. Laromiguière répètent souvent, ce que nous admettons volontiers, que la philosophie n'est qu'une méthode, nous insisterons d'abord sur la nature et le caractère précis de la méthode suivie par Condillac et M. Laromiguière.

Nous commencerons par écarter la méthode d'enseignement, que Condillac et M. Laromiguière ont trop souvent confondue avec la méthode de découverte, pour nous occuper uniquement de celle-ci. Or, quant à la méthode de découverte, nos deux philosophes se ressemblent tellement, que l'on peut prendre à volonté l'un pour l'autre, et qu'en examinant la méthode de M. Laromiguière, on examine aussi celle de Condillac.

« L'idée de la méthode, dit M. Laromiguière (1re « leçon, p. 48), quoique assez facile à saisir, n'est « pourtant pas une idée simple; quand nous saurons « ce que c'est qu'un principe et ce que c'est qu'un « système, nous serons bien près de savoir ce que « c'est que la méthode. »

Maintenant, qu'est-ce qu'un *principe* et un *système ?* Laissons parler M. Laromiguière :

« Personne, dit-il (*ib.*, p. 50), n'ignore la ma- « nière dont se fait le pain. On a du grain qu'on broie « sous la meule; le grain ainsi broyé est imbibé d'eau; « il prend ainsi de la consistance sous la main qui le « pétrit; et bientôt l'action du feu le convertit en « pain. Voilà quatre faits qui tiennent les uns aux « autres, mais de telle manière que le quatrième est « une modification du troisième, comme le troisième « est une modification du second, et comme le se- « cond est une modification du premier. Or, toutes « les fois qu'une même substance prend ainsi plu- « sieurs formes l'une après l'autre, on donne à la « première le nom de principe. »

Et ajoutons, pour compléter la pensée de l'auteur : à l'ensemble de ces formes qui s'engendrent l'une l'autre, on donne le nom de *système*.

Or, la méthode qui systématise tous les élémens

d'une science en les ramenant à un principe commun, à leur origine, cette méthode s'appelle d'un seul mot *analyse*.

« C'est l'analyse, dit M. Laromiguière (*ibid.*,
« p. 58), qui, ramenant à l'unité les idées les plus di-
« verses qu'elle-même nous a données, fait produire
« à la faiblesse les effets de la force; c'est l'analyse
« qui sans cesse ajoute à l'intelligence, ou plutôt l'in-
« telligence est son ouvrage, et la méthode est trou-
« vée. »

La méthode est trouvée! c'est ce qu'il s'agit d'examiner, en cherchant à se défendre de l'enthousiasme qui peut bien saisir le poète en présence d'une grande image, d'une inspiration sublime, et même le métaphysicien le plus méthodique, à l'instant où il croit apercevoir une idée féconde; mais qu'il ne faut pas commencer par partager soi-même, lorsqu'on veut savoir s'il est bien ou mal fondé, si réellement la méthode est trouvée. Et, selon nous, elle ne l'est pas; ou, si elle se trouve dans la description qu'en vient de donner M. Laromiguière, elle s'y trouve si bien enveloppée sous des élémens étrangers, qu'on a peine à l'y reconnaître. En effet, pour systématiser une science, c'est-à-dire pour ramener une suite de phénomènes à leur principe, à un phénomène élémentaire qui engendre successivement tous les autres, il faut saisir leurs rapports, le rapport de génération qui les lie; et pour cela, il est clair qu'il faut commencer par examiner ces différens phénomènes séparément. Cette opération, c'est l'observation. Or, l'observation peut bien conduire à l'unité ; mais quelquefois aussi elle n'y conduit pas ; elle y conduit, si elle la trouve ; elle la trouve, si l'unité existe : si l'unité n'existe pas, l'observation aura beau la chercher, elle ne la trouvera pas ; elle n'y conduit donc pas nécessairement : observer est donc une chose, unir et systématiser en est une autre ; ces deux opérations ne se rencontrent donc que fortuitement, extérieurement, pour ainsi dire, par l'effet de l'identité qui peut exister dans les choses observables. Alors nous ne ramenons pas les phénomènes à l'unité; mais nous voyons l'unité dans les phénomènes, parce que les phénomènes sont identiques. Si l'unité est une création de l'esprit, c'est une chimère avec laquelle l'observation et la vraie philosophie n'ont rien à voir ; si c'est une réalité, c'est un fait, un fait d'observation, comme tout autre fait, comme la diversité ou la ressemblance. L'observation; si elle est exacte, le trouve même sans le chercher ; de telle sorte qu'alors il n'y aurait pas même dans la méthode deux opérations, l'opération qui observe, et l'opération qui unit et systématise, mais une seule opération, savoir, l'observation, laquelle trouve ou ne trouve pas l'unité. Dans ce cas, la méthode consisterait uniquement dans l'observation; et dans ce cas encore, si l'on veut donner un nom grec à l'observation, à la méthode, qui n'est pas plus grecque que française, et qui appartient à la raison humaine, on peut lui donner le nom d'*analyse*, cette expression marquant l'opération de l'esprit qui divise, qui décompose, c'est-à-dire qui tend à l'observation; car on n'observe, on n'observe bien qu'en décomposant : voilà pourquoi la langue grecque oppose l'*analyse* à la *synthèse*, comme la langue française oppose la décomposition à la composition. Toutefois les définitions de mots étant libres, sauf l'inconvénient de confondre les idées par la confusion du langage convenu, on peut, si l'on veut, appeler *analyse* la réunion de l'opération intellectuelle qui décompose et de celle qui compose, de l'analyse et de la synthèse, comme les Grecs l'entendaient, et comme jusqu'ici l'entendait tout le monde : on peut encore, si on le veut, appeler *méthode* en général ces deux opérations, qui, au fond, constituent deux méthodes, et qui jusqu'ici passaient pour deux méthodes différentes. Les faits sont tout, les mots ne sont rien : qu'on fasse des mots ce qu'on voudra; mais que les faits restent intacts, ainsi que leurs caractères. Quelque dénomination que l'on emploie, toujours est-il qu'unir et systématiser n'est pas décomposer et observer; que ces deux procédés, sans s'exclure, ne se suivent pas nécessairement; que, pour atteindre à la vérité, l'observation est incomparablement plus utile que la recherche de l'unité; et que, par conséquent, dans l'idée générale de méthode, la décomposition, en fait et en droit, précède la composition.

Condillac et M. Laromiguière font tout le contraire. Sans proscrire l'observation, ils insistent plutôt sur la composition, sur l'unité nécessaire à tout système. Pour ne point parler de Condillac, les passages de M. Laromiguière que nous avons cités plus haut, sont décisifs. La tendance à l'unité est telle dans les *Leçons de philosophie*, qu'indépendamment de tous les passages où le professeur la recommande, et où il la suit explicitement, il reste encore je ne sais quel esprit général qui y aspire sans cesse, qui se produit dans les mots comme dans les idées, qui remplit et anime le livre entier. Or, qui ne voit que cette tendance à l'unité, cette supériorité accordée à l'esprit de système sur l'esprit d'observation, doit être funeste à la vraie science, laquelle repose sur les faits? Que dirait-on d'un chimiste qui, dans des leçons sur la méthode, la réduirait à la recherche de l'unité, à la recherche d'un élément unique, simple, indécomposable, dont tous les autres ne fussent que des formes, et dont la chimie entière ne fût que le développement? Un tel chimiste ne rappellerait-il pas le temps de Paracelse, plutôt que le temps de Lavoisier? Celui-là, à coup sûr, ne trouverait pas la classification des corps simples; car où il y a unité, il n'y a pas lieu à classification : il ne trouverait pas un élément nouveau; car deux élémens simples, et tout élément est simple ou supposé tel, deux élémens engendreraient, selon lui, deux sciences tout-à-fait opposées. Que dirait-on du physiologiste qui recommanderait de chercher avant tout la fonction organique élémentaire? Que dirait-on du médecin dont la méthode médicale consisterait à réduire toutes les maladies à une seule, la goutte à la fièvre ou la fièvre à la goutte? Que dirait-on du physicien qui, au lieu d'ajouter la géométrie à l'expérience, prétendrait, *a priori*, construire la nature avec un x ou un y? N'est-il pas visible qu'aussitôt que l'esprit humain s'écarte de l'expérience, il s'écarte de la ligne droite de la science?

Ne serait-on donc pas fondé à dire à Condillac et à son école: 1° Sans prétendre que vous rejetez l'expérience, certainement vous insistez plus sur l'unité et l'esprit de système ; dès là, votre méthode, sans être absolument vicieuse, contient déjà un germe funeste que l'application développera nécessairement.

2° Quand même il serait vrai que, dans l'application, vous n'eussiez pas failli, le mérite en serait à vous, non pas à votre méthode; et notre remarque subsisterait toujours.

3° Quoi qu'il en soit de notre remarque, si elle pêche, assurément ce n'est pas par une excessive témérité, et ce n'est pas à vous d'accuser vos adversaires d'être des esprits ambitieux et chimériques. En effet, quelle ambition que celle de voir tout en un, et même de ne vouloir rien voir autrement ! car non-seulement l'unité est pour vous un résultat, mais c'est une loi, c'est un précepte, une méthode. Quand donc vous rencontrez sous votre plume les noms de philosophes étrangers ou de philosophes anciens, les noms de Platon ou de Pythagore, des Alexandrins ou de certains scolastiques, de Leibnitz ou de Spinosa, et d'autres modernes plus récens dont la gloire est l'orgueil de grandes nations contemporaines, de grace, moquez-vous moins de leurs prétentions, car les vôtres ne sont pas petites. Ces philosophes ambitieux, ces illuminés, comme vous les appelez (tom. I, p. 42; tom. II, p. 172—449 et *passim.*) on ne sait pourquoi, peuvent-ils avoir été plus loin que vous? car, encore une fois, qu'y a-t-il au-dessus et au-delà de l'unité?

4° De plus, cette unité que vous cherchez, nous la souhaitons aussi ; sans doute l'homme ne peut se reposer que dans l'unité : l'unité est la fin dernière de la science; mais nous croyons que l'observation en est la condition, et, tout en cherchant la fin de la science, nous nous pénétrons surtout du besoin d'accomplir ses conditions légitimes. Voyez donc qui, de vous ou de nous, se conforment le mieux à l'esprit des temps modernes, lequel n'est autre chose que la crainte de l'hypothèse, et la prédominance, quelquefois même excessive, de l'observation sur la spéculation.

Sans appliquer à M. Laromiguière ces paroles pacifiques que nous n'adressons ici qu'au chef lui-même, à Condillac, nous ne pouvons nous empêcher de regretter que M. Laromiguière, qui, sur d'autres points, abandonne Condillac, l'ait, sur celui-là, si scrupuleusement suivi. Sa méthode est celle de Condillac; elle en a tous les inconvéniens; elle en a aussi tous les avantages, parmi lesquels il faut mettre au premier rang le talent de l'exposition et du style. Si toutes les idées sont réductibles à l'unité, si l'unité est la loi de la pensée humaine, l'analogie est la loi du langage; aussi l'analogie est-elle le caractère éminent du style de Condillac et de M. Laromiguière. De là ce style heureux dont le secret consiste à aller sans cesse du connu à l'inconnu, et à répandre ainsi sur toutes les matières la lumière et l'agrément : de là cette élégance continue dont Condillac a transmis, avec sa méthode générale, l'habitude systématique à son heureux imitateur, qui, par un travail plus profond encore, une étude plus assidue, semble y avoir ajouté plus de force et plus de charme. Comme le système de M. Laromiguière n'est qu'une génération progressive d'idées, sa langue n'est qu'une traduction harmonieuse. L'habile écrivain vous conduit, vous promène, pour ainsi dire, d'une forme à l'autre, d'une expression à une autre expression : avec un art aussi profond et aussi subtil que l'habile dialecticien vous fait passer d'un principe plus ou moins prouvé, mais enfin établi et convenu, à une conséquence immédiate qui elle-même engendre une conséquence nouvelle, d'où sort une suite de nouvelles conséquences toutes liées intimement l'une à l'autre, préparées et ménagées par des harmonies et des gradations qui, en se développant successivement sous vos yeux, vous charment sans trop vous surprendre, et vous éclairent sans vous éblouir. Malheureusement le talent d'exposition, qui se prête aussi bien à l'erreur qu'à la vérité, ne prouve rien pour ou contre un système.

Mais comment se fait-il que M. Laromiguière diffère, autant que nous l'avons annoncé, de Condillac, si leur méthode est la même? c'est qu'ils l'appliquent diversement. Tous deux cherchent l'unité; mais Condillac la trouve dans une chose, M. Laromiguière dans une autre, et ces deux choses sont essentiellement opposées; de là, malgré l'identité de la méthode, la diversité des directions, qu'un reste d'habitude et des artifices de langage peuvent bien encore rapprocher sur certains points, mais sans pouvoir réellement les confondre; de là les différences et les ressemblances que nous avons annoncées, et qu'il nous reste à développer.

Pour saisir nettement les différences qui existent déjà et les ressemblances qui se trouvent encore entre le système de M. Laromiguière et celui de Condillac, il faut bien concevoir ce dernier système, et surtout l'enchaînement du principe et des conséquences.

Le principe de Condillac est la sensibilité; il y voit l'intelligence toute entière. Toutes les facultés de l'homme ne lui paraissent que le développement varié d'une première sensation.

A la première odeur, dit Condillac (*Traité des Sensations*, 1re part., chap. 2), la capacité de sentir est toute entière à l'impression qu'elle éprouve; voilà l'attention.

L'attention que nous donnons à un objet n'est, de la part de l'ame, que la sensation que cet objet fait sur nous. (*Logique*, 1re part., chap. 7.)

Une double attention s'appellera comparaison;

elle consiste dans deux sensations qu'on éprouve comme si on les éprouvait seules, et qui excluent toutes les autres. (*Log.*, 1re part., chap. 7.)

Un objet est ou absent ou présent : s'il est présent, l'attention est la sensation qu'il fait actuellement sur nous; s'il est absent, l'attention est le souvenir de la sensation qu'il a faite. Voilà la mémoire. (*Log.*, même chap.)

Nous ne pouvons comparer deux objets, ni éprouver les deux sensations qu'ils font exclusivement sur nous, qu'aussitôt nous n'apercevions qu'ils se ressemblent ou qu'ils diffèrent : or, apercevoir des ressemblances et des différences, c'est juger. Le jugement n'est donc encore que sensation. (*Log.*, même chap.)

La réflexion n'est qu'une suite de jugemens qui se font par une suite de comparaisons. (*Log.* même chap.)

La réflexion, lorsqu'elle porte sur des images, prend le nom d'imagination. (*Log.* même chap.)

Raisonner, c'est tirer un jugement d'un autre jugement qui le renfermait; il n'y a donc dans le raisonnement que des jugemens, et par conséquent des sensations.

L'ensemble de toutes ces facultés se nomme entendement; on ne saurait s'en faire une idée plus exacte. (*Log.*, même chap.)

En considérant nos sensations comme représentatives, nous venons d'en voir sortir toutes les facultés de l'entendement : si nous les considérons comme agréables ou désagréables, nous en verrons sortir toutes les facultés qu'on rapporte à la volonté.

La souffrance qui résulte de la privation d'une chose dont la jouissance était une habitude, est le besoin.

Le besoin a divers degrés : plus faible, c'est le malaise ; plus vif, il prend le nom d'inquiétude ; l'inquiétude croissante devient un tourment.

Le besoin dirige toutes les facultés sur son objet : cette direction de toutes les forces de nos facultés sur un seul objet, est le désir.

Le désir, tourné en habitude, est la passion.

Le désir, rendu plus énergique et plus fixe par l'espérance, le désir absolu (*Traité des Sensations*, 1re part., chap. 3) est la volonté. Telle est l'acception propre du mot *volonté* ; mais on lui donne souvent une signification plus étendue, et on la prend souvent pour la réunion de toutes les habitudes qui naissent des désirs et des passions.

En résumé, on appelle *entendement* la réunion de la sensation, de l'attention, de la comparaison, de la mémoire, du jugement, de la réflexion, de l'imagination et du raisonnement ; on appelle *volonté* la réunion de la sensation agréable ou désagréable, du besoin, du malaise, de l'inquiétude, du désir, de la passion, de l'espérance et du phénomène spécial que l'espérance, jointe à la passion, détermine. La *pensée* est la réunion de toutes les facultés qui se rapportent à l'entendement, et de toutes celles qui se rapportent à la volonté. Et comme l'élément générateur de la volonté et de l'entendement est la sensation représentative ou affective, l'élément générateur de la pensée est, en dernière analyse, la sensation.

Tel est, selon Condillac, le système des facultés de l'ame, système qui devrait faire abandonner tous les autres, si la simplicité et la clarté étaient les seules ou même les plus importantes qualités que l'on exige d'un système philosophique. « Mais, ob-
« serve très-bien M. Laromiguière, si cette clarté
« était plus apparente que réelle, si cette simplicité
« laissait échapper ce qu'il importe le plus de rete-
« nir sous les yeux de l'esprit, si elle était l'oubli de
« quelque condition nécessaire à la solution du pro-
« blème, si le principe d'où part Condillac ne conte-
« nait pas tout ce qu'il en déduit, et si le fil des dé-
« ductions se trouvait rompu plusieurs fois, alors,
« entre un système simple, facile, ingénieux, mais
« manquant d'exactitude, et un système plus appro-
« chant de la vérité, fût-il présenté sous des formes
« moins heureuses, il n'y aurait pas à balancer; car
« la simplicité est une chose relative à nous; au lieu
« que la vérité est une chose absolue, indépendante
« de la faiblesse de notre esprit. » (Tom. Ier, troisième leçon.)

Or M. Laromiguière, après un long examen, prétend, et il établit, selon nous, très-solidement, qu'il n'est point vrai que la sensation soit l'unique élément de la pensée, de l'entendement et de la volonté. Il croit qu'entre nos facultés et la sensation il y a un véritable abîme.

En effet, pour ne parler d'abord que de l'entendement, les facultés qui s'y rapportent ne peuvent venir de la sensation qu'autant que l'attention elle-même en dériverait. La sensation, dit M. Laromiguière, est passive, l'attention est active; l'attention ne vient donc pas de la sensation : le principe passif n'est pas la raison du principe actif; l'activité et la passivité sont deux faits que l'on ne peut confondre.

Si l'attention ne dérive pas de la sensation, si elle est son principe à elle-même, elle échappe à toute définition. En effet, la définition d'une idée n'est possible qu'autant qu'on a une idée antérieure, de laquelle dérive celle qu'on se propose de définir : d'où il suit que l'idée fondamentale d'une science ne peut jamais être définie ; car l'idée fondamentale d'une science en est l'idée première, et par conséquent une idée qui n'en a pas d'antérieure. L'activité ne se définira donc pas : elle ne se démontrera pas non plus; car elle est un fait, et les faits n'empruntent pas leur évidence de celle du raisonnement; ils ont une évidence qui leur est propre. Seulement M. Laromiguière en appelle au témoignage des langues : « Par-
« tout, dit-il, on *voit* et l'on *regarde* ; on *entend* et
« l'on *écoute* ; on *sent* et l'on *flaire* ; on *goûte* et l'on
« *savoure* ; on reçoit l'impression mécanique des
« corps, et on les remue. Tout le genre humain sait
« donc, et ne peut pas ne pas savoir, qu'il y a une
« différence entre voir et regarder, entre écouter et
« entendre : il sait, en d'autres termes, que nous
« sommes tantôt passifs et tantôt actifs ; que l'âme est

« tour à tour passive et active. » (Tom. Ier, quatrième leçon, p. 92.)

Si cette distinction est fondée, et nous la croyons incontestable, il en résulte que le système entier de l'entendement repose, en dernière analyse, non sur la sensation, mais sur l'attention, sur l'activité de l'ame; tandis que la faculté de sentir, que M. Laromiguière propose d'appeler *capacité de sentir*, pour mieux marquer sa passivité, n'est que l'occasion de l'exercice de l'activité intellectuelle, lui fournit des matériaux, mais ne la constitue pas.

La même différence essentielle, établie entre la sensation et l'attention, relativement à l'intelligence, M. Laromiguière la retrouve entre le malaise et l'inquiétude, entre le besoin et le désir, relativement à la volonté. Le malaise est un sentiment ou une sensation passive; l'inquiétude est le passage du repos à l'action. « Pour que l'inquiétude fût la même chose « que le malaise, ou une transformation du mal- « aise, il faudrait que le repos pût se transformer en « mouvement. » (Tom. Ier, cinq. leçon, pag. 138.) L'inquiétude déterminée, portée sur un objet particulier, c'est le désir; le désir, et non pas le besoin, phénomène passif comme le malaise, est donc le véritable principe, le principe actif des facultés de la volonté. Le malaise et le besoin sont bien l'occasion du désir, mais ils n'en sont pas la raison; car la raison d'un fait ne peut être trouvée que dans un fait similaire ou analogue, et le désir et le malaise sont entièrement dissemblables, selon M. Laromiguière.

Ainsi, pour la volonté comme pour l'entendement, l'activité est le vrai point de départ de toutes les facultés humaines, et la pensée, qui comprend l'entendement et la volonté, repose toute entière sur l'activité, c'est-à-dire sur l'attention. L'attention est le principe de M. Laromiguière, comme la sensation est celui de Condillac. La différence qui les sépare est donc grave, comme nous l'avions annoncé, puisque c'est celle de la passivité à l'activité.

Quant à la ressemblance qui rapproche encore des théories opposées l'une à l'autre dans leur fondement, elle est délicate, et plus difficile à exposer et à saisir. M. Laromiguière n'admet pas, comme Condillac, que l'attention vienne de la sensation : mais, aussitôt qu'il est arrivé à l'attention par d'autres chemins que Condillac, il rentre dans les voies de ce dernier, et, comme lui, il déduit de l'attention toutes les facultés de l'entendement, et du désir toutes celles de la volonté. Il y a bien encore quelques légères différences dans l'arrangement et dans le langage, il n'y en a point dans l'analyse des faits et dans leur déduction. Or, nous pensons que M. Laromiguière est plus heureux dans les différences que dans les ressemblances. A peu près d'accord avec lui sur les points qui lui appartiennent en propre, nous avouons franchement que nous nous en séparons entièrement pour la partie qui se rapproche davantage de Condillac. Une exposition fidèle et détaillée de cette partie de la doctrine contenue dans les Leçons de philosophie doit en précéder la critique ; il faut montrer comment le savant professeur analyse les facultés de l'entendement et de la volonté, comment il les enchaîne entre elles, afin de prouver que son analyse n'est pas toujours exacte, et que la chaîne de ses déductions se rompt dans plusieurs endroits.

Le système des facultés de l'ame commence, selon M. Laromiguière, non pas à la sensation, mais à l'attention, la première de nos facultés actives. L'attention, dans son double développement, produit successivement toutes les facultés, et celles dont se compose l'entendement, et celles dont se compose la volonté. Les facultés de l'entendement sont diverses, mais on peut les réduire à trois : d'abord l'attention, la faculté fondamentale; puis la comparaison, puis enfin le raisonnement. Dans ces trois facultés rentrent toutes les autres facultés intellectuelles. Le jugement est ou la comparaison elle-même, ou un produit de la comparaison; la mémoire n'est encore qu'un produit de l'attention, ou ce qui reste d'une sensation qui nous a vivement affectés; la réflexion, se composant de raisonnemens, de comparaisons et d'actes d'attention, n'est pas une faculté distincte de ces facultés; l'imagination n'est que la réflexion lorsqu'elle combine des images; enfin l'entendement est la réunion des trois facultés élémentaires et des autres facultés composées qui leur servent de cortège. Or, la réunion de plusieurs facultés n'est pas une faculté réelle; ce n'est qu'une faculté nominale, un signe sans valeur propre et sans réalité. Il n'y a de réel que les trois facultés élémentaires : je dis élémentaires, parce que, dans leur développement, elles engendrent d'autres facultés; mais, dans le vrai, il n'y a de faculté élémentaire, selon M. Laromiguière, que l'attention. En effet, la comparaison n'est que l'attention, l'attention double, l'attention donnée à deux objets, de manière à discerner leurs rapports; sans attention, point de comparaison possible; et sans comparaison, point de raisonnement, car le raisonnement n'est qu'une double comparaison; il naît de la comparaison, comme la comparaison naît de l'attention : l'entendement est donc tout entier dans l'attention.

Quant à la volonté, son point de départ, ou sa faculté élémentaire, est le désir, comme l'attention est le point de départ, la faculté élémentaire de l'entendement. Le désir engendre, comme l'attention, deux autres facultés, ni plus ni moins ; savoir, la préférence et la liberté. La préférence est au désir ce que la comparaison est à l'attention ; et la liberté est à la préférence ce que la raison est à la comparaison. Comme les facultés élémentaires de l'entendement élèvent successivement des facultés secondaires qui interviennent dans leur exercice, de même les trois facultés élémentaires de la volonté, savoir, le désir, la préférence et la liberté, se compliquent successivement de diverses facultés secondaires auxquelles elles donnent naissance; telles que le repentir et la délibération. Le repentir naît à la suite de la préférence : il n'entre pas dans les facultés intellectuelles de M. Laromiguière, quoiqu'il soit une faculté selon Condillac. Mais, selon M. Laromiguière, le repentir appartient à la sensibilité ; la délibération suit la préférence et précède la liberté : on peut d'abord préférer sans avoir délibéré ; mais si l'acte de préférence a été suivi de repentir, on ne préfère plus de nouveau sans délibérer ; or, la préférence après délibération, c'est la préférence libre, la liberté. Désir, préférence, liberté, voilà les trois facultés réelles ; leur réunion est la volonté ; mais, comme la réunion de plusieurs facultés n'est point une faculté réelle, la volonté n'est point une faculté propre, mais une faculté nominale, un signe, ainsi que l'entendement, et rien de plus.

En résumé, il y a donc six facultés réelles et deux facultés nominales : or, ces deux facultés nominales, l'entendement et la volonté, se réunissent dans la pensée. La pensée, réunion de facultés, n'est pas une faculté, ce n'est pas même un signe représentatif de facultés ; ce n'est qu'un signe représentatif de signes, puisque la volonté et l'entendement, dont la pensée est le signe, ne sont pas des facultés réelles, mais des signes ou appellations collectives de facultés. Par ces expressions, *entendement* et *volonté*, il ne faut donc entendre réellement autre chose que l'attention, la comparaison, le raisonnement, d'un côté, et, de l'autre, le désir, la préférence et la liberté ; facultés réelles, qui se développent dans deux sphères différentes, mais dans le même rapport, et sans que l'un ou l'autre de ces deux ordres de facultés dépasse l'autre dans son développement ou reste en deçà. Le développement de l'attention se fait de trois façons différentes, qui se reproduisent fidèlement dans les développemens du désir. Le parallélisme est parfait; mais le comble de l'art était, non-seulement d'établir ces deux lignes parallèles, mais de les faire se toucher dans un point, et même de manière à établir entre elles mieux qu'un rapport de coïncidence, un rapport de génération : or, n'est-ce pas établir un rapport de génération entre l'entendement et la volonté, que de tirer toutes les facultés de la volonté, du désir, lequel, selon Condillac et M. Laromiguière, *est la direction de toutes les facultés de l'entendement vers un objet dont on a besoin?* (Tom. I*er*, 4*e* leçon, p. 104.) Tant que le besoin ne se mêle point à l'action de nos facultés, ces facultés, savoir, l'attention, la comparaison, le raisonnement, ne s'exercent pas moins; mais que le besoin intervienne, les trois facultés se réunissent dans une direction commune; voilà le désir. Or, comme, selon M. Laromiguière lui-même, le besoin n'est pas une faculté, mais un simple phénomène sensible, entièrement étranger à l'activité, il s'ensuit que l'activité, et les facultés qui en dérivent, restent ce qu'elles sont, quand même le besoin n'intervient pas dans leur exercice; de sorte qu'essentiellement le désir n'est qu'un mode de l'activité, l'activité concentrée sur un objet dont il se trouve que la sensibilité a besoin, circonstance tout-à-fait accidentelle. Au fond, le désir est donc l'activité elle-même; seulement l'activité ne s'exercerait pas comme elle le fait dans le désir, si le besoin n'intervenait, non comme fondement et comme principe, mais comme une simple condition préalable. L'activité, c'est-à-dire l'attention, est le vrai principe du désir, puisqu'elle est le principe des facultés intellectuelles, dont le désir n'est que la concentration. L'attention est donc le principe unique, non-seulement de l'entendement, mais aussi de la volonté, et par conséquent de la pensée toute entière, c'est-à-dire de l'homme. Ceci achève le système de M. Laromiguière : jusqu'ici ce système était double, maintenant il est vraiment un, et le parallélisme se résout dans l'unité absolue. Opposé d'ailleurs à Condillac, puisqu'il fonde toute sa doctrine sur l'attention, essentiellement distincte de la sensation, M. Laromiguière s'en rapproche cependant, en ce qu'il tend également à ramener toutes les facultés à l'unité. L'unité de nos deux auteurs ne se ressemblent guère, mais enfin c'est toujours de l'unité. Voilà une ressemblance dans l'application, que nous avions signalée dans la méthode ; et cette ressemblance est fondamentale. Seulement il faut reconnaître que l'unité de M. Laromiguière est plus savante que celle de son devancier, et ses combinaisons plus systématiques. Condillac, en tirant de la sensation, comme élément unique, toutes les facultés humaines, se contente de les séparer en deux classes, celles qui se rapportent à l'entendement et celles qui se rapportent à la volonté, et de marquer dans chacune de ces classes le mode successif de leur développement. Il les énumère toutes ; mais ni dans chaque classe il ne détermine quelles sont les facultés principales, ni dans les deux classes il ne montre le rapport plus ou moins intime des facultés correspondantes. Mais M. Laromiguière, en partant de l'attention comme élément unique, ne se contente pas d'engendrer successivement toutes nos facultés intellectuelles ou morales; il détermine avec précision le nombre exact et le mode de génération progressive des diverses facultés élémentaires de chaque classe. Il n'y a que trois facultés pour chacune d'elles. La volonté n'en contient pas plus que l'entendement, ni l'entendement que la volonté ; le rapport de génération qui unit les facultés de la première série, unit également toutes celles de la seconde. Partout identité de nombre, partout identité de développement. La simplicité de Condillac disparaît devant celle-là ; sa régularité est le chaos devant celle de M. Laromiguière. En effet, quoi de plus simple et de plus régulier qu'un tel système ? Figurez-vous d'abord trois facultés, dont la seconde sort de la première, dont la troisième sort de la seconde exactement de la même manière : voilà l'entendement. Figurez-vous ensuite trois nouvelles facultés parallèles, dont la première sort des trois premières réunies, comme la dernière de ces trois autres sortait des deux précédentes; de telle sorte que cette première faculté, savoir, le désir, dans ses deux transformations progressives, produit la préférence, puis la liberté, comme on avait vu sortir de l'attention la comparaison, puis le raisonnement : voilà la volonté. Volonté et entendement, voilà deux signes distincts à la fois et correspondans, qui résument leurs facultés respectives, et se résument elles-mêmes dans un signe plus général, la pensée. Ici les réalités et les signes, les idées individuelles et les idées abstraites, se prêtent un mutuel appui, et présentent, à l'œil charmé, l'aspect et le jeu du plus heureux mécanisme. Je le demande, est-il un objet de la nature et de l'art qui se compose et se recompose, se démonte et se remonte avec plus de souplesse et de grace, et dont on suive les mouvemens avec plus de facilité, que l'homme de M. Laromiguière? Est-il un édifice dont toutes les divisions, les compartimens et les dessins soient plus également, plus symétriquement ordonnés; où les moindres détails soient arrêtés et finis avec une précision plus subtile, une élégance plus scrupuleuse?

Nous l'avouons, cet ordre si parfait et si achevé, s'il ne rappelle pas la grande manière des artistes de l'antiquité, semble reproduire encore moins les procédés de la nature, qui ne marche point avec tant de précaution, et ne fait rien de si minutieusement compassé. *A priori*, dans les arrangemens métaphysiques de M. Laromiguière, il est bien difficile de ne pas redouter quelque chose d'artificiel. Quoi! la nature nous a donné trois facultés de l'entendement, et non pas deux, et non pas quatre! et il s'est trouvé qu'elle a fait la même chose pour la volonté; et encore, que ces deux ordres de facultés se forment et se combinent avec une aussi rigoureuse identité ! En vérité, la nature a traité l'homme bien favorablement pour la métaphysique. Il semble qu'elle l'ait fait ainsi tout exprès pour qu'on pût l'analyser et l'expliquer d'une manière si simple et si nette à l'attention la plus superficielle, qu'en dépit d'elle, elle ne pût pas ne pas le comprendre. Tant que la nature ne sera pas plus grande, la science humaine ne sera pas bien difficile. Malheureusement, ou heureusement pour nous, il n'en est point ainsi ; et quand la simplicité du système de M. Laromiguière ne nous défendrait pas elle-même de ses propres séductions, un examen attentif et l'expérience nous démontreraient que le système du savant professeur est purement artificiel, qu'il ne répond point aux choses, qu'il réunit ce qu'il faudrait séparer, et que, sur plusieurs points importans, les faits dérangent sa belle harmonie, son élégante et facile structure.

Nous examinerons d'abord l'entendement et ses facultés, lesquelles, selon M. Laromiguière, sont au nombre de trois : savoir, l'attention, la comparaison, le raisonnement.

Plus nous y réfléchissons, moins il nous est facile de comprendre comment l'intelligence humaine se trouve renfermée toute entière dans ces trois facultés. Il ne nous paraît pas vrai de dire que l'entendement ne soit qu'un mot, un pur signe, et que la véritable réalité se trouve dans l'attention, la comparaison et le raisonnement. Être attentif, est sans doute une condition pour comprendre ; il faut comparer pour pouvoir juger, et l'opération du raisonnement amène sous les yeux de l'esprit des vérités cachées sous d'autres vérités : mais ces nouvelles vérités, si c'est le raisonnement qui permet à l'esprit de les apercevoir, ce n'est pas le raisonnement qui les aperçoit; raisonner est une chose; saisir et comprendre les vérités de raisonnement est une autre chose. L'affirmation irrésistible, la compréhension vive et absolue que deux idées se conviennent, est une opération tout autre que celle du rapprochement de ces deux idées, que souvent on rapproche très-laborieusement, sans pouvoir en surprendre le rapport. L'attention la plus ferme, la plus soutenue, n'est pas non plus cette lumière qui nous révèle la vérité à la recherche de laquelle nous appliquons notre attention. Au fond, l'attention n'est qu'un acte de volonté; nul n'est attentif qui ne veut l'être; mais ne comprend pas qui veut comprendre, et l'attention ne contient pas plus l'intelligence, que la sensibilité elle-même ne contient l'attention. Ainsi, pour expliquer ma pensée par un exemple vulgaire, avoir les yeux ouverts devant un livre de mathématiques, percevoir l'impression des caractères, être affecté de toutes les sensations qui sortent de la présence de ce livre, est une condition, et même une condition préliminaire indispensable pour que l'esprit puisse découvrir le sens intellectuel et mathématique qui y est contenu. De plus, il est nécessaire que l'activité volontaire, profondément distincte de la sensibilité, s'y ajoute, et se dirige sur les pages placées sous nos yeux; il faut que l'attention, vigilante et sévère, écarte les sensations diverses, les images, les idées, toutes les distractions qui peuvent s'interposer entre l'esprit et le livre; aussitôt que l'œil cesse de voir et que l'attention défaille, l'esprit s'arrête et cesse de comprendre. Sentir et vouloir sont donc nécessaires pour comprendre; mais, tout en reconnaissant la nécessité de la deuxième condition comme de la première, il ne faut pas croire que la volonté soit autre chose que la condition de l'intelligence, et qu'elle en soit le principe; ce serait une confusion, trop ordinaire il est vrai, mais très-peu philosophique. Le fait de la perception de la vérité se cache sous les faits plus apparens de la sensation et de la volition, et se dérobe d'autant plus facilement à la conscience, qu'il lui est plus intime : mais ce fait n'est pas moins réel; il contient même la partie la plus élevée de la nature humaine. L'entendement est une faculté spéciale qui n'a son principe qu'en elle-même, tout comme la volonté et la sensibilité. Juger du vrai ou du faux, juger du bien ou du mal, sont des actes qui n'ont rien à démêler avec ceux du vouloir, bien qu'un être volontaire et libre puisse seul les porter. Je veux ou je ne veux pas, je donne mon attention ou je ne la donne pas; ici tout est en ma puissance, et rien n'arrive que ce qui me plaît : mais il n'en est pas ainsi du jugement. Sans doute je puis juger ou ne pas juger, en ce sens que je puis satisfaire ou ne pas satisfaire à la condition fondamentale de tout jugement, savoir, l'attention.

Mais aussitôt que cette condition est accomplie, alors paraît un fait différent du premier, et dont les caractères sont tout-à-fait opposés : le premier est libre, le second ne l'est pas. Ce second fait, indécomposable et simple, est la perception de la vérité ; perception irrésistible, à laquelle nul homme ne peut se soustraire, et dont la lumière le frappe et l'éclaire nécessairement, lorsque librement d'abord il s'est mis en état de l'apercevoir. Ainsi, pour rappeler l'exemple déjà employé, tout homme est libre d'étudier ou de ne pas étudier l'arithmétique, c'est-à-dire de diriger ou de ne point diriger son attention sur cette matière; les uns le font, les autres ne le font pas, tous peuvent le faire : mais aussitôt que l'on a dirigé son attention de ce côté, et qu'on a étudié suffisamment, alors il est certain que l'on aperçoit les divers rapports des nombres ; on ne fait pas ces rapports, car alors ces rapports pourraient changer au gré de notre volonté qui les aurait faits; par conséquent la volonté n'intervient point dans leur perception : on ne les fait pas, disons-nous ; on ne les constitue pas, on les aperçoit. Qui donc les aperçoit? ce n'est aucune des facultés de l'entendement de M. Laromiguière ; ce n'est pas le raisonnement, puisque ce n'est pas la comparaison ; ce n'est pas la comparaison, puisque ce n'est pas l'attention ; ce n'est pas l'attention, puisque ce n'est pas la volonté ; encore une fois qu'est-ce donc ? Quelque chose qui a échappé à l'analyse de M. Laromiguière et de bien d'autres métaphysiciens; quelque chose qui diffère autant de la volonté qu'elle-même diffère de la sensibilité, qui tient intimement à la personnalité, mais qui s'en distingue ; qui gouverne l'homme, et que l'homme ne gouverne pas ; une faculté enfin à laquelle on peut donner tous les noms que l'on voudra, pourvu qu'on la conserve et qu'on la décrive fidèlement : l'intelligence, la raison, l'esprit, l'entendement.

Si l'attention ne suffit pas pour expliquer l'entendement, il est facile de montrer en peu de mots que le désir ne suffit pas davantage pour expliquer la volonté, et nous sommes forcés de reconnaître dans la seconde partie de la théorie des facultés de l'ame d'aussi graves malentendus que dans la première. Les facultés de l'entendement, tel que le conçoit et le décrit M. Laromiguière, appartiennent plus à la volonté qu'à l'entendement, puisqu'elles reposent sur l'attention, laquelle est très-certainement une faculté volontaire. Or, chose extraordinaire, quand l'attention, c'est-à-dire la volonté développée en comparaison et en raisonnement, se concentre sur un objet correspondant à nos besoins, M. Laromiguière prétend qu'elle devient le désir : la métamorphose est impossible ; aucune transformation ne peut convertir l'attention en désir, à moins que cette attention ne soit celle de Condillac, c'est-à-dire involontaire et passive. Dans ce cas, la transformation est très-facile ; rien n'est plus aisé que de convertir le passif en passif ; mais l'attention de M. Laromiguière est une faculté qui n'a rien de passif, une force dont nous disposons à notre gré, une puissance volontaire. Or comment convertir une force, une puissance, une faculté, la volonté enfin, dans le désir, phénomène purement passif? En présence de tel ou tel objet correspondant à mes besoins, il se produit en moi le phénomène du désir; ce n'est pas moi qui le produit; il se manifeste par des mouvemens souvent mêmes physiques, que la sensibilité, l'organisation et la fatalité déterminent. Il ne dépend pas de moi de désirer ou de ne pas désirer ce qui m'agrée. Je puis bien prendre toutes les précautions nécessaires pour que le désir ne s'élève pas dans mon ame; je puis bien fuir toutes les occasions qui l'exciteraient : quand il est né, je puis bien le combattre; car ma volonté, qui est distincte du désir, peut lui résister : mais quand le désir naît, et même quand il meurt, je ne puis ni l'étouffer, ni le ranimer; il m'assaille ou il m'échappe malgré moi. Voilà pourquoi Condillac tire le désir du besoin. Sans doute il a tort de faire sortir nos facultés morales du désir : mais il a raison d'avoir tiré le désir du besoin, qui s'engendre facilement de la sensation, principe de tout son système. Mais comment M. Laromiguière, qui veut échapper à la sensation, qui, pour cela, retranche le besoin du nombre des facultés morales, y conserve-t-il le désir, qui se trouve là isolé et flottant entre des facultés morales qu'il n'engendre pas, et des facultés intellectuelles dont il ne dérive point, de sorte qu'il n'appartient ni aux unes ni aux autres, et que le système est frappé à la fois du double vice de faire sortir le désir des facultés intellectuelles volontaires qui lui sont entièrement étrangères, et de tirer du désir la préférence et la liberté, qui lui sont aussi opposées qu'au besoin? car le désir et le besoin sont frères; ils naissent tous deux de la sensation. Ici se fait sentir, plus explicitement que partout ailleurs, l'empire que Condillac retient encore sur son disciple. C'est en effet dans Condillac qu'il faut chercher le mode de déduction par lequel M. Laromiguière tire la liberté et la préférence, phénomènes éminemment actifs, du désir, phénomène passif.

Nous aurions encore quelques objections à présenter, sur lesquelles nous insisterons peu, parce qu'elles pourraient nous mener trop loin. Si la préférence est antérieure à la liberté, et par conséquent à la volonté, elle n'est donc pas volontaire et libre. Qu'est-ce alors que la préférence de M. Laromiguière? Elle a bien l'air d'un désir exclusif, d'un besoin prédominant, c'est-à-dire d'un simple mouvement organique. De plus, M. Laromiguière réunit sous la dénomination générale de volonté le désir, la préférence et la liberté, comme il avait réuni sous la dénomination générale d'entendement les trois facultés d'attention, de comparaison et de raisonnement. Si M. Laromiguière n'attache pas plus de réalité à la volonté qu'à l'entendement, nous lui demanderons s'il est bien vrai qu'il n'y ait point dans l'ame humaine un fait réel et spécial de la volition, tout-à-fait distinct du désir; et si M. Laromiguière pense que la volonté est un fait, et non pas un mot, nous lui demanderons si ce fait contient la liberté toute entière, ou s'il ne serait pas plus vrai de dire que la volonté n'est qu'une forme de la liberté; en d'autres termes, si la liberté est volontaire, ou si la volonté est libre. Mais ces questions nous conduiraient trop loin. Nous conclurons, en ramenant cette idée générale, que la doctrine des *Leçons de philosophie* sur les facultés de l'ame appartient à la fois et à Condillac, dont elle reproduit en grande partie le système, et à M. Laromiguière, qui, en plusieurs endroits, s'est frayé des sentiers nouveaux.

Ce caractère que nous venons de signaler dans la théorie des facultés de l'ame, nous le retrouvons encore dans le système des idées, c'est-à-dire dans les produits des facultés de l'ame, auxquels le second volume de M. Laromiguière est consacré.

Sur cette importante théorie, la méthode philosophique semblait recommander deux choses : 1° de rechercher quelles sont les idées qui se trouvent réellement aujourd'hui dans l'entendement humain, quels caractères les rapprochent ou les séparent, et peuvent servir de base à une classification exacte et complète; 2° de déterminer leur origine et leur mode de génération. Ces deux points sont très-distincts, et leur ordre ne peut guère être impunément interverti. Vouloir se placer d'abord aux sources primitives et mystérieuses d'où l'intelligence découle, et reconnaître d'un premier coup d'œil les canaux délicats à travers lesquels elle est arrivée à la forme et aux caractères qu'elle présente aujourd'hui, c'est vouloir débuter par une hypothèse dont les résultats systématiques ne reproduisent pas toujours la réalité. La marche opposée, qui part de la réalité telle qu'elle est actuellement, sauf à rechercher ensuite d'où elle vient, est moins ambitieuse, mais plus sûre ; elle est la seule qu'une saine philosophie puisse avouer.

Le vice fondamental de la méthode de Condillac est précisément d'avoir voulu enlever en quelque sorte l'origine et la génération des idées, avant d'en avoir donné une classification sévère; et l'on reconnaît en général tous les élèves de cette école à l'importance exclusive qu'ils attachent à la question de l'origine des idées. M. Laromiguière aussi s'y arrête spécialement, et ses recherches à cet égard embrassent la plus grande partie des leçons que contient ce second volume.

Mais quelle que soit sa place légitime, quelles que soient en elles-mêmes les difficultés qui l'embarrassent, la question de l'origine des idées ne se résout-elle pas sans effort, ou, pour mieux dire, n'est-elle pas résolue d'avance par le système général de M. Laromiguière ? Si nos idées sont les produits de nos facultés, et si nos facultés ne sont que l'activité elle-même s'exerçant sur des données sensibles, ne suit-il pas rigoureusement que les idées ne peuvent être que le produit de l'activité ou de l'attention travaillant sur les matériaux que lui fournit la sensibilité; la sensibilité, disons-nous, et nulle autre source. La plus légère incertitude sur ce point énerverait et obscurcirait la théorie générale, et la mettrait en contradiction avec elle-même.

En effet, M. Laromiguière, lorsqu'il passe de la théorie des facultés de l'ame à celle des idées, établit que toutes nos idées dérivent du travail de nos facultés sur les données sensibles : mais tout à coup il revient sur ces expressions de *données sensibles, sensibilité, capacité de sentir;* et, leur imposant une acception plus étendue que celle que la langue, l'usage, la théorie de Locke, de Condillac et la sienne propre, leur accordent ordinairement, il métamorphose subitement la sensibilité, que jusque-là, sur la foi de ses propres explications, nous avions cru suffisamment connaître, en une sensibilité nouvelle, douée de propriétés extraordinaires, et comprenant des phénomènes que jusqu'alors on ne lui avait point attribués. La faculté de sentir reste toujours le fonds primitif et unique de toutes les idées, et nous ne pouvons savoir que parce que d'abord nous avons senti : mais il y a bien des manières de sentir; et c'est sur ces diverses manières de sentir que repose la théorie des idées.

Selon M. Laromiguière, il y a dans la sensibilité quatre modes, quatre élémens.

La première manière de sentir est produite par l'action des objets extérieurs (tom. II, 11ᵉ leçon, pag. 58); voilà la sensation.

La deuxième manière de sentir est produite par l'action de nos facultés (tom. II, pag. 65).

Quand nos facultés et l'attention qui est leur principe, s'appliquent à la sensation, elles produisent les idées sensibles ; quand l'attention s'applique à la conscience d'elle-même et des facultés qu'elle engendre, elle acquiert les idées des facultés de l'ame.

Si M. Laromiguière eût ajouté que toutes les idées possibles ne sont que le développement et la combinaison de celles-là, savoir, les idées sensibles et les idées des opérations de l'ame, il aurait rencontré le système de Locke fondé sur la réflexion et la sensation, système que Condillac détruisit pour le simplifier, en réduisant la réflexion à un mode de la sensation ; si, dis-je, M. Laromiguière s'était arrêté à ce point, il eût été conséquent à l'idée générale de son système, dont le but avoué ne fut jamais que de rétablir l'activité de l'ame, et l'indépendance de nos facultés, confondues par Condillac avec la sensation : mais il ne s'arrête pas là ; et, s'écartant brusquement de Locke et de son propre système, il prétend que l'homme n'est point borné à ces deux sources de connaissances, insuffisantes pour expliquer toutes les idées. « D'où nous viendraient, dit-il (page 64), les idées de ressemblance, d'analogie, de cause et d'effet ? aurions-nous les idées du bien et du mal moral? »

Voilà pourquoi il admet deux autres sources d'idées, c'est-à-dire deux nouveaux modes de sentir.

Lorsque nous avons plusieurs idées à la fois, il se produit en nous une manière de sentir particulière ; nous sentons entre ces idées des ressemblances ou des différences, des rapports. Nous appellerons cette manière de sentir qui nous est commune à tous, sentiment de rapport, ou *sentiment-rapport* (page 70). Quand l'attention s'applique à ces sentimens de rapport, les démêle et les éclaircit, elle produit les idées de rapport.

Quant à la quatrième manière de sentir, nous laisserons à M. Laromiguière le soin de l'exposer lui-même.

« Il est une quatrième manière de sentir qui paraît différer des trois que nous venons de remarquer, plus encore que celles-ci ne diffèrent entre elles.

« Un homme d'honneur, je parle dans l'opinion ou dans les préjugés de l'Europe, un homme d'honneur se sent frappé; jusque-là c'est une sensation qu'il reçoit, et une idée sensible qui en résulte. Mais s'il vient à s'apercevoir qu'on a eu l'intention de le frapper, quel changement soudain ! le sang bouillonne dans ses veines; la vie n'a plus de prix, il faut la sacrifier pour venger le plus ignominieux des outrages. Lorsque nous apercevons, ou seulement lorsque nous supposons une intention dans l'agent extérieur, aussitôt au *sentiment-sensation* qu'il produit sur nous, se joint un nouveau sentiment qui semble n'avoir rien de commun avec le sentiment-sensation; aussi prend-il un autre nom : on l'appelle *sentiment moral*.

« Ici se montrent les idées du juste et de l'injuste, de l'honnête, les idées de générosité, de délicatesse, etc. »

En résumé, il y a quatre sentimens distincts les uns des autres, le sentiment moral, le sentiment-rapport, le sentiment-action des facultés de l'ame, et le sentiment-sensation, c'est-à-dire le sentiment des impressions perçues à l'occasion des objets extérieurs; de là les idées de sensation, les idées des facultés humaines, les idées de rapport, les idées morales; de sorte que la source de toutes ces idées est le sentiment et non pas la sensation, et qu'il faut distinguer entre la sensibilité proprement dite, celle des sens, et une autre sensibilité entièrement distincte de la première, et qui contient, avec le sentiment-sensation, le sentiment de rapport, le sentiment moral, et le sentiment des facultés de l'ame. Ainsi ce ne serait pas assez d'avoir séparé l'activité de l'ame de la sensation. Il ne faudrait pas croire, avec ces deux élémens distincts, avoir expliqué tout l'homme; il ne faudrait pas dire que « dans l'esprit humain tout peut se réduire à trois choses, aux sensations, au travail de l'esprit sur ces sensations, et aux idées ou connaissances résultant de ce travail (tom. I, p.95). »

Il ne faudrait pas dire que : « Tel est l'ordre de développement de l'esprit humain :

« 1° Sensations, opérations; premières idées, provenant des sensations et des opérations, et par conséquent idées sensibles.

« 2° Premières idées, ou idées sensibles; nouveau travail, nouvelles idées.

« 3° Nouvelles idées, nouveau travail, nouvelles

idées, et toujours de même, sans qu'on puisse assigner de bornes à ces développemens de l'intelligence (tom. I, pag. 98). »

Il faudrait intervertir cet ordre, et placer de niveau avec les sensations et le sentiment de l'activité, comme élémens nouveaux et essentiellement étrangers, le sentiment-rapport et le sentiment moral; élargir la base du système, en multiplier les principes, en changer tout l'aspect, sauf à en garder la phraséologie : c'est ce qu'a fait M. Laromiguière.

Les quatre manières de sentir constituent-elles quatre phénomènes essentiellement distincts? Oui, répond, dans sa quatrième leçon, M. Laromiguière. Alors pourquoi donc leur donner un nom commun? L'objection est très-simple; selon nous, elle est invincible. Dira-t-on que l'on voulait rapporter en général toutes les sources des connaissances humaines à la sensibilité, pour s'accorder, dans les formules générales, avec une théorie qui a long-temps régné, en donnant toutefois à la sensibilité une acception assez vaste pour pouvoir y faire entrer des faits nouveaux et importans que, depuis quelques années, l'opinion ramène dans les discussions philosophiques? C'est là une raison d'auteur, non de philosophe. La philosophie est l'expression de ce qui est, et non pas un dictionnaire arbitraire. Toute confusion de choses distinctes est une violence faite aux choses, et par conséquent à la vérité; tout rapport chimérique doit être retranché de la science, toute analogie verbale renvoyée à la scolastique. Certainement il n'y a aucun rapport réel entre le sentiment-sensation, pour parler la langue de M. Laromiguière, le sentiment-rapport, le sentiment moral et celui de l'action de nos facultés. Etre frappé par les impressions du dehors, jouir ou souffrir, est un phénomène qui n'a rien de commun avec celui de la volonté et des facultés dont elle est le principe. Maintenant en quoi les phénomènes sensibles et volontaires ressemblent-ils à ces jugemens rationnels par lesquels nous affirmons le vrai ou le faux, le bien et le mal, et prononçons sur les rapports des choses et sur les rapports des hommes? L'opération de l'esprit qui juge est-elle celle qui veut? est-elle la jouissance ou la souffrance? Qu'on le prouve, autrement que l'on renonce à toute assimilation verbale. Au fond, ou le sentiment de rapport et le sentiment moral sont des modifications de la sensation, et dans ce cas ils peuvent et doivent porter le même nom; et alors le système général de M. Laromiguière, savoir, que tout dérive de la sensibilité et de l'attention, est vraiment un système; ou le sentiment-rapport et le prétendu sentiment moral ne sont point des modifications de la sensation, et alors, en dépit de tous les abus de langage, l'attention, c'est-à-dire la volonté, et le mot abstrait, collectif et vague de sentiment et sensibilité, n'expliquent point tous les phénomènes de l'intelligence. Or, d'un côté, M. Laromiguière prouve que le sentiment de rapport et le sentiment moral ne sont pas réductibles aux deux autres phénomènes de la sensation et de l'attention, et par-là il renverse son système : de l'autre côté, après avoir séparé dans le fait, il confond dans le terme; après avoir distingué fortement le sentiment moral et le sentiment de rapport de la sensation et des opérations de nos facultés, il donne à tout cela une dénomination commune, réparant par l'identité fictive du mot des distinctions et des oppositions réelles, et relevant son système par un de ces arrangemens de grammaire ingénieux et vains, qui consumèrent stérilement l'oiseuse activité des péripatéticiens du moyen âge, loin des choses et de la nature.

Sans doute, dans le langage ordinaire, les phénomènes les plus élevés de la raison sont appelés des sentimens. En effet, c'est une loi de la nature humaine, qu'à la suite des jugemens les plus purs se manifestent, dans la sensibilité, des mouvemens parallèles qui réfléchissent la raison sous des formes passionnées. C'est la raison seule qui aperçoit le vrai, le bien et le beau d'une apperception pure, calme, absolue comme la beauté, la vertu et la vérité elles-mêmes; mais en même temps, la sensibilité, qui enveloppe de toutes parts l'esprit humain, par un contre-coup plus ou moins énergique, entre en exercice et mêle ses phénomènes aux phénomènes intellectuels. La géométrie est vraie, et en même temps elle a ses jouissances pour Leibnitz et pour Descartes. La raison, en présence de telle ou telle action, prononce qu'elle est juste ou héroïque, avec autant d'assurance, avec autant de sang-froid que s'il s'agissait de vérités mathématiques; mais la sensibilité ébranlée complique bientôt le phénomène rationnel de mouvemens étrangers, qui souvent l'étouffent, toujours l'obscurcissent, et impriment au phénomène total leur forme particulière. De là l'expression unique et simple de sentiment employée pour représenter un fait complexe : mais le philosophe, dont le devoir est de séparer les faits, reconnaît aisément sous l'expression de sentiment, sentiment-rapport ou sentiment moral, le fait rationnel, qui précisément par sa pureté et sa simplicité trompe la conscience inattentive, et se cache en quelque sorte sous le fait sensible qui le surmonte, et le couvre de toute la vivacité et de toute l'énergie attachées à la passion. En effet la raison nous échappe par son intimité même. Des jugemens irrésistibles n'exigeant aucun effort, n'avertissent point de leur présence, s'accomplissent et passent inaperçus dans les profondeurs de l'ame. Il semble que l'homme ne puisse contempler la lumière qu'au dehors de lui-même, dans la clarté apparente de ces faits extérieurs que l'ame aperçoit d'autant plus aisément qu'ils lui sont plus étrangers, ou dans ces faits de conscience, libres et volontaires, qui se manifestent dans l'effort même que l'ame fait pour les produire. La vraie lumière, la lumière intérieure luit dans les ténèbres et comme ensevelie dans l'abîme de notre être.

Il est encore une autre manière d'expliquer M. Laromiguière et la généralité de ce mot sentiment qui, comme nous l'avons vu, est philosophiquement inapplicable aux quatre phénomènes que M. Laromiguière appelle les quatre sources de toutes les idées. Ces phénomènes sont étrangers l'un à l'autre; par conséquent, ils appartiennent à des propriétés ou facultés différentes; et l'unité de faculté est une contradiction réelle avec l'essentielle diversité des résultats. Il y a donc réellement quatre facultés; ou si, comme le pense l'auteur de cet article, on peut ramener à une faculté identique, savoir, la raison, et les jugemens de rapport et les jugemens moraux, il y aurait trois facultés primordiales : la sensibilité, siège de toutes les autres sensations; l'activité volontaire et libre, qui contient en elle l'attention, la comparaison, une partie de la réminiscence, etc.; enfin la raison, qui juge du vrai et du faux, du bien et du mal, du laid et du beau. L'homme est l'union de ces trois facultés. Mais si ces facultés sont essentiellement distinctes, elles ont toutes les trois cela de commun, que l'homme en a conscience. Ce n'est point ici le lieu d'approfondir le phénomène singulier de la conscience; il suffit de le constater. Ce phénomène n'a aucune espèce de rapport originaire et essentiel avec la sensibilité; mais comme la conscience est rapide et fugitive, et comme, encore une fois, pour exprimer ce qui se passe en lui de plus profond et de plus pur, l'homme va chercher des appuis et des images dans cette sensibilité, où tout paraît si évident, il y puise entre autres métaphores celle qui assimile le fait de conscience à un fait sensible : de là l'expression de sentiment substituée à celle de conscience; et comme la conscience comprend tous les faits et les réfléchit tous, le sentiment, avec lequel on la confond, est érigé par là au rang de principe unique des connaissances humaines, quoique la conscience elle-même ne produise aucun fait, et soit un témoin, et non pas un agent ou un juge.

Le principe de la théorie des idées de M. Laromiguière est donc la distinction de quatre élémens de connaissance, de quatre phénomènes primitifs et indépendans les uns des autres, et leur confusion sous une dénomination commune. Le vice du principe accompagne la théorie dans tous ses développemens, engendre à chaque pas des équivoques et des malentendus sans nombre, et répand sur l'ensemble une confusion, une obscurité malheureuse. Il a suffi d'indiquer le vice à son origine ; le suivre partout serait une tâche inutile et fatigante. Le bon sens tranche aisément les subtilités verbales ; mais en voulant les résoudre en détail, la critique s'y enlace et s'y embarrasse elle-même.

Il est superflu d'ajouter que les réflexions un peu sévères que nous impose la vérité n'affaiblissent en les éloges sincères que nous nous sommes plû à donner à l'ouvrage de M. Laromiguière. Les difficultés mêmes dans lesquelles il est tombé témoignent d'autant plus son intention d'abandonner Condillac ; et le peu de simplicité réelle cachée sous l'apparente simplicité de son système, prouve les efforts qu'il a faits pour s'éloigner de la route battue. Il quitte Condillac, puisqu'il commence à parler du sentiment moral comme d'un phénomène réel et indécomposable; du sentiment de rapport et de l'activité comme de faits irréductibles à la sensation : là est le mérite de l'auteur. S'il eût été plus loin, s'il eût laissé la nomenclature de Condillac, comme il abandonnait ses idées; s'il eût fait des facultés différentes pour des phénomènes différens, et d'autres noms pour d'autres faits, il aurait été plus conséquent et plus neuf. Mais on ne brise pas tous ses antécédens à la fois; et, au sein des différences graves qui séparent M. Laromiguière de Condillac, il fallait bien que parût toujours le rapport secret, mais intime, qui rattache l'élève au maître.

HISTOIRE COMPARÉE

DES

SYSTÈMES DE PHILOSOPHIE.

Par M. DEGÉRANDO,

(Deuxième édition, revue corrigée et augmentée. Paris, 1823,
4 vol. in-8°.)

L'ouvrage que nous annonçons est une preuve, entre plusieurs autres, des changemens et des progrès qui se sont opérés depuis vingt ans dans l'état de la philosophie parmi nous. A l'époque où l'*Histoire comparée des systèmes de philosophie* parut pour la première fois, dominait une doctrine exclusive qui, mesurant sur elle toutes les doctrines antérieures, ne leur laissait guère que l'honneur assez médiocre d'avoir approché plus ou moins d'elle, d'avoir entrevu et préparé plus ou moins ce dernier terme des progrès et de la sagesse de l'humanité. La philosophie de Condillac était alors comme le lit de Procuste, sur lequel le dogmatisme du jour étendait les plus nobles productions de l'esprit humain, les raccourcissant et les allongeant, les proscrivant ou les admirant à son gré. Or, comme on n'est pas très-curieux de connaître et d'étudier sérieusement ce que l'on dédaigne, et que tous les systèmes philosophiques, à commencer par celui de Platon, et à finir par celui de Leibnitz, étaient bien peu de chose pour qui se trouvait en possession du système de la sensation transformée, on était peu tenté de s'enfoncer dans les recherches épineuses de l'histoire, pour n'en tirer que des rêveries stériles, et l'érudition philosophique était presque abandonnée. L'Histoire comparée des systèmes de philosophie fut donc, en 1804, un ouvrage d'un genre nouveau, et qui se distingua honorablement de toutes les productions d'alors, par la nature même du sujet, l'étendue des recherches et la modération des jugemens. Mais, tout en aimant à reconnaître le mérite de l'ouvrage de M. Degérando, nous ne pouvons aller jusqu'à dire qu'il fût étranger au temps où il parut, et ne participât d'aucun de ses défauts. Vingt ans s'étant écoulés depuis cette époque, un autre livre était devenu nécessaire pour un autre temps; l'estimable écrivain le sentit lui-même, et une édition nouvelle de l'Histoire comparée des systèmes de philosophie vient satisfaire les besoins nouveaux. Et ce n'est pas à tort qu'elle s'annonce comme augmentée, revue et corrigée. En effet, la première édition se bornait à trois volumes; un volume et demi lui avait suffi pour embrasser l'exposition complète de toutes les tentatives de l'esprit humain, depuis les plus faibles commencemens de la philosophie jusqu'à la fin du dix-huitième siècle; le reste de l'ouvrage était consacré à les juger. La seconde édition a déjà quatre volumes, et n'est pas même arrivée à la moitié de la tâche que toutes les deux s'étaient imposée : l'exposition des systèmes n'y va point encore jusqu'au renouvellement des lettres et de la philosophie dans l'Europe moderne. Platon, qui avait obtenu à grand'peine quelques pages de l'historien de 1804, est aujourd'hui examiné avec l'étendue et le scrupule que réclame une pareille gloire. Les nouveaux platoniciens, mentionnés d'abord si légèrement, remplissent ici presque un volume. Les pères de l'Église, dont plusieurs ont tant honoré la raison humaine, sont vengés d'un oubli injuste, et des recherches ingénieuses et savantes ont fécondé et animé jusqu'aux déserts de la scolastique. M. Degérando paraît s'être convaincu qu'à toutes les époques de son existence l'humanité ne s'est jamais manqué à elle-même. Enfin, la manière de présenter et d'apprécier les systèmes et les hommes a beaucoup gagné en impartialité et en élévation, et un spiritualisme un peu vague encore a succédé au Condillacisme indécis de la première édition.

Après nous être plû à faire à l'éloge une part méritée, nous sera-t-il permis d'en faire une aussi à une critique bienveillante? Nous sera-t-il permis de regretter qu'au milieu des heureux changemens qui distinguent si avantageusement cette seconde édition, et pour le fond et pour la forme, le plan primitif de l'ouvrage et la méthode générale de la première soient restés les mêmes? Ce plan consiste à diviser l'ouvrage en deux parties, destinées l'une à exposer les faits, l'autre à les apprécier ; celle-ci toute narrative, celle-là dogmatique et systématique.

L'auteur ne s'est pas lui-même entièrement dissimulé les inconvéniens et les difficultés de cette division, la sécheresse à laquelle elle condamne chaque partie, si l'on traite sévèrement chaque partie dans le point de vue exclusif qui lui est propre, ou, pour peu que l'on fléchisse, comme il est presque inévitable, les répétitions et les doubles emplois que cette division entraîne. Nous avouerons qu'il nous eût paru plus naturel d'unir, avec tous les historiens de la philosophie, ce qui ne peut être séparé que par une sorte de violence faite à l'intelligence humaine, laquelle examine, conçoit et juge en même temps par des opérations distinctes sans doute, mais parallèles et simultanées. On ne fait point à l'expérience et à la critique une part exclusive : isolées, elles languissent et deviennent stériles; elles ne sont fécondes que l'une par l'autre, et l'une avec l'autre.

Nous avouerons qu'il nous est également impossible d'approuver la méthode d'exposition que l'auteur a suivie, ou du moins qu'il s'est proposé de suivre. Justement frappé de la confusion qui règne trop souvent dans l'exposition d'un système entier, pour éclairer ses lecteurs et laisser dans l'esprit un résultat net et précis, l'auteur s'est proposé de prendre pour sujet de ses recherches une seule question, mais une question principale dont la solution influât puissamment sur celle des autres questions et dominât le système entier, de telle sorte que la manière de résoudre cette question fondamentale servît à caractériser successivement tous les systèmes, toutes les écoles, toutes les époques, à rendre compte de leurs différences et de leurs ressemblances, et à mesurer leur valeur relative; et comme à toute époque la question qui l'occupe paraît toujours la question fondamentale, et qu'en 1804 on s'occupait surtout de l'origine et du principe des connaissances humaines, c'est cette question particulière que M. Degérando a choisie pour la question fondamentale sur laquelle roule l'histoire entière de la philosophie. Assurément l'idée est ingénieuse, et en apparence elle simplifie toute l'histoire; mais nous doutons qu'en réalité elle tienne tout ce qu'elle promet. Sans rechercher ici s'il n'y a pas de question plus fondamentale que celle du principe des connaissances humaines, sans rechercher si une note de quelques lignes [1] détermine avec assez de précision ce qu'il faut entendre par le mot principe, ni si, en traduisant, comme le fait M. Degérando dans cette note, le mot de *principe* en celui de *principes*, et celui-là en celui de *vérités premières*, la question ne change pas un peu de face et ne perd pas en s'étendant les avantages de simplicité qui la recommandaient d'abord; en écartant toutes ces considérations sur lesquelles il serait possible d'insister, nous doutons encore que le choix d'une seule question prise pour mesure unique de tous les systèmes, soit une bonne méthode historique, c'est-à-dire une méthode qui tende à reproduire les systèmes tels qu'ils ont été réellement, et à

---

[1] Tome 1er, *Introduction*, p. 18.

les représenter sous les couleurs et avec le caractère qu'ils ont eus dans l'esprit de leurs auteurs, dans leur époque et dans la marche générale de l'humanité. La question choisie par l'historien, qu'elle soit fondamentale ou non en réalité, n'ayant pu paraître telle à tous les philosophes de tous les siècles, et n'occupant pas toujours le premier plan d'un système, si vous voulez absolument lui donner la place que vous lui attribuez de votre propre autorité, il faut nécessairement déranger les proportions et l'ordonnance réelle d'un système, pour leur substituer une ordonnance factice qui présente les idées, non sous le point de vue de l'auteur, mais sous celui de l'historien. Étendez cette substitution à un certain nombre de systèmes et d'époques, vous bouleversez l'histoire, vous en dénaturez totalement la physionomie véritable. Il n'est pas impossible qu'il en résulte quelque instruction philosophique, mais l'instruction historique périt toute entière, si la vraie instruction historique, comme l'art véritable de l'historien, consiste dans l'intelligence approfondie du passé tel qu'il a plu à la Providence de le faire. D'ailleurs cette décomposition et cette recomposition de l'histoire, cet arrangement artificiel, là où règne déjà un ordre admirable, cette espèce de gageure de la méthode contre les données réelles est si difficile à soutenir, pour peu qu'elle dure, qu'on pourrait assurer d'avance que la méthode la plus obstinée la perdra, et que la force toute-puissante de la vérité, faisant oublier à l'historien son plan primitif, l'entraînera à une exposition plus naturelle, plus franche et plus large.

C'est ce qui est arrivé à M. Degérando. Après avoir établi très-méthodiquement que, sur chaque école, sur chaque système, il recherchera d'abord quelle est la solution de ce système et de cette école, relativement au principe des connaissances humaines, pour passer ensuite aux questions secondaires qui se rattachent à celle-là, et de celles-ci successivement à toutes les autres, de manière à épuiser le système entier; à peine a-t-il ainsi parcouru une faible partie de sa carrière, qu'il oublie l'allure étroite et gênée qu'il s'était imposée, pour prendre celle que les choses lui donnent d'elles-mêmes. Nous citerons comme exemple l'exposition de la doctrine de Zénon, au troisième volume, et celle de la doctrine de saint Augustin, au quatrième; tableaux si peu faits sur le modèle indiqué dans l'introduction, que nous oserions porter le défi à quiconque les verrait indépendamment du reste, de deviner par là le plan et la méthode générale que s'est proposés l'auteur. Il y a bien d'autres systèmes dans l'exposition desquels se retrouve la même inconséquence, où la question du principe des connaissances humaines est confondue avec les autres questions, quelquefois même négligée. Ces disparates sont très-fréquentes dans l'*Histoire comparée des systèmes de philosophie*; et, en vérité, nous serions tentés d'en féliciter l'auteur et le public; car que l'on juge combien serait uniforme dans sa marche et fatigante dans son uniformité une histoire complète de la philosophie depuis l'origine du monde jusqu'à nos jours, où l'historien, faisant comparaître devant lui tous les systèmes, les interrogerait comme du haut d'un tribunal, et, au lieu de les laisser parler eux-mêmes avec vérité et indépendance, leur ferait toujours et à tous la même question, dans les mêmes termes, et les contraindrait de ne répondre que sur celle-là. Nous ne craignons donc pas de conclure qu'en général la méthode adoptée par M. Degérando est trop artificielle pour être bonne, qu'il est à peu près impossible de la suivre à la rigueur pendant long-temps, que lui-même ne l'a pas suivie, et qu'on ne peut trop lui en faire un reproche.

Au reste, ce défaut, assez grave selon nous, est un des liens qui rattachent encore la seconde édition de l'*Histoire comparée des systèmes de philosophie* à la première, à l'époque où cette première édition parut, et à la philosophie de cette époque. La philosophie de Condillac, qui, dans la théorie, mutilait l'esprit humain pour l'expliquer plus aisément, devait, en histoire, mutiler les systèmes pour en rendre compte; elle ne pouvait pas plus accepter l'histoire toute entière qu'elle n'avait accepté l'esprit humain tout entier; tout système exclusif est condamné à être artificiel. Heureusement, depuis 1804, une philosophie plus libre a commencé à émanciper l'histoire, et fraie chaque jour la route à une représentation du passé plus complète à la fois, plus naïve et plus grande. Depuis qu'on a rendu à l'ame humaine toutes ses facultés, elle est devenue ou deviendra capable d'entrer en rapport et de sympathiser avec tous les développemens de l'ame humaine dans le cours des siècles, avec toutes les situations de l'humanité, avec tous les mouvemens de l'histoire, soit philosophique, soit littéraire; car tous ces mouvemens ne sont et ne peuvent être que des manifestations riches et variées de toutes les parties de la nature humaine. La gloire de la véritable philosophie est d'accepter la nature humaine telle qu'elle est, et de la recueillir toute entière; celle de l'histoire est d'en reproduire les résultats, et tous les résultats, avec cette impartialité supérieure qui accompagne la force.

HISTOIRE
DE
LA PHILOSOPHIE MODERNE,
PRÉCÉDÉE D'UN ABRÉGÉ
DE LA PHILOSOPHIE ANCIENNE,
PAR J. G. BUHLE,
PROFESSEUR DE PHILOSOPHIE A GOTTINGUE;

Traduit de l'allemand par J.-L. Jourdan, docteur en médecine.
(7 vol. Chez Fournier, libraire, rue Poupée, n° 7; 1816.)

Le défaut de cette histoire de la philosophie est précisément le défaut contraire de la précédente : nous avons reproché à M. Degérando d'avoir voulu concentrer forcément l'histoire entière de l'esprit humain dans une seule question; nous reprocherons à M. Buhle de l'avoir tellement divisée et morcelée, qu'elle manque totalement de liaison et de centre. Partisans déclarés de la méthode chronologique, nous aimons à reconnaître que cette méthode, en apparence superficielle, est la seule profonde en réalité, puisque seule elle représente, à qui sait la comprendre, le mouvement progressif et la marche harmonieuse du genre humain. Tout ordre artificiel mis à la place de l'ordre chronologique, est un désordre réel, une substitution arbitraire d'idées personnelles, et par conséquent mesquines, aux grandes lois du développement nécessaire de l'espèce, un démenti véritable donné à la marche de l'humanité, c'est-à-dire aux desseins de la Providence. Mais, d'un autre côté, la vue de l'ensemble peut seule éclairer et vivifier les détails, et la méthode chronologique employée sans intelligence réduit l'histoire de la philosophie à un registre de théories incohérentes, sans liaison, sans lumière et sans intérêt. Or, cette méthode, ou plutôt cette absence de méthode, vicieuse en elle-même, doit l'être d'autant plus qu'elle comprend plus de systèmes, les désordres et les ténèbres devant s'accroître en proportion du nombre des objets ; de sorte que, toutes choses égales d'ailleurs, le mérite des ouvrages composés d'après la seule chronologie, peut à peu près se mesurer d'avance sur leur étendue. Appliquez cette règle à toutes les histoires de la philosophie qui ont paru avant Brucker, vous la trouverez constamment exacte ; vous trouverez toutes ces histoires plus confuses, plus vagues, plus superficielles les unes que les autres, selon qu'elles embrassent un période plus ou moins long. De tous ces ouvrages, trop pleins et trop vides, celui de Brucker est incomparablement le meilleur. Homme d'un grand savoir, d'une impartialité rare, d'un jugement très-solide, Brucker a des droits durables à l'estime et à la reconnaissance de tous les amis de la philosophie. Mais il est bien difficile de ne pas trouver son ouvrage un peu long pour un ouvrage sans vues générales. Cependant Brucker s'arrête à Leibnitz; que serait-ce donc s'il avait ajouté à ces vastes analyses toutes celles qu'eussent exigées les nouveaux systèmes qui ont paru dans toutes les parties de l'Europe pendant le cours du dix-huitième siècle, et dont le nombre a presque égalé celui des systèmes philosophiques que fournissent tous les siècles antérieurs? Imaginez un historien qui eût osé embrasser la philosophie entière depuis ses plus faibles commencemens jusqu'aux développemens qu'elle a reçus de nos jours, et qui, non content de présenter tous les systèmes métaphysiques qui ont paru dans le monde, grecs, romains, italiens, français, anglais et allemands, de toutes les époques, eût encore attiré dans les amples proportions et les immenses circuits de son ouvrage tous les systèmes moraux, religieux, politiques, économiques, esthétiques et même géologiques, et qui eût entassé tous ces systèmes les uns sur les autres, siècle par siècle, et sans autre ordre que la succession des dates; accordez même à cet historien des dons heureux; à un esprit étendu et à une vaste érudition personnelle, qu'il joigne les lumières d'un siècle éclairé et les ressources d'excellens ouvrages antérieurs ou contemporains : tous ces avantages ne pourront résister au vice invincible de l'entreprise; et, malgré le mérite d'une exécution plus ou moins habile, cette histoire complète de la philosophie n'échappera point à la médiocrité, qui s'attache à tous les ouvrages mal conçus. Nous venons de juger celui de M. Buhle.

Cet ouvrage est composé de sept volumes in-8°,

dont le premier renferme l'histoire de la philosophie ancienne, le deuxième et le troisième celle du moyen âge, de la scolastique et des premiers siècles de l'Europe moderne ; les autres volumes contiennent l'histoire de la philosophie moderne, proprement dite, depuis Descartes jusqu'à Fichte inclusivement; et, par l'histoire de la philosophie, l'auteur n'entend pas seulement celle de la métaphysique, mais de toutes les sciences qu'on peut appeler philosophiques, comme le droit, l'économie politique, etc., etc. N'est-il pas évident que si M. Buhle voulait faire une histoire universelle des sciences, sans abandonner le fil chronologique, il devait chercher dans chaque grand siècle un point de vue historique autour duquel il pût ranger les divers systèmes qui appartiennent à ce siècle, diviser l'histoire philosophique en plusieurs grandes portions dont il eût successivement présenté le tableau, saisir les rapports et la chaîne secrète qui lie les théories religieuses, politiques, morales et métaphysiques, et rendre ces analyses diverses, intéressantes et instructives, en les rattachant au développement harmonique de l'esprit humain ? Quand on ose entreprendre l'histoire complète de la pensée, il faut oser la systématiser. Voulant tout embrasser, M. Buhle ne pouvait se sauver que par la liaison et l'enchaînement philosophique ; il s'est perdu dans les abus et les désordres de la méthode chronologique. On peut juger, par l'analyse suivante, à quel point toutes les matières sont confondues dans son ouvrage.

Par exemple, en parlant de Locke, M. Buhle ne se contente pas de faire connaître l'*Essai sur l'entendement humain* ; il nous donne de longs extraits de ses écrits sur l'éducation, la politique et le christianisme. De Locke il passe à Sydney, à Harrington et à Puffendorf, écrivains politiques sur lesquels il s'arrête long-temps ; et l'on ne songe plus à la métaphysique. Il nous y ramène alors par Schirnhausen, Thomasius et Wolf, qu'il ne fallait pas séparer de Leibnitz. Il arrive à Baumgarten, dont il développe tout au long l'esthétique, science nouvelle qui n'a pas encore paru dans l'histoire de M. Buhle, et qui n'y reparaîtra plus qu'avec Crouzas et Kant. Après avoir quitté l'Angleterre pour l'Allemagne, il revient à l'Angleterre, expose la théorie de Berkeley, qui se trouve ainsi éloignée de celle de Locke par un intervalle d'environ six cents pages ; il dit un mot de l'histoire de Hume, effleure l'école écossaise, s'engage tout à coup dans les moralistes Clarke, Wollaston et Price, revient à Smith, dont il avait oublié la morale, passe à Dugald-Stewart, dont il oublie la métaphysique, et se perd dans le matérialisme de Priestley. La philosophie du dix-huitième siècle, en France, est exposée avec le même désordre : d'abord Condillac et Helvétius, puis Bonnet et Robinet, puis Montesquieu, Burlamaqui et Réal. On s'est plaint que Thucydide ait divisé par étés et par hivers une histoire de vingt-deux années : que dire de M. Buhle morcelant par petits fragmens l'immense histoire de la raison humaine ?

Mais si les systèmes ne sont point à leur place dans l'histoire de M. Buhle, l'espace qu'ils y occupent leur convient rarement. Il est trop étendu ou trop circonscrit, et les proportions de l'ouvrage ne valent guère mieux que son ordonnance. Il y a tout au plus dix pages pour Bacon, et il y en a deux cents pour Bruno, Cardan, Vanini et Campanella, à peu près comme dans Laharpe, où Thucydide et Pascal n'ont pas six pages, tandis que Sénèque et Beaumarchais remplissent deux volumes. Gassendi tient beaucoup plus de place que Descartes; Reid, chef d'une école importante, est à peine indiqué, tandis qu'un long article est consacré à Priestley, disciple médiocre de Hartley. Nous avons vu que M. Buhle a parlé assez mal à propos de Montesquieu, de Burlamaqui, de Vatel et de Réal; en revanche il ne donne guère que les titres de leurs ouvrages, et si toute cette politique n'est point à sa place, elle est aussi sans intérêt et sans instruction.

Bien plus, l'ambition d'embrasser tous les systèmes modernes, cette ambition sera trompée. Et comment pouvait-elle ne l'être pas? Cette histoire si vaste est incomplète, et M. Buhle, auquel les philosophes les plus obscurs n'ont point échappé, a oublié des noms célèbres. Au milieu du dix-huitième siècle, où Diderot, qui ne fut ni métaphysicien, ni moraliste, ni politique, occupe une si grande place, je cherche en vain cet esprit universel et profond qui pénétra toutes les connaissances humaines, et qui écrivit le meilleur morceau de métaphysique qui ait paru dans ce siècle, l'auteur de l'article *Existence*[1]. Parmi les philosophes anglais de ces derniers temps, je n'aperçois ni Wats, qui a fourni de si précieux matériaux pour la logique dans ses *Improvements of mind* et dans d'autres ouvrages ; ni Duncan, un des meilleurs disciples de Locke, ni beaucoup d'autres, tous hommes très-distingués dans leurs pays, et qui méritent d'être connus en Europe. Comment un historien allemand a-t-il oublié ou s'est-il contenté de citer en passant et Lessing, et l'ami de Lessing et de Lavater, le savant Mendelsohn, et l'un des plus illustres adversaires de Kant, l'auteur de David Hume et des Lettres sur Spinosa[2], et son ami, l'ingénieux et profond Hemsterhuis ? Je ne veux pas grossir inutilement ici la liste des omissions importantes de l'ouvrage de M. Buhle : toutefois, je ne puis m'empêcher de lui reprocher encore de n'avoir pas même cité cette compagnie célèbre, dont l'Allemagne doit être fière, qui a lutté avec un égal avantage contre l'empirisme français et la scolastique de Wolf; je veux parler de l'école éclectique de Berlin, qui a des rapports si frappans avec celle d'Édimbourg. Y a-t-il donc beaucoup de métaphysiciens en Allemagne qui l'emportent sur M. Ancillon père, en sagacité et en profondeur ? et une analyse de ses deux dissertations sur la causalité et la certitude, serait-elle déplacée à côté de l'analyse de la *Critique de la raison pure* ?

---

[1]. Turgot.
[2]. M. Jacobi.

Si je n'avais lu M. Buhle que dans son traducteur, je me plaindrais encore, et j'aurais peine à concevoir que M. Buhle n'ait pas dit un seul mot de Bardili, de Bouterwek et de Schelling, lui qui cite au moins les opinions de Beck, de Salomon Maimon, de Reinhold, contemporains des précédens; lui qui a exposé tout au long le système de Fichte, son dernier système modifié peut-être sur celui de Schelling, et publié dans un temps où avaient déjà paru les principaux ouvrages de Schelling : *l'Ame du monde*, Hambourg, 1798; *la Philosophie de la Nature*, Leipzig, 1797; lorsque M. Hegel avait déjà écrit sur la différence des systèmes de Fichte et de Schelling, Jéna, 1801. En remontant aux sources, j'ai trouvé que, pour ces dernières omissions, le tort appartient à M. Jourdan. Il existe deux grands ouvrages historiques de M. Buhle : l'un qui embrasse l'histoire complète de la philosophie depuis les Grecs jusqu'aux derniers philosophes allemands, y compris Bardili, Bouterwek, Schelling et Jacobi; cet ouvrage est intitulé : *Manuel pour l'enseignement de l'histoire de la philosophie*. Le dernier volume a été publié à Gœttingue en 1804. Lorsque l'académie de Gœttingue résolut de publier une histoire universelle des sciences, M. Buhle fut chargé de l'histoire de la philosophie, pour laquelle son premier ouvrage lui fournissait d'abondans matériaux; il n'avait donc qu'à choisir; mais des considérations, que je ne puis apprécier, engagèrent l'associé de l'académie de Gœttingue à s'arrêter après l'exposition du système métaphysique de Fichte, ce qui coupe par la moitié l'histoire de l'école allemande, et trompe désagréablement l'attente et la curiosité des lecteurs : or, c'est ce dernier ouvrage que M. Jourdan a traduit. S'il eût connu le premier, il aurait pu en tirer d'importantes additions, et compléter le tableau de la philosophie allemande. En effet, ce n'est point par tel ou tel système qu'il faut apprécier le mouvement philosophique qui a agité l'Allemagne pendant ces trente dernières années; c'est le caractère général de ce grand mouvement qu'il faudrait saisir; et, pour cela, il faudrait le considérer à sa naissance, et le suivre dans ses progrès et dans ses résultats. Juger la philosophie allemande sur un des systèmes qu'elle a produits, ce serait vouloir juger l'antiquité grecque et ses vastes écoles, sur une école particulière. En Allemagne comme en Grèce, l'indépendance engendra la diversité. Cependant tout se tient par la ressemblance ou par le contraste, et l'on ne peut détacher aucune partie de ce grand spectacle sans altérer ou détruire l'effet de l'ensemble. Il eût été beau de faire connaître à la France un des phénomènes philosophiques les plus extraordinaires qui aient paru, le mouvement le plus énergique qui ait été imprimé à l'esprit humain depuis Bacon et Descartes, qui lui a ouvert, en tout genre, des directions nouvelles, a remué à leurs profondeurs tous les grands problèmes philosophiques, a comblé quelques abîmes, en a creusé un si grand nombre. Combien ce tableau pourrait être intéressant et instructif! Tous les matériaux étaient dans la main de M. Jourdan. Que n'a-t-il songé à les employer? Par là, il eût encore plus fait pour son auteur, pour le public et pour la philosophie.

OUTLINES OF MORAL PHILOSOPHY.

ESQUISSES

DE PHILOSOPHIE MORALE,

Par DUGALD-STEWART.

(Troisième édition. Édimbourg, 1808.)

Il y a deux sortes de philosophie. La première étudie les faits, les examine et les décrit, reconnaît les différences et les analogies qui les rapprochent ou les séparent, sans aucune vue systématique, établit des classifications exactes, et ne va pas plus loin. La seconde commence où s'arrête la première : elle sonde la nature des faits, et prétend pénétrer leur raison, leur origine et leur fin; elle ne se borne point au présent, elle remonte dans le passé, s'étend dans l'avenir, embrasse le possible comme le réel; et, au milieu de questions expérimentales que l'observation peut résoudre, elle élève des questions spéculatives, qu'elle aborde avec le raisonnement. La première a trouvé l'origine d'un fait quand elle l'a rapporté à la loi générale qu'il suppose; la seconde recherche l'origine de ce fait dans la raison même de la loi. Ainsi l'une, par exemple, reconnaît les actions vicieuses de l'homme, qu'elle rapporte au pouvoir de mal faire, à la liberté humaine ; l'autre se demande pourquoi l'homme peut mal faire, quelle est la raison de la liberté, sa place dans l'ordre des choses morales, la place de la moralité dans l'ordre général des choses et dans la pensée de leur auteur. La première constate, la seconde explique. L'une peut être appelée philosophie préliminaire ou élémentaire; l'autre, philosophie première ou transcendante. Cette distinction s'applique également à la métaphysique et à la morale, qui se composent par conséquent de deux parties. La métaphysique comprend la psychologie ou la science des faits intellectuels, et la métaphysique proprement dite, qui agite les grands problèmes rationnels : la morale pourrait se diviser de même en morale élémentaire et en morale transcendante.

Dans l'ordre logique, la philosophie transcendante vient après la philosophie élémentaire, qui lui sert de point de départ ou d'appui. L'analyse doit précéder la théorie, car la théorie doit contenir l'analyse. La philosophie transcendante suppose donc nécessairement la philosophie élémentaire, et la connaissance préalable de celle-ci est la seule voie légitime pour parvenir à celle-là. Mais la marche réelle de l'esprit humain ne ressemble point à celle de la raison : on a voulu expliquer les faits avant de les bien connaître ; et, dans l'ordre historique, la philosophie transcendante a devancé la philosophie élémentaire. Il ne faut point s'en étonner; les grands problèmes de la métaphysique et de la morale se présentent à l'homme, dans l'enfance même de son intelligence, avec une grandeur et une obscurité qui le séduisent et qui l'attirent. L'homme, qui se sent fait pour connaître, court d'abord à la vérité avec plus d'ardeur que de sagesse; il cherche à deviner ce qu'il ne peut comprendre, et se perd dans des conjectures absurdes ou téméraires. Les théogonies et les cosmogonies sont antérieures à la saine physique, et l'esprit humain a passé à travers toutes les agitations et les délires de la métaphysique transcendante, avant d'arriver à la psychologie. On a recherché les traits distinctifs de la philosophie ancienne et de la philosophie moderne ; on n'en peut trouver aucun qui les caractérise d'une manière plus frappante que l'adoption presque exclusive de la psychologie ou de la métaphysique. L'antiquité ne s'occupa guère que de questions transcendantes : l'analyse des faits nous appartient spécialement; et ce caractère qui distingue éminemment l'antiquité des temps modernes, sépare aussi le dix-septième siècle du dix-huitième. La philosophie de Descartes et de Leibnitz, qui remplit tout cet âge, est une philosophie transcendante. Ces beaux génies, dont on ne saurait trop admirer la force et l'étendue, manquant de données exactes et complètes, tentèrent des solutions prématurées, et n'ont guère laissé que des hypothèses brillantes. Effrayé du peu de succès de ces tentatives ambitieuses, le sage et judicieux Locke se réfugia le premier dans la psychologie contre les erreurs alors inévitables du transcendantalisme; et, dès la fin du dix-septième siècle, l'Europe eut une analyse de l'entendement qui portait déjà quelques caractères de la méthode indiquée par Bacon dans le siècle précédent. Je ne dis point que l'analyse psychologique n'ait jamais été soupçonnée avant Bacon, ni pratiquée avant Locke; je sais qu'il n'y a ni méthode ni théorie entièrement nouvelles dans l'histoire de l'esprit humain, et que chez les modernes et chez les anciens, dans Descartes et dans Aristote, il y a d'assez beaux exemples, et même des modèles partiels d'analyse psychologique. Mais quand on néglige les exceptions particulières pour considérer seulement la marche générale de l'esprit humain, il me semble que l'on peut dire avec exactitude que Bacon est le premier qui ait promulgué les lois de la méthode psychologique, et Locke le premier qui les ait suivies. Les nouveaux essais devaient être faibles, et ils l'ont été. Locke porte encore le joug des hypothèses. Sans doute il s'occupe des faits, mais il ne sait pas les décomposer; il en laisse échapper un grand nombre; et ceux qu'il atteint, il les aperçoit confusément et les décrit mal. Comme son but, assez manifeste, était d'établir un système qu'il pût opposer à celui de Descartes, il soumet les faits à ses vues particulières, les dénature, leur ôte leurs vrais caractères pour leur imposer ceux qui conviennent à sa théorie, et les plie aux proportions arrêtées d'une classification arbitraire. Ne reconnaissant que deux sortes de faits, Locke égara d'abord la psychologie dans une analyse systématique ; la philosophie de l'expérience devint entre ses mains ce que les Allemands ont depuis appelé l'empirisme. Cent ans après Bacon, et soixante ans après Locke, l'Ecossais Reid démontra que la pratique de Locke était contraire aux principes mêmes de sa méthode ; et, entrant le premier dans l'esprit de cette méthode, il l'appliqua à la science intellectuelle, il découvrit ou rétablit plusieurs faits de la plus haute importance, et fonda cette école nouvelle qui se prétend seule fille légitime de Bacon, et réclame le titre tant prodigué et si peu compris d'école expérimentale.

Parmi les successeurs de Reid, M. Dugald-Stewart est un de ceux qui ont le plus honoré l'école écossaise, et de tous, sans contredit, celui qui a le mieux mérité de la psychologie, dans ses *Essais philosophiques*, où il a si bien combattu Locke et ses disciples, et dans son bel ouvrage sur la *Philosophie de l'esprit humain*, où, après avoir tenté l'analyse de plusieurs facultés importantes trop négligées par Reid, il établit enfin la nouvelle logique que préparaient peu à peu les travaux de l'école d'Edimbourg. Mais c'est surtout dans la morale que M. Dugald-Stewart a rempli heureusement les lacunes qu'y avaient encore laissées Reid, Smith et Ferguson. Guidé par les exemples de ses devanciers, riche de cette multitude d'expériences qu'avait fait éclore de toutes parts, pendant un demi-siècle, la méthode de l'école écossaise parmi des hommes auxquels on ne refuse pas le talent de l'observation, M. Dugald-Stewart en a composé un ouvrage qui les renferme toutes, ingénieusement et méthodiquement distribuées dans des classifications étendues, et peut être considéré comme l'ouvrage de morale le plus complet qui ait encore paru en Angleterre.

La troisième édition de cet ouvrage a paru à Édimbourg en 1808. C'est une esquisse du cours public que M. Dugald-Stewart y fit long-temps avec la plus grande distinction. Ce cours embrasse la métaphysique, la morale et le droit politique. L'auteur se contente de marquer les titres et les divisions de son droit politique; et comme, dans ses autres ouvrages, il a traité à fond toute la psychologie, il consacre seulement quelques pages de celui-ci à l'indication de ses classifications psychologiques, et s'arrête principalement sur la morale, dont il ne donne encore que des esquisses (*outlines*), une analyse peu développée, mais complète, à l'usage des jeunes gens qui suivent son cours; remettant à une époque plus reculée de sa vie le développement et le perfectionnement de son ouvrage.

Le traité de M. Dugald-Stewart se divise en deux parties : la première renferme la classification et l'analyse de nos facultés morales, qu'il appelle principes actifs et moraux; la deuxième comprend les diverses branches de nos devoirs.

Dans la première partie, l'auteur commence par quelques réflexions sur les principes actifs en général. Le mot *action* se dit proprement de l'exercice de la volonté, soit que cet exercice se produise au dehors par des effets sensibles, soit qu'il ne passe point les limites du monde intérieur. Le discours ordinaire confond souvent, il est vrai, l'action et le mouvement. Comme nous n'apercevons pas les opérations intellectuelles des autres hommes, nous ne pouvons juger de leur activité que par ses effets extérieurs. Le mot *activité* est employé par l'auteur dans son sens le plus étendu, pour désigner toute espèce d'exercice de la volonté. Ce qui nous fait vouloir est donc ce qui nous fait agir. Or, parmi les divers mobiles de la volonté, il en est qui tiennent au fond même de la nature humaine, et qu'on nomme pour cela *principes actifs*; tels sont la faim, la soif, la curiosité, l'ambition, la pitié, le ressentiment. Les principes d'action les plus importans peuvent être compris dans la classification suivante : les appétits, les désirs, les affections, l'amour-propre, le principe moral.

Voici les caractères que présentent nos appétits, selon M. Dugald-Stewart.

1° Ils tirent leur origine du corps, et nous sont communs avec les animaux.

2° Ils sont périodiques.

3° Ils sont accompagnés d'une sensation pénible plus ou moins forte, selon l'activité de l'appétit.

Nous avons trois espèces d'appétits : la faim, la soif et l'amour, c'est-à-dire l'appétit du sexe. Les deux premiers ont pour objet la conservation de l'individu; le troisième, la propagation de l'espèce : soins importans que la raison seule aurait mal remplis, et que la sage nature a confiés à l'instinct.

Outre nos appétits naturels, M. Dugald-Stewart en compte beaucoup d'autres factices, ceux des liqueurs fermentées, etc., etc. En général, dit-il, toute émotion nerveuse est suivie d'une sorte d'épanouissement et de langueur agréable qui fait naître le désir de renouveler l'acte qui les produit. Nos penchans périodiques à l'action et au repos ont de l'analogie avec nos appétits.

M. Dugald-Stewart fait, sur cette classe de principes actifs, une observation importante, que nous le verrons étendre par la suite aux désirs, aux affections et à la faculté morale. Quelques philosophes prétendent que les affections de l'ame humaine sont intéressées. On accuse d'égoïsme les déterminations mêmes de la vertu. Cependant cela est si faux, selon M. Dugald-Stewart, que l'intérêt à proprement parler, n'entre pas même dans nos appétits. En effet, dit-il, chacun d'eux tend à son objet comme à sa dernière fin. Quand les appétits ont agi pour la première fois, il est évident qu'ils ont dû agir avant toute expérience du plaisir que procure leur satisfaction: souvent même nous sacrifions l'amour-propre à l'appétit, quand nous cédons à l'attrait d'un plaisir présent dont nous n'ignorons pas les conséquences funestes.

Selon M. Dugald-Stewart, les désirs diffèrent des appétits en ce que, 1° ils ne naissent point du corps, 2° ils ne sont pas périodiques, 3° ils ne cessent point quand ils ont obtenu un objet particulier.

Les principes actifs les plus remarquables qui appartiennent à cette classe sont le désir de connaissance, le désir de société, le désir d'estime, le désir de puissance ou le principe d'ambition, le désir de supériorité ou le principe d'émulation.

En parlant du désir de curiosité, l'auteur montre fort bien que ce n'est point un principe intéressé. Comme l'objet de la faim, dit-il, n'est pas le bonheur, mais la nourriture, de même l'objet propre de la curiosité n'est pas le bonheur, mais la connaissance.

Le désir de société est instinctif. Indépendamment de la bienveillance naturelle et des avantages que nous trouvons dans la société, un penchant invincible nous fait rechercher la compagnie de nos semblables, parce que l'expérience des plaisirs de la vie sociale et des biens de toute espèce qui en sont inséparables, et l'influence de l'habitude, fortifient et accroissent en nous le désir de société. Quelques philosophes, dit M. Dugald-Stewart, ont prétendu que c'est un sentiment factice. Mais que le désir de société soit primitif ou factice, toujours est-il vrai qu'il faut le ranger parmi les principes qui aujourd'hui gouvernent universellement la conduite des hommes. Ici se découvre le caractère de la philosophie écossaise, plus occupée à constater la vérité des faits actuels qu'à rechercher leur origine.

Ce qui prouve, dit M. Dugald-Stewart, que le désir de l'estime est un désir originel, c'est l'empire suprême qu'il exerce sur l'ame. On voit tous les jours l'amour même de la vie céder au désir de l'estime, et d'une estime qui, ne regardant que notre mémoire, ne peut être accusée d'intéresser notre amour-propre. Si, en effet, le désir de l'estime n'est point un principe primitif, il est difficile de concevoir qu'aucune association d'idées eût pu produire un nouveau principe plus fort que tous les autres. Comme nos appétits de la soif, de la faim, sans être des principes intéressés, servent immédiatement à la conservation de l'individu, de même le désir de l'estime, sans être un principe social ou bienveillant, sert immédiatement au bien de la société.

M. Dugald-Stewart rapporte au désir du pouvoir et au plaisir d'orgueil qu'excite en nous la conscience de nos forces, l'audace de la jeunesse pour tous les exercices violens, «l'ambition de l'âge mûr, les jouis-
« sances de l'orateur, celles même du philosophe,
« l'amour de la propriété, de l'argent, de la liberté
« même. » « L'esclavage, dit M. Dugald - Stewart,
« nous déplaît, en ce qu'il borne notre pouvoir. » Ce n'est point que M. Dugald-Stewart fonde uniquement l'amour de la liberté sur le désir du pouvoir ; il ne prétend qu'indiquer un certain rapport entre ces deux principes. De même il rattache en partie au désir du pouvoir l'amour de la tranquillité et le plaisir même de la vertu. « Une certaine élévation d'ame
« et un noble orgueil, dit-il, sont les sentimens na-
« turels de l'homme qui se sent la force de maîtriser
« ses passions et de n'obéir qu'aux conseils du devoir
« et de l'honneur. »

M. Dugald - Stewart place avec raison parmi les

désirs l'émulation ou le désir de supériorité, que l'on a coutume de ranger parmi les affections, parce qu'elle est ordinairement accompagnée de malveillance pour nos rivaux : mais l'affection malveillante n'est qu'une circonstance particulière ; le désir de supériorité est le principe actif. Quand l'émulation est accompagnée d'une affection malveillante, ce qui n'arrive pas toujours, elle prend le nom d'envie. M. Dugald-Stewart distingue soigneusement, d'après Butler, ces deux principes d'action : « L'émulation « est proprement le désir d'être supérieur à ceux « avec qui nous nous comparons : chercher à obte- « nir cette supériorité en rabaissant les autres, voilà « la notion distincte d'envie. »

Comme M. Dugald-Stewart distingue des appétits factices, il distingue aussi des désirs factices : ce qui nous fait obtenir l'objet de nos désirs naturels est, par cela même, désiré à son tour, et acquiert souvent avec le temps, dans notre opinion, une valeur indépendante. De là le désir de l'argent, des meubles riches, etc. Ce sont les désirs secondaires du docteur Hutcheson : leur origine s'explique aisément par le principe d'association.

M. Dugald-Stewart entend par affections tous les principes actifs dont la fin et l'effet direct est de causer du plaisir ou de la peine à nos semblables : de là la distinction de nos affections bienveillantes et malveillantes.

Les plus importantes de nos affections bienveillantes sont toutes les affections de famille, l'amour, l'amitié, le patriotisme, la bienveillance universelle, la pitié envers les malheureux, et les affections particulières qu'excitent les qualités morales, telles que le respect, l'admiration, etc.

M. Dugald-Stewart reconnaît que les recherches sur l'origine de nos affections sont très-curieuses : mais, toujours dirigé par l'esprit général de sa philosophie, il leur préfère de beaucoup celles qui ont pour objet la nature des affections, leurs lois et leur usage. Il admet bien que les diverses affections bienveillantes qu'il énumère ne sont pas toutes des principes primitifs et des faits irréductibles; il dit lui-même que plusieurs de ces affections peuvent se résoudre dans le même principe général, différemment modifié, selon la circonstance où il agit : mais il n'entre pas dans ces discussions intéressantes, et se contente de présenter de sages réflexions sur la nature et le caractère général des affections bienveillantes.

« L'exercice de toute affection bienveillante, dit-il,
« est accompagné d'un sentiment ou d'une émotion
« agréable; nous leur devons une si grande partie de
« notre bonheur, que les écrivains dont l'objet est
« d'occuper l'ame agréablement s'adressent surtout
« aux affections bienveillantes. De là le principal
« charme de la tragédie, et de toute espèce de com-
« position pathétique. »

Après avoir remarqué que les plaisirs des affections bienveillantes ne sont pas bornés aux affections vertueuses, et qu'ils se mêlent souvent à des faiblesses coupables, l'auteur ajoute que, « lors même que les « affections bienveillantes sont trompées et n'obtien- « nent pas leur objet, il y a encore un secret plaisir « mêlé avec la peine, et que le plaisir même domine ; « mais, malgré le plaisir attaché à l'exercice des af- « fections bienveillantes, l'intérêt n'est point la source « de ces affections. »

M. Dugald-Stewart arrive aux affections malveillantes. Il doute qu'il y ait dans l'ame d'autre principe inné de ce genre que le ressentiment. Le ressentiment est instinctif ou délibéré. Le ressentiment instinctif agit dans l'homme comme dans l'animal ; il est destiné à nous garantir de la violence soudaine, dans les circonstances où la raison viendrait trop tard à notre secours ; il s'apaise aussitôt que nous apercevons que le mal qu'on nous a fait était involontaire. Le ressentiment délibéré n'est excité que par l'injure volontaire, et par conséquent il implique un sentiment de justice, de bien et de mal moral. Le ressentiment qu'excite en nous l'injure faite à un autre s'appelle proprement indignation. Dans ces deux cas, le principe d'action est au fond le même ; il a pour objet, non de faire souffrir un être sensible, mais de punir l'injustice et la cruauté. Comme toutes les affections bienveillantes sont accompagnées d'émotions agréables, toutes les affections malveillantes sont accompagnées d'émotions pénibles. Cela est vrai même du ressentiment le plus légitime.

L'auteur termine la revue des principes actifs précédens par quelques réflexions sur les passions. « Le

« mot passion, dit-il, ne s'applique, dans sa rigueur,
« à aucun de ces principes actifs en particulier, mais
« à tous en général, quand il passe les bornes de la
« modération. C'est la théorie d'Aristote.

L'amour-propre vient ensuite. « Si la constitution
« de l'homme, dit M. Dugald-Stewart, n'était com-
« posée que des principes précédens, elle différerait
« peu de celle des animaux ; mais la raison met entre
« l'homme et l'animal une différence essentielle. L'a-
« nimal est incapable de prévoir les conséquences de
« ses actions; autant que nous en pouvons juger,
« il cède toujours à l'impulsion du moment : mais
« l'homme est capable d'embrasser d'une seule vue
« ses divers principes d'actions, et de se faire un plan
« de conduite. Or tout plan de conduite suppose le
« pouvoir de résister à un principe d'action particu-
« lier. Cette force de résister est l'amour-propre. Ce
« qui distingue encore, en général, l'homme de l'a-
« nimal, c'est que l'homme est capable de mettre à
« profit l'expérience du passé, de fuir les plaisirs
« dont il connaît les suites fâcheuses, et de se rési-
« gner à quelques maux présens dans l'espérance de
« grands avantages futurs ; en un mot, l'homme est
« capable de se former la notion générale du bon-
« heur, et de délibérer sur les moyens les plus sûrs
« pour y parvenir; l'idée même du bonheur implique
« que le bonheur est un objet désirable par lui-même,
« et par conséquent l'amour-propre est un principe
« d'action très-différent de ceux que nous avons con-
« sidérés jusqu'ici. Ceux-ci pouvaient venir de dispo-

« sitions naturelles arbitraires ; voilà pourquoi on les
« appelle principes ou penchans innés : mais le désir
« du bonheur appartient nécessairement à toute créa-
« ture raisonnable, et on peut l'appeler principe
« raisonnable d'action. » Le germe de cette remarque
ingénieuse et profonde se trouve dans Price.

Nous arrivons maintenant à cette classe de phénomènes qui constituent spécialement la moralité de
l'homme, et que pour raison l'auteur rapporte à un
principe particulier, qu'il appelle le principe moral
par excellence. Voici les considérations, c'est-à-dire
les faits, qui séparent le principe moral de tous les
autres principes aux yeux de M. Dugald-Stewart.

1° Il y a dans toutes les langues humaines deux
termes qui correspondent à ceux de devoir et d'intérêts, lesquels ont une signification tout-à-fait distincte.

2° Le spectacle du bonheur et celui de la vertu excitent en nous des impressions qu'il est impossible
de confondre.

3° Quoique le devoir et l'intérêt bien entendu
s'accordent généralement, et qu'après tout, même
ici-bas, la vertu soit la vraie sagesse, ce n'est pas là
une vérité qui se présente immédiatement à tous les
hommes. Elle est le fruit d'une longue expérience de
la vie, et ne se découvre que très-tard à la réflexion.
On ne peut donc ramener à cette connaissance tardive et assez rare de l'utilité de la vertu le sentiment
du devoir qui est commun à tous les hommes, et qui
se produit dès la première période de l'existence,

dans l'enfance même de la raison, avant que l'homme soit capable de s'élever à la notion générale du bonheur.

On a prétendu que les lois de la morale sont l'ouvrage des philosophes et des politiques, qui les ont répandues de bonne heure dans l'espèce humaine, et que ces lois ne paraissent naturelles qu'à la faveur de l'éducation, qui les enracine d'abord dans tous les cœurs; on invoque, en témoignage de cette doctrine, la diversité des opinions morales qui partagent les peuples, et celle des jugemens moraux dans des cas semblables. Mais d'abord le pouvoir si vanté de l'éducation a ses limites. Ensuite, comment l'éducation met-elle tant de variété parmi les caractères humains? C'est par l'association des idées. Or l'association des idées présuppose elle-même l'existence de sentimens primitifs, avec lesquels les circonstances extérieures doivent nécessairement se combiner pour agir sur l'homme, et lui imprimer des formes accidentelles. L'éducation diversifie les applications d'un principe, mais elle ne peut créer le principe. Les faits historiques que l'on allègue pour prouver que nos sentimens moraux sont des sentimens factices se trouvent faux à l'examen, ou conduisent même à des conclusions entièrement opposées à celles qu'on en prétend tirer; et quant à la diversité de nos jugemens moraux, on peut l'expliquer sans détruire les distinctions morales. M. Dugald-Stewart la rapporte à trois causes générales : 1° la diversité de civilisation ; 2° la diversité d'opinions sur d'autres sujets; 3° la différence de l'importance morale que présente la même action envisagée sous des points de vue différens.

Enfin, la doctrine qui réduit le devoir à l'intérêt mène immédiatement et inévitablement à cette conséquence, que le motif des actions humaines est au fond le même, que ce qu'on appelle vice et vertu, bien et mal, mérite et démérite; tout cela part du même principe. Or c'est un fait, que la nature humaine envisagée dans un pareil système excite en nous une profonde mélancolie; et comment expliquer le fait incontestable de cette impression pénible autrement que par un sentiment naturel du bien moral qui se révolte en nous? S'il est vrai qu'il n'y ait aucune distinction réelle entre la vertu et le vice, pourquoi y a-t-il des caractères que nous estimons et d'autres que nous méprisons? Pourquoi l'orgueil et l'intérêt nous paraissent-ils des motifs de conduite moins honorables que le patriotisme, l'amitié, et un attachement désintéressé à ce que nous croyons notre devoir? Pourquoi l'espèce humaine nous plaît-elle plus dans un système que dans un autre? C'est l'artifice ordinaire de certains moralistes de confondre le fait et le droit, et de substituer sans cesse une satire du vice et de la folie à une analyse philosophique de nos principes naturels. Mais quand on admettrait la vérité de leur peinture, la tristesse et le mécontentement qu'elle laisse dans l'ame démontreraient assez que nous sommes faits pour aimer et admirer le beau moral, et que cet amour et cette admiration sont des lois originelles de la nature humaine.

L'extrême simplicité de ces considérations n'en diminue point la solidité et la force. Pour les développemens dont elles auraient besoin, et qui leur manquent ici nécessairement, nous renvoyons le lecteur aux grands ouvrages de morale qui ont paru en Europe dans ces derniers temps, et qui tous, composés dans des vues si diverses par des hommes d'un esprit très-indépendant, étrangers l'un à l'autre, ou adversaires déclarés, se rencontrent pourtant sur ce point, que la vertu n'est point l'égoïsme. Qu'il nous soit permis d'en indiquer deux : l'un qui appartient à la France, et que pour cette raison nous nous faisons un devoir de tirer de l'injuste oubli où il est tombé, c'est une lettre de M. Turgot à M. de Condorcet, sur le livre d'Helvétius ; l'autre est *la Critique de la Raison pratique de Kant*, ouvrage que nous ne craignons pas de signaler comme le monument le plus imposant et le plus solide que le génie philosophique ait jamais élevé à la vraie vertu, à la vertu désintéressée.

S'il est facile de reconnaître que le principe moral est indépendant de l'amour-propre, il l'est beaucoup moins de déterminer la nature de ce principe, et de bien voir si ce que nous avons appelé indifféremment jusqu'ici sentiment ou notion du devoir est un sentiment ou une notion ; si la loi morale est fondée sur la raison ou sur cette partie secrète de notre nature qu'on appelle sensibilité morale ; si enfin la connaissance du bien et du mal est un instinct du cœur ou un jugement intellectuel.

Pour résoudre cette question il faut analyser exactement l'état de notre ame, lorsque nous sommes spectateurs d'une bonne ou d'une mauvaise action faite par nous-mêmes. Nous avons alors, selon M. Dugald-Stewart, la conscience de trois choses distinctes : 1° la perception absolue d'une action comme juste ou injuste en soi; 2° un sentiment de plaisir ou de peine qui varie dans ses degrés selon la délicatesse de notre sensibilité morale; 3° une perception du mérite ou du démérite de l'agent.

Avant d'exposer son opinion particulière sur la perception du juste et de l'injuste, M. Dugald-Stewart commence par une revue ingénieuse et profonde des principales opinions philosophiques qui ont tour à tour régné en Angleterre sur la nature de la justice. Hobbes la fondait sur les lois positives et les coutumes de chaque pays; Cudworth, qui le réfuta très-solidement, et rétablit la justice dans son indépendance absolue de toute circonstance externe, en rapporta l'origine à la raison, qui la découvre, selon lui, dans la nature même des choses. La théorie générale de Locke conduisait à placer l'origine des distinctions morales dans les idées du juste et de l'injuste. Si ce ne sont point des idées simples et irréductibles, mais des idées complexes et déduites, comme le prétend Locke, il faut bien qu'elles soient le développement plus ou moins éloigné d'un principe étranger qu'il s'agit de déterminer. L'*Essai sur l'entendement humain* ayant introduit dans la philosophie une précision de langage jusqu'alors inconnue, on était porté à rejeter l'opinion de Cudworth, parce qu'elle était enveloppée dans des termes vagues et obscurs. D'un autre côté, on repoussait les conséquences de la théorie de Locke, qui détruisait la réalité et l'immutabilité des distinctions morales. Afin donc de concilier Cudworth et Locke, quelques philosophes, Wollaston et d'autres, placèrent la vertu dans une conduite conforme à la vérité ou à la convenance des choses. Cette théorie de la conformité rappelle celle de Locke sur le jugement, qui n'est, selon lui, qu'une comparaison, une perception d'un rapport de convenance ou disconvenance entre deux idées : or, l'idée qui résulte de la comparaison de deux idées ne peut être une idée simple; ainsi l'idée du bien et du mal moral n'est plus une idée simple, originelle, primitive, ce qui satisfait la théorie de Locke; et cependant, comme cette idée est l'expression d'un rapport aperçu par la raison selon les dernières théories, et conséquemment, comme cette idée est vraie de toute vérité, la vérité n'étant et ne pouvant être qu'une perception de rapports, il s'ensuit que la vérité des idées morales est sauvée, et que l'esprit de la morale de Cudworth se trouve réconcilié avec l'esprit de la psychologie de Locke. Hutcheson a très-bien montré que l'idée qui résulte de la perception d'un rapport entre deux idées, peut se résoudre dans l'une ou l'autre de ces idées ; que le procédé qui la découvre, c'est-à-dire qui perçoit le rapport, est un procédé ultérieur qui distingue et classe les idées premières, lesquelles sont fournies par les sens externes ou internes; c'est donc là, et dans les sens internes, selon Hutcheson, qu'il faut chercher les notions premières du bien et du mal, comme celles du beau. De là la théorie du sens moral. Or, comme les sens externes ou internes ne donnent et ne peuvent donner rien d'absolu, les notions du bien et du mal, dans la théorie de Hutcheson, ne sont, par rapport à leur sens, que ce qu'une saveur est par rapport au sien. Dès lors les distinctions morales relatives à notre sensibilité interne, et soumises par là à toutes ses variétés et ses inconstances, deviennent arbitraires, différentes chez les différens hommes et dans le même homme; et si l'on soutient avec Burke, dans sa dissertation sur le goût, que la sensibilité est la même chez tous les hommes en état de santé et de raison, on ne peut nier toutefois que ces perceptions ne soient purement personnelles et relatives, et conséquemment qu'elles ne peuvent fonder des vérités immuables et éternelles.

C'est pour éviter ces conséquences, qui découlent de la théorie de Hutcheson, que Price a fait revivre la doctrine de Cudworth, et qu'il a érigé la raison en une faculté spéciale, de laquelle dérivent des idées simples. Cette théorie est très-différente de celle de Locke, qui place les idées morales sous l'empire de la comparaison, et de cette comparaison quelquefois appelée comparaison discursive ou raisonnement, laquelle, comme l'a montré le docteur Hutcheson, tire des conséquences, mais ne fournit point de principes. La raison de Price ne travaille pas sur des principes étrangers ; elle-même suggère des idées simples qui deviennent les principes du raisonnement. Elle n'agit pas consécutivement, mais primitivement, et ses produits sont des rapports immuables et éternels. M. Dugald-Stewart ne s'éloigne point de cette opinion ; il ne voit aucun inconvénient à appeler raison en général notre nature intellectuelle, et à lui rapporter immédiatement ces notions simples et primordiales, qui ne dérivent ni de l'opération des sens, ni de déductions rationnelles, mais qui se développent d'elles-mêmes dans l'exercice de nos facultés intellectuelles. C'est à la raison ainsi considérée qu'on peut rapporter le principe de causalité, et plusieurs autres qui ne sont le fruit ni du raisonnement ni de l'exercice des sens.

Peu importe, dit M. Dugald-Stewart, de quelle expression particulière on désigne cette faculté qui perçoit le juste et l'injuste, pourvu qu'on admette ce fait psychologique incontestable, que nous percevons les notions du juste et de l'injuste immédiatement et intuitivement, sans les déduire d'aucune autre notion ou principe, et que ces notions simples nous paraissent revêtues du caractère de la nécessité et de l'immutabilité, comme les notions fondamentales des mathématiques. L'immutabilité des distinctions morales n'a pas été seulement mise en question par les moralistes sceptiques, mais par quelques philosophes, qui, pour glorifier la Divinité, ont prétendu que le devoir n'était devoir que parce qu'il était ordonné par elle, ne voyant pas que ce qu'ils ajoutent à la puissance de la Divinité, ils le retranchent à sa justice, qui n'a plus de base si les distinctions morales ne sont point immuables et éternelles.

M. Dugald-Stewart décrit avec la même précision les deux autres parties du fait moral, confondues jusques-là dans le phénomène complexe qui les enveloppe. Le philosophe écossais les dégage, les distingue et les classe. Il analyse d'abord les sentimens attachés à la perception absolue du juste et de l'injuste.

Il est impossible, dit-il, de voir ou de faire une bonne action sans avoir la conscience d'une affection bienveillante envers l'agent; et comme toutes nos affections bienveillantes sont agréables, toute bonne action est une source de plaisir pour l'auteur et pour le spectateur. En outre, les sentimens agréables d'ordre, de paix, d'utilité universelle, s'associent par la suite à l'idée générale d'une conduite vertueuse; et c'est ce cortège de sentimens agréables qui constitue ce que les moralistes ont appelé la beauté de la vertu. Le sentiment qui dérive de la contemplation de la beauté morale étant infiniment plus délicat et plus exquis que celui de la beauté physique, quelques philosophes ont avancé que la beauté physique n'est autre chose qu'une application et en quelque sorte un reflet de la beauté morale, et que les formes des objets matériels ne nous plaisent que par l'entremise des idées morales qu'elles éveillent en nous. C'était la doctrine favorite de l'école de Socrate. Quelque opinion que l'on adopte sur cette question spéculative, on ne peut nier que la justice et la vertu ne soient le spectacle le plus touchant pour le cœur de l'homme, et que leur beauté n'efface toutes les beautés de l'univers matériel.

Non-seulement les actions vertueuses sont accompagnées d'un sentiment agréable, elles sont encore inséparables du sentiment du mérite de l'agent, c'est-à-dire qu'il nous est impossible de ne pas croire que l'agent vertueux mérite l'amour et l'estime, et qu'il est digne de récompense : nous sentons que c'est un devoir pour nous de le faire connaître, d'appeler sur lui la faveur et le respect ; et si nous négligeons de le faire, nous sentons que nous commettons une injustice. Au contraire, lorsque nous sommes témoins d'un trait d'égoïsme, et, en général, d'une action criminelle, qu'elle tombe sur d'autres ou sur nous, nous avons de la peine à retenir l'emportement naturel qui nous saisit, et à ne pas punir le coupable. Nous-mêmes, quand nous avons bien fait, nous sentons que nous avons des titres légitimes à l'estime de nos semblables ; et quand cette estime nous manque, nous croyons que nous sommes approuvés par le témoin invisible de toutes nos actions ; nous anticipons les récompenses dont nous nous jugeons dignes, et nos regards se portent vers l'avenir avec confiance et espérance. Il ne faut pas confondre les remords qui accompagnent le crime avec les sentimens désagréables qui en sont inséparables. Le remords, qui implique pour le coupable le sentiment du démérite, est la terreur d'un châtiment futur. Le sentiment du mérite et du démérite est une preuve de la liaison que Dieu a établie entre la vertu et le bonheur; mais l'homme sage et vertueux ne doit pas attendre en sa faveur des interventions miraculeuses : il sait qu'une récompense lui est due; et quand elle lui échappe ici-bas, il reconnaît l'effet des lois générales de l'univers, il se soumet sans murmure à l'ordre des choses, songe à l'avenir, et se console. C'est une erreur du vulgaire de croire que la bonne ou mauvaise fortune est attachée sur la terre au crime et à la vertu; mais cette erreur naturelle et universelle est une preuve frappante de la liaison qui existe dans l'esprit humain entre les notions de bien et de mal et celles de mérite et de démérite.

Tels sont les trois phénomènes distincts dont se compose le phénomene moral, selon M. Dugald-Stewart; j'ajoute que c'est pour ne l'avoir point embrassé dans toutes ses parties, et pour avoir considéré une de ces parties exclusivement à toutes les autres, que les philosophes ont été si long-temps divisés sur le principe constitutif de la morale. Comme il y a trois parties dans le fait moral, de même il y a trois systèmes qui correspondent à ces trois phénomènes. Le stoïcisme et le kantisme, ne considérant que la perception absolue du juste et de l'injuste, la loi immuable et éternelle du bien et du mal, négligent les deux circonstances qui accompagnent la notion du devoir, et se renferment dans cette inflexibilité morale qui n'est ni exagérée ni fausse, comme on l'a répété trop souvent, mais qui ne rend point compte du cœur humain tout entier. Le seul défaut de la morale de Zénon et de Kant est d'être exclusive ; mais elle est très-vraie dans ce qu'elle admet, et si elle ne reproduit pas toutes les parties du fait moral, elle établit admirablement la partie fondamentale de ce fait, sans laquelle les deux autres ne peuvent avoir lieu. D'un autre côté les disciples de Socrate, Platon, Shaftesbury, Rousseau, Mendelshon, frappés de ce phénomène singulier de bonheur attaché à l'exercice de la justice, se sont plus occupés du beau que du sublime en morale. Mais cette école, qui se recommande par un enthousiasme si noble et si pur, ne l'établit pas toujours assez rigoureusement, et tombe quelquefois dans la déclamation. On a fait contre la morale de cette école, qu'on peut appeler la morale du sentiment, une objection assez spécieuse, qui tend à la ramener, par un détour, à la morale de l'intérêt. Chercher les plaisirs de la vertu, a-t-on dit, c'est encore chercher le plaisir; c'est l'amour-propre sous une autre forme, un égoïsme un peu plus délicat, le raffinement et la perfection de l'épicuréisme. C'est toujours l'intérêt, mais l'intérêt bien entendu. Voici ma réponse : Sans doute le bonheur le plus pur, la volupté la plus exquise, sont attachés à l'exercice de la vertu, mais de la vertu désintéressée; c'est là ce qu'il faut bien saisir : et la vertu n'est plus désintéressée quand on ne la pratique point pour elle-même, mais pour ses résultats, qui nous échappent alors; de sorte que le moyen infaillible de manquer les plaisirs de la vertu, c'est de les rechercher immédiatement.

La troisième partie du phénomène moral, considérée exclusivement, a donné naissance à cette école de philosophes qui, convaincus du mérite absolu des actions vertueuses, et les trouvant mal appréciées par les hommes, se réfugient dans l'espoir d'une autre vie, et s'appliquent à mériter d'avance les récompenses futures de la justice divine. La troisième partie du fait moral en est la partie religieuse. On voit de suite que la morale religieuse présuppose la morale de la justice qu'elle accompagne, mais qu'elle ne constitue point. La religion est le complément et non la base de la justice. La justice même est plus indépendante de la religion que la religion de la justice, la partie intégrante du fait moral étant la loi absolue du devoir; celle-ci existe, ou du moins pourrait exister sans les circonstances qui l'accompagnent, mais les circonstances ne sont rien sans elle. Comme il y a des philosophes qui ont placé trop exclusivement la morale dans la religion, il y en a aussi qui ont trop séparé la religion de la morale, et qui, sans ôter à la vertu sa base, l'ont dépouillée de ses hautes perspectives, et l'ont involontairement affaiblie en la mutilant. La justice, ses jouissances et ses mérites, voilà la morale tout entière. Les trois parties du fait moral existent très-réellement, puisqu'on les retrouve isolément dans le cœur de tous les hommes et dans les livres des philosophes. Les ames religieuses démontrent que le sentiment religieux est un fait incontestable. L'enthousiame de la beauté morale démontre que la beauté morale n'est point une chimère;

et l'âpre attachement de certains caractères à la loi absolue du devoir, sans regard aux jouissances externes ou internes qu'elle procure, ni même à l'approbation et aux récompenses divines, cet attachement désintéressé prouve l'existence de la loi absolue du devoir. La psychologie morale, qui n'a aucune vue systématique, qui constate ce qui est et tout ce qui est, recueille ces trois phénomènes, les décrit avec les caractères qui leur sont propres, marque leurs rapports et leur harmonie, parce que cette harmonie est elle-même un fait; et le phénomène moral, ainsi analysé, rapproche tous les hommes vertueux en expliquant les différences de sentiment et de principes qui les séparent, et concilie toutes les doctrines morales dans le centre commun d'un sage éclectisme, où chacune d'elles rencontre son complément et sa perfection.

Après avoir décrit le principe moral, l'obligation qu'il implique et les trois faits qu'il comprend, M. Dugald-Stewart passe à quelques autres principes particuliers, qui concourent avec le principe moral, et facilitent son action. Les principes les plus importans de cette espèce sont : 1° le regard à l'opinion, ou la décence, 2° la sympathie, 3° le sentiment du ridicule, 4° le goût, 5° l'amour-propre. L'auteur revient sur ce dernier principe, qui, dans l'économie morale, sert à la vertu. Nous ne suivrons pas l'auteur dans les développemens intéressans auxquels il se livre sur chacun de ces principes : son objet spécial est de montrer que ces principes accessoires secondent le principe moral, mais ne peuvent le constituer; et cette impossibilité a été suffisamment démontrée d'avance par l'analyse fidèle et complète de la perception morale.

M. Dugald-Stewart termine la première partie de son ouvrage par quelques mots sur la liberté, qui se trouvent dans tous les livres de métaphysique. Je ne les répèterai point ici : l'auteur avoue lui-même qu'il indique son opinion sans la prouver; et je ne crois pas qu'elle ait besoin de preuve; car si la liberté n'est pas sentie irrésistiblement, c'est une chimère à laquelle aucun argument ne pourra donner de la réalité.

Suivons maintenant M. Stewart dans l'analyse de nos devoirs particuliers, c'est-à-dire dans les détails qui composent la seconde partie de son ouvrage.

Le principe moral obligatoire établi, M. Dugald-Stewart recherche quels sont les différens objets auxquels il s'applique. Il entre dans l'examen de nos devoirs particuliers; et d'abord il écarte les systèmes qui tirent tous les devoirs d'un devoir unique, soit l'amour-propre, soit la bienveillance; il attribue ces différens systèmes à la manie de l'unité, et montre qu'en voulant ramener tous les devoirs à un seul, on est contraint d'en défigurer un grand nombre pour les soumettre au principe unique, et de détruire ceux qui résistent à ces transformations systématiques; mais il n'atteint pas le vrai principe du mal, qui est et plus profond et plus funeste. La plupart des philosophes ayant rejeté ou négligé la notion absolue du devoir, et n'ayant pu voir par conséquent que tous les devoirs particuliers sont également obligatoires par leur rapport immédiat au devoir absolu, ont cherché à transporter l'obligation des uns aux autres, en en faisant une chaîne rattachée à un devoir spécial, qui engendre et qui soutient tous les autres. Mais les devoirs sont égaux, quoiqu'ils soient différens; ils ont la même autorité, puisqu'ils obligent immédiatement et par eux-mêmes; et c'est l'abus de cette vérité qui avait produit le principe stoïque, que les fautes sont égales parce que les devoirs sont égaux. En effet, toutes les fautes sont également des fautes, c'est-à-dire des infractions à la loi absolue du devoir, contenue toute entière dans chaque devoir particulier; mais toutes les fautes ne déméritent pas également, comme toutes les vertus ne sont pas également méritoires. La loi du devoir n'admet ni plus ni moins en présence de telle ou telle action; elle éclaire et elle oblige; elle ne s'occupe ni des difficultés, ni des moyens, ni des suites; elle ne calcule point avec nous, elle nous commande; parce qu'elle n'a pas, à proprement parler, de rapport avec nous, mais avec l'action, dont elle nous manifeste le caractère obligatoire. Quand la loi est accomplie, le principe du mérite et du démérite intervient, qui apprécie les efforts et les sacrifices de l'agent moral, et lui distribue à proportion le blâme ou l'éloge; de sorte que tous les devoirs, quoique également obligatoires en eux-mêmes, n'ayant pas toujours imposé à la passion ou à l'amour-propre les mêmes sacrifices, ont plus ou moins mérité ou démérité. La loi qui oblige un homme riche à rendre à son ami malheureux les soins qu'il en reçut jadis est la même que celle qui oblige le citoyen à se déchirer les entrailles quand la patrie a parlé, qui envoie Régulus mourir à Carthage, et qui expose le sein de d'Assas aux baïonnettes de l'ennemi. Ces devoirs sont égaux, puisqu'ils sont devoirs; mais leur accomplissement n'est pas également méritoire. Pour avoir méconnu le principe du mérite et du démérite, le stoïcisme s'est ruiné lui-même, et cette haute morale n'a été qu'un système philosophique, quand elle eût pu devenir une des formes de l'humanité. Kant aurait dû méditer plus long-temps l'exemple de Zénon et les résultats de sa doctrine. Moins forte, mais plus prudente que le portique et le criticisme, l'école écossaise, en reconnaissant la loi du devoir, ne rejette point celle du mérite ou du démérite; peut-être trop peu absolue pour l'esprit humain, cette sage école se contente de prévenir les écarts systématiques et de repousser les fausses théories, sans atteindre toujours à leur véritable racine. Ici, comme ailleurs, M. Dugald-Stewart, sans assigner l'origine philosophique des systèmes qui font dériver les devoirs d'un devoir unique, condamne ces tentatives ambitieuses, et adopte la division ordinaire, qui classe les devoirs par rapport à leurs objets les plus importans; savoir, Dieu, les autres, et nous-mêmes.

Avant d'examiner les devoirs de l'homme envers Dieu, M. Dugald-Stewart établit d'abord l'existence de Dieu. C'est ici la théologie naturelle de l'école écossaise.

Du milieu des preuves diverses employées pour établir l'existence de Dieu, M. Dugald-Stewart, après Reid, dégage les deux argumens ou principes sur lesquels elle repose ; savoir, le principe de causalité et celui des causes finales. Une fois que ces principes sont établis et leur autorité absolue démontrée, la religion naturelle est hors de péril. Il s'agit donc d'établir solidement le principe de causalité et celui des causes finales.

Hume est le premier qui, en réduisant la notion de cause à l'idée de succession, a détruit l'autorité du principe de causalité, et, par là, ébranlé toutes les existences qui reposent sur ce principe.

Hume emploie constamment une méthode fautive en elle-même, et dangereuse par ses conséquences. Au lieu de constater d'abord, en observateur sévère, quels sont les principes qui existent aujourd'hui dans l'intelligence humaine développée, de les distinguer et de les classer selon leurs caractères actuels, et de remonter ensuite à leur origine, seule marche qui soit rigoureuse et vraiment philosophique, le disciple de Locke commence par chercher l'origine de nos connaissances, avant de les avoir bien reconnues, s'exposant au risque de rencontrer une fausse origine, qui corrompe à leur source toutes les connaissances, et de perdre la réalité actuelle pour avoir voulu obtenir trop tôt ses caractères primitifs ; car on peut ne pas trouver l'origine d'un principe, et, par là, être conduit à le rejeter ; ou on obtient une fausse origine, qui ne rend pas la réalité actuelle, qui lui ajoute ou qui lui ôte ; ou, enfin, lors même qu'on a obtenu le primitif véritable, on peut encore ne pas saisir ou mal saisir le procédé qui le développe ou nous conduit aux connaissances actuelles. On peut se tromper et sur le point de départ et sur la route ; et, dans ces deux cas, on ne peut arriver philosophiquement où nous nous trouvons aujourd'hui. Il est donc plus sage de reconnaître d'abord où nous en sommes, et de rechercher ensuite le point d'où l'esprit humain est parti, et la route qu'il a suivie. Si on se trompe dans ces diverses recherches, on manque la vérité primitive, mais du moins on conserve la vérité présente ; et quand celle-là nous reste, on peut toujours regagner l'autre, tandis que la perte de la première nous enlève le point fixe et le centre de toutes nos recherches. Locke, qui s'occupa d'abord de l'origine des connaissances humaines, leur ayant trouvé une fausse origine, une origine incomplète, ce qui était à peu près inévitable, puisqu'il n'avait pas commencé par reconnaître toutes nos connaissances actuelles, refusa d'admettre celles qui ne dérivaient pas de son hypothèse, et rejeta tous les principes qui ne pouvaient être expliqués par l'origine générale qu'il avait assignée à tous les principes ; de là ses omissions étranges, ses assertions sceptiques, triste fruit de l'esprit de système, et les contradictions fréquentes que son bon sens arrache à sa logique. Le système de Locke conduit logiquement au scepticisme; mais Locke était trop sage pour être conséquent. Deux hommes d'une raison plus sévère, ont poussé le système de Locke à ses conséquences légitimes. Personne n'ignore aujourd'hui que c'est en partant des principes de Locke que Berkeley détruisit l'existence des corps, et ne conserva que des apparences extérieures. Hume acheva ce qu'avait commencé Berkeley, et, toujours conséquent aux principes de Locke, ne reculant devant aucun résultat avoué par la logique, il aboutit au scepticisme universel.

De toutes ses dissertations sceptiques, la plus conséquente et la plus forte est celle dans laquelle il attaque le principe de la causalité. Il ne s'occupe point de savoir si ce principe est ou n'est pas dans l'intelligence humaine, et quels y sont ses caractères actuels; il recherche d'abord son origine.

Comme toutes nos idées dérivent de la réflexion ou de la sensation, selon la théorie de Locke, adoptée par Hume, l'idée de cause doit dériver de l'une ou de l'autre de ces deux sources, ou c'est une chimère. Or, on ne peut montrer mieux que Hume ne l'a fait que l'idée de cause ne peut venir de la sensation, qui nous manifeste des conjonctions accidentelles, et non pas des connexions réelles. Reste donc la réflexion. Mais sur quoi s'exerce la réflexion ? sur des sensations. Or les sensations ne contiennent pas l'idée de cause; la réflexion ne peut donc l'y découvrir. L'idée de cause se réduit donc à celle de succession; et les mots de pouvoir, d'efficacité, de causalité, de connexion, sont des mots vides de sens. M. Dugald-Stewart n'a besoin que du plus simple bon sens pour rétablir l'autorité de ces notions, en dépit de la théorie de Locke, à laquelle il faut encore mieux renoncer que de révoquer en doute ou de traiter d'extravagance les conceptions nécessaires de l'esprit humain. La question, dit M. Dugald-Stewart, est de savoir s'il est certain que nous attachons au mot *pouvoir* une idée différente de celle de simple succession : or, si l'idée de cause est celle de succession, il serait aussi absurde de supposer désunis deux évènemens jusqu'alors conjoints, que de supposer qu'un changement arrive sans cause; cependant la première supposition se fait tous les jours, et le bon sens prononce que la seconde est impossible.

L'école d'Édimbourg a rendu à la philosophie des services inappréciables, en donnant à ses méthodes l'exactitude et la rigueur de la méthode des sciences naturelles; mais elle s'est renfermée trop scrupuleusement dans les limites de ses prudentes observations : de peur de s'égarer, elle s'est arrêtée devant la question de l'origine de nos connaissances. Cependant l'esprit humain ne peut se reposer dans la tranquille contemplation de ses connaissances actuelles; il veut savoir ce qu'elles furent à leur origine : tant que ce besoin n'est pas satisfait, il lui reste une inquiétude vague, qui trouble sa conviction sur tout le reste. C'est pour avoir négligé le problème de l'origine des connaissances, et pour s'être trop aisément satisfaite sur un autre problème plus difficile encore, celui de

leur légitimité, que l'école écossaise n'a pas joué dans la philosophie européenne un rôle plus considérable. Pourquoi M. Dugald-Stewart, après avoir solidement établi l'existence actuelle du principe que rien ne commence à exister sans cause, ne cherche-t-il pas plus profondément l'origine de ce principe ? « Ce qu'on peut dire de plus probable, se-
« lon lui, semble être que l'idée de cause ou de pou-
« voir accompagne nécessairement la perception d'un
« changement, comme toute sensation implique un
« être qui sent, et toute pensée un être qui pense.
« Le pouvoir de commencer le mouvement, par exem-
« ple, est un attribut de l'ame, aussi bien que la sen-
« sation et la pensée ; et toutes les fois que le mou-
« vement commence, nous avons l'évidence que c'est
« l'ame qui le produit. »

Ce passage, que je traduis littéralement, est très-remarquable par l'incertitude même de l'opinion qu'il contient, le soupçon qu'il indique, et les idées qu'il peut faire naître. M. Dugald-Stewart a très-bien vu que l'idée de cause est d'abord puisée à l'intérieur ; c'est déjà un grand pas : mais on voudrait savoir si c'est la conscience qui l'y saisit par une aperception immédiate, ou si c'est une loi spéciale de notre nature qui nous y fait croire, comme paraît l'insinuer M. Dugald-Stewart, en rapprochant l'idée de cause de celle de substance, laquelle, selon lui-même, est de croyance et non d'aperception. Il aurait aussi fallu reconnaître et décrire avec une psychologie plus profonde que celle de M. Dugald-Stewart, les circonstances internes qui accompagnent cette aperception ou cette croyance; il aurait fallu examiner si le mouvement qui en est l'objet est un mouvement intellectuel ou un mouvement physique, et, supposé qu'il soit physique, si c'est un mouvement externe, visible aux yeux du corps, ou un mouvement interne, seulement aperceptible et appréciable par la conscience; question psychologique très-épineuse, et dont la solution même ne lèverait pas encore toutes les difficultés relatives au principe de causalité; car, supposé que l'idée de cause soit une aperception primitive, comment de l'aperception de la cause sommes-nous parvenus à la conception du principe nécessaire de causalité? Il ne suffit point, en effet, d'avoir atteint le primitif; il faut saisir aussi le procédé par lequel nous parvenons du primitif à l'actuel, si je puis m'exprimer ainsi. Le principe actuel de causalité à établir, tel est le premier problème; la première idée de cause à acquérir, voilà le second problème; et le procédé intermédiaire, qui lie l'actuel au primitif, à reconnaître et à décrire, constitue un troisième problème plus difficile que les précédens. Sur le premier, l'école écossaise est admirable, elle est faible sur le second : elle n'a pas aperçu le troisième, qui peut-être aussi ne devait pas exister pour elle. Passons au principe des causes finales.

Le chapitre de M. Dugald-Stewart n'offre sur les causes finales rien de remarquable. Les argumens sceptiques de Hume y sont réfutés avec le bon sens ordinaire à l'auteur; cependant le principe reste obscur, parce que M. Dugald-Stewart a négligé de l'énoncer sous une forme plus simple et plus rigoureuse, de décrire avec plus de précision ses caractères actuels, et de remonter à ses caractères primitifs.

Le principe de causalité et celui des causes finales appliqués à la nature, nous manifestent un Dieu, et un Dieu intelligent. Appliquez-les à la nature morale de l'homme, ils nous révèleront un Dieu juste ; induction rigoureuse et sublime, qui rattache la justice humaine et la justice suprême. L'auteur rencontre sur son chemin la question du bien et du mal, qui a fatigué tant d'esprits supérieurs, et la résout simplement, pour le bien et le mal moral, par la liberté, pour le bien et le mal physique par les lois générales du monde et les conseils particuliers de Dieu sur l'homme : seconde raison, qui vaut encore mieux que la première ; car des lois générales, souvent funestes aux individus, seront difficilement conciliées avec la bonté et la puissance suprême ; mais quand les lois de la nature, qui nous imposent la souffrance, sont rattachées à la loi morale, qui nous impose la résignation, le courage, l'humanité, et au dessein d'un Dieu moral, qui a fait l'homme dans un but moral, alors beaucoup de difficultés sont écartées : le voile se lève, ou du moins s'entr'ouvre, et les ténèbres de la vie s'éclaircissent.

Pour compléter la théorie de la religion naturelle, il reste au philosophe écossais, après avoir établi l'existence de Dieu et ses attributs moraux, à établir l'existence d'une vie future ou l'immortalité de l'ame.

On se fonde trop, selon M. Dugald-Stewart, sur l'immatérialité de l'ame pour démontrer son immortalité. De ce que l'ame est immatérielle, il ne s'ensuit pas qu'elle soit nécessairement immortelle, mais seulement qu'il est possible qu'elle existe indépendamment du corps, et par conséquent qu'elle lui survive, ce qui est un degré pour arriver à concevoir qu'elle lui survit en effet.

Pour reconnaître que l'ame est immatérielle, il suffit de considérer attentivement les qualités par lesquelles nous connaissons l'ame et la matière; car toutes nos idées des êtres sont purement relatives, et nous ne les distinguons que par la diversité des caractères qu'ils nous présentent. Or, à moins de confondre les opérations internes que la conscience nous manifeste, avec les qualités extérieures que les sens nous font apercevoir, on est forcé de reconnaître la distinction des deux mondes. Si nous les confondons quelquefois aujourd'hui; c'est que, dès nos plus tendres années, les opérations de notre esprit, sans cesse dirigées vers les objets extérieurs, et appliquées à l'observation de qualités sensibles, se sont, pour ainsi dire, teintes de leurs couleurs et confondues avec elles par des liens qui, resserrés de jour en jour et prolongés à travers les années de l'âge mûr par l'inattention et l'habitude, enchaînent et subjuguent la raison elle-même. La tendance qu'ont tous les hommes à rapporter la sensation de couleur aux objets qui l'excitent est un exemple célèbre de cette illusion naturelle, qui confond les caractères des phénomènes internes avec ceux des phénomènes extérieurs. Mais quand on sort des habitudes de l'enfance, quand on résiste enfin à cette pente de l'imagination qui entraîne l'intelligence faible encore et mal assurée, quand on rentre en soi-même et qu'on se replie sur ses facultés, sur leurs opérations et sur leurs lois, la réflexion détruit bientôt ce tissu de vaines analogies qui éblouissent des regards superficiels; les phénomènes internes se dégagent, et le matérialisme paraît dans toute son absurdité. Il paraît alors si absurde que la raison a peine à le concevoir; et ce n'est plus le matérialisme qu'il faut craindre pour elle; c'est bien plutôt l'excès contraire, qui ne reconnaît dans l'univers d'autre existence que celle de l'esprit, système qui ne contredit que les perceptions des sens, tandis que l'autre contredit celles de la conscience elle-même, et qui a du moins pour lui quelques argumens tirés du phénomène du rêve; au lieu qu'aucun exemple ne nous montre le sentiment et la pensée sortant de la combinaison de particules matérielles.

L'ame peut donc être immortelle, puisqu'elle est immatérielle; mais quelles sont les raisons directes qui établissent l'immortalité de l'ame? Voici celles que je trouve dans M. Dugald-Stewart :

1° Le désir naturel de l'immortalité, et les idées d'avenir qui sont contenues implicitement dans l'espérance.

2° Les appréhensions naturelles de l'ame dans le phénomène du remords.

3° Ce contraste de la convenance parfaite de la condition des animaux avec leurs instincts et leurs facultés sensitives, et de la disconvenance de l'état actuel de l'homme avec ses facultés et les notions de félicité et de perfection dont il est capable.

4° Les préjugés légitimes que nous fournissent les principes de notre nature, en faveur d'un perfectionnement progressif et illimité.

5° L'explication naturelle que l'hypothèse d'un état futur présente à la raison de ce pouvoir qu'elle a d'atteindre dans ses conceptions les parties les plus éloignées de l'univers, de se frayer des routes à travers l'immensité de l'espace et du temps, et de s'élever à l'idée de l'existence et des attributs d'une Providence suprême; pouvoir extraordinaire, qui, sans l'hypothèse d'une autre vie, ne semble nous avoir été accordé que pour nous faire prendre cette vie en mépris et en dégoût.

6° Le contraste de nos sentimens et jugemens moraux, avec le cours des affaires humaines.

7° L'inconséquence qu'il y a de supposer que les lois morales, qui président aux affaires humaines, n'ont aucune portée au-delà des limites de leur scène actuelle, lorsque toutes les lois qui président à cette partie du monde physique que nous apercevons paraissent tenir à un système universel.

M. Dugald-Stewart termine ces différentes considérations en disant qu'il n'y en a pas une peut-être qui soit capable par elle-même d'établir la vérité qu'elle concourt à démontrer; mais que l'harmonie de toutes ces considérations réunies devient un argument irrésistible : car non-seulement elles donnent toutes la même conclusion, mais elles s'éclairent et se soutiennent l'une l'autre, et elles ont entre elles un accord qu'on ne peut supposer à une série de fausses propositions.

Des principes de la religion naturelle, l'auteur passe aux devoirs qu'ils imposent.

Comme c'est l'étude de la puissance, de la sagesse et de la bonté divine manifestées dans ce monde, qui est le fondement de nos sentimens et de nos devoirs religieux, cette étude elle-même est un devoir pour tout être raisonnable et moral, qui reconnaît l'existence d'un Être suprême.

Suivent divers préceptes que M. Dugald-Stewart donne pour des propositions évidentes par elles-mêmes. 1° La Divinité étant le type de l'excellence morale, nous devons ressentir pour elle l'amour, la confiance et la reconnaissance qu'obtiennent de nous les qualités morales de nos semblables ; car c'est en concevant tout ce qu'il y a dans l'homme de plus honorable et de plus aimable, porté à la plus haute perfection, que nous pouvons nous faire une idée de la sainteté divine. Un respect habituel et une sorte d'amour pour la Divinité peuvent donc être considérés comme un complément nécessaire à la vertu de l'homme, et un devoir spécial. 2° Bien que la religion ne soit pas l'unique fondement de la morale, cependant lorsqu'on est convaincu que Dieu est infiniment bon, qu'il est l'ami et le protecteur de la vertu, cette croyance est d'un grand secours dans la pratique de nos devoirs; alors nous considérons la voix de la conscience comme celle de Dieu lui-même; et les devoirs qu'elle impose, comme les ordres de l'Être infiniment bon, qui n'a d'autre objet que le plus grand bonheur et la plus grande perfection de toutes choses. 3° L'espérance du bonheur dans une autre vie, et la crainte des châtimens futurs, font de la religion une sanction à la vertu extrêmement utile, peut-être même nécessaire. 4° Enfin, le sentiment religieux, quand il est profond et sincère, doit nous faire soumettre entièrement notre volonté à celle de Dieu, et nous faire considérer les événemens même les plus affligeans comme destinés à notre perfection et notre bonheur.

Je suis loin de contester ce qu'on vient de lire sur nos devoirs religieux; cependant je demanderai si, dans une classification générale de nos devoirs, ceux envers la Divinité ne devraient pas venir à la suite de tous les autres, puisqu'ils en sont et le couronnement et la fin. Nos devoirs directs et immédiats sont envers les autres et envers nous-mêmes : comme toute vertu a pour raison, pour substance et pour idéal, la Divinité elle-même, accomplir nos devoirs envers les autres et envers nous-mêmes, c'est accomplir la loi divine et nos devoirs envers la sainteté suprême. Nos devoirs qui, sans la connaissance de Dieu, seraient encore obligatoires comme devoirs de conscience, deviennent des devoirs religieux quand nous nous élevons à l'idée de Dieu. On aurait donc pu commencer par développer nos devoirs humains, directs et immédiats, et leur donner ensuite pour complément la volonté divine; et quand Dieu aurait été conçu comme l'auteur même de la loi morale et le dispensateur de la vie future, c'est alors qu'avec les devoirs humains, qui se rapportent à lui, puisqu'ils sont la voix de la Divinité elle-même, on aurait établi des devoirs spéciaux et immédiats envers Dieu, dérivés du nouveau rapport sous lequel il aurait été conçu : ce serait suivre plus rigoureusement l'ordre d'acquisition de nos différens devoirs. Le philosophe écossais a préféré suivre l'ordre de leur importance, et il y a sans doute de la grandeur à placer ainsi la Divinité à la tête de la morale; mais il y a aussi cet inconvénient qu'on fait rejeter la morale à ceux qui rejetteraient la religion, et la religion à ceux qui ne l'admettent qu'avec la morale ou après la morale. Encore une fois, nous n'allons pas de la conception de Dieu à la conception de l'obligation morale, car ce serait aller de la conséquence au principe. Otez le devoir du cœur de l'homme, vous en arrachez Dieu.

Passons à nos devoirs envers les autres et envers nous-mêmes. Les principaux devoirs qui nous sont imposés envers les autres sont, d'après M. Dugald-Stewart, la bienveillance, la justice et la véracité. Ces devoirs sont distincts les uns des autres, et l'objet spécial de M. Dugald-Stewart est de marquer leur différence. Le système philosophique qui tire la vertu de l'égoïsme, effraya tellement quelques moralistes que, pour l'éviter, ils se jetèrent dans le système contraire, qui tire toutes les vertus de la bienveillance, et l'obligation que nous imposent les devoirs moraux, de leur utilité générale pour la société. Mais si ces derniers devoirs, la reconnaissance, la véracité, la justice, ne sont point immédiatement obligatoires, s'ils ne tirent leur obligation que de l'utilité générale qu'ils procurent, il faut admettre cette maxime, que la bonté de la fin justifie les moyens, c'est-à-dire en d'autres termes, que, selon les diverses circonstances, on peut être fidèle ou infidèle à la reconnaissance, à la vérité, à la justice. Mais, dira-t-on, jamais un but d'utilité ne peut détourner de ces devoirs; car on gagne toujours plus à les suivre qu'à les enfreindre; et c'est cette idée d'utilité qui constitue d'abord leur obligation à nos yeux; ensuite, par une association d'idées assez ordinaire, on considère le principe sans songer à ses conséquences. Mais les partisans de cette théorie ne s'aperçoivent-ils point qu'ils la soutiennent par les mêmes argumens qu'ils combattent avec force dans les partisans de l'égoïsme, et qu'on peut tourner contre eux les objections qu'ils faisaient à leurs adversaires? Que la véracité et la justice, et tous les devoirs, soient utiles au genre humain, c'est ce que personne ne conteste; et si l'on pouvait prévoir toutes les conséquences de ses actions, il est à croire qu'on verrait toujours l'intérêt dans le devoir; il est même possible que, dans la Divinité, le seul principe d'action soit la bienveillance, et que le bonheur de l'espèce humaine soit la raison dernière pour laquelle Dieu lui ait imposé le devoir de la véracité et de la justice : mais il n'en est pas moins certain que la véracité et la justice sont pour nous en elles-mêmes des devoirs rigoureux, car nous avons une perception immédiate de leur obligation ; et, en vérité, s'il n'en était pas ainsi, si nous n'étions conduits au bien que par les conséquences d'utilité que nos faibles yeux y découvrent, on peut douter que tous les calculs les plus profonds rendissent assez de vertu pour soutenir la plus petite société. Cette remarque s'applique à tous les systèmes de morale qui, sous des formes diverses, déduisent les maximes de la vertu de la considération de leur utilité. Tous ces systèmes ne sont que des modifications de la vieille doctrine qui résout toute vertu dans la bienveillance. Ce n'est point que l'auteur décrie la bienveillance; il l'admire et il la loue; mais il distingue la bienveillance, comme vertu, du sentiment de bienveillance. La bienveillance, dit-il, qui est l'objet de l'approbation morale, est la détermination ferme de procurer le plus grand bonheur de nos semblables, et non pas l'affection qui s'y joint et qui rentre dans la classe générale des affections bienveillantes, qui accompagnent tous les principes moraux. Ces affections sont aimables et non respectables : elles sont innées et instinctives; elles ne sont donc pas méritoires; elles prouvent une bonne nature, et non pas un caractère vertueux. C'est là ce que n'ont point vu les écrivains qui, en parlant de la bienveillance, emploient sans cesse les expressions d'affection vicieuse ou vertueuse, tandis que ces expressions ne s'appliquent pas légitimement aux affections, mais aux actions, ou plutôt aux dispositions de l'agent moral, et à la fin qu'il se propose. L'amabilité, la douceur, l'humanité, le patriotisme, la bienveillance universelle, sont des modifications différentes de la même disposition intérieure.

La justice, dans sa signification la plus étendue, exprime cette disposition qui nous détermine à agir indépendamment de toute considération personnelle. Pour bien voir ce que c'est que la justice, il faut la considérer dans les autres plutôt que dans nous-mêmes, où la passion l'altère trop souvent; mais il ne faut pas prendre ce moyen pour un principe, et ériger en maxime philosophique, comme l'a fait Smith, que les notions du juste et de l'injuste, relativement à notre propre conduite, ne sont qu'une application des sentimens qu'excite en nous le spectacle de la conduite d'autrui.

Le détail des maximes de justice est infini; on peut les ramener aux deux suivantes : 1° réprimer les influences de la passion et du caractère; 2° réprimer l'influence de l'amour-propre dans les différends où nos intérêts sont opposés à ceux de nos semblables. Le philosophe écossais appelle la première disposition, *candour*; et la seconde, *integrity* ou *honesty*. Le premier terme n'a guère d'équivalent exact en français; c'est à la fois la candeur, la modestie, la modération, etc.; il regarde principalement les jugemens que nous portons sur les talens des autres ou sur leurs intentions; enfin les dispositions que nous apportons dans les discussions. L'autre forme de la justice est la probité, devoir spécial et si important qu'il comprend à lui seul la partie de la morale appelée *jurisprudence* ou *droit naturel*.

Les observations de Hume et Smith sur la différence qui sépare la justice de toutes les autres vertus, s'appliquent à cette modification de la justice appelée *probité*. Voici les deux caractères qui la distinguent : 1° on peut tracer ses règles avec une précision dont tous les préceptes moraux ne sont pas susceptibles ; 2° elle admet le secours de la force, c'est-à-dire que, lorsqu'elle est violée à l'égard d'une personne, elle l'autorise à employer la force pour maintenir ses droits. La première remarque appartient à Smith. A ces traits distinctifs Hume en ajoute un autre, que la probité est une vertu factice, et non pas une vertu naturelle ; et il se fonde sur ce que nous ne sommes pas portés instinctivement à l'exercice de la justice par une affection naturelle semblable à ces affections qui conspirent avec la bienveillance. M. Dugald-Stewart reproduit ici la distinction importante qu'il a déjà établie entre une affection et ce qu'il appelle une disposition, une détermination ; il écarte de la bienveillance le sentiment qui l'accompagne, et montre que la vraie bienveillance est précisément de la même nature que la probité ; que nous l'approuvons et pratiquons comme nous approuvons et pratiquons la probité, non parce qu'elle excite en nous un sentiment agréable, mais parce qu'elle nous apparaît comme un devoir. D'ailleurs, il n'est pas vrai que la probité ne soit point accompagnée d'une affection instinctive; elle est aussi accompagnée d'une affection naturelle, qui paraît surtout lorsqu'elle est blessée, savoir le ressentiment, qui est une partie aussi réelle de la nature humaine que la pitié et la tendresse paternelle. D'où vient donc cette opinion assez générale, qu'il y a quelque chose de factice dans la probité, et qu'elle dérive des institutions sociales? Elle vient, selon M. Dugald-Stewart, des formes arbitraires, des expressions scolastiques et des méthodes entièrement artificielles, employées par les philosophes qui ont traité de la probité, par les jurisconsultes qui l'ont considérée uniquement dans son rapport avec la loi, surtout par les jurisconsultes romains et ceux qui les ont servilement copiés. De là sortirent de graves inconvéniens; le droit naturel, une fois embarrassé dans les formes scolastiques de la jurisprudence, enveloppa de ces formes toutes les autres parties de la morale. Quoique la justice fût la seule partie de la morale qui admet des droits et des devoirs réciproques, on transporta dans tous les devoirs la réciprocité de droit et de devoir par la fiction de droits imparfaits ou externes.

Les avantages de la véracité sont évidens; sans elle, le langage tournerait contre sa fin, et l'expérience individuelle serait le seul moyen de s'instruire. Cependant cette vertu, quelque utile qu'elle soit, n'a pas son fondement dans l'utilité; indépendamment des résultats, il y a dans la sincérité et la candeur quelque chose d'aimable et de respectable, et l'équivoque et la tromperie font horreur. Hutcheson lui-même, ardent défenseur de la théorie de la bienveillance, admet un sentiment de la véracité distinct du sentiment des qualités utiles. Reid et Smith ont très-bien vu que, sans une disposition naturelle à la véracité et une autre à la crédulité, l'éducation des enfans serait impossible, et qu'une certaine analogie rapproche ces deux principes de ce principe naturel qui nous fait croire à la stabilité des lois de la nature. La véracité n'est point le résultat de l'expérience; elle est d'abord illimitée : l'expression spontanée est l'expression vraie; la fausseté implique une certaine violence faite à notre nature, et cette violence est le fruit plus ou moins tardif de l'expérience et de la société. Aussitôt que l'homme ment, il couvre quelque intention perverse qu'il n'ose avouer; et c'est là ce qui fait la beauté particulière de la franchise et de la candeur, qui réfléchissent en elles les graces de toutes les autres qualités morales dont elles attestent l'existence.

On rapporte ordinairement à la véracité la fidélité à ses promesses. M. Dugald-Stewart pense qu'elle appartiendrait mieux à la justice. Une personne, dit-il, qui promet avec l'intention de tenir, et qui cependant manque à sa parole, manque à la justice, à parler rigoureusement. Une personne qui promet sans avoir intention de tenir, est coupable à la fois d'injustice et de tromperie. La véracité, selon M. Dugald-Stewart, est le fond de l'honneur moderne.

L'auteur arrive aux devoirs envers nous-mêmes. Nos devoirs envers nous-mêmes nous imposent l'obligation de ne point négliger les moyens légitimes qui peuvent procurer notre bonheur. Il s'agit d'établir cette obligation, qui paraît étrange. Voici comme le fait M. Dugald-Stewart. Le principe de l'amour-propre, ou le désir du bonheur, ne peut être l'objet ni de l'approbation ni du blâme; il est inséparable de la nature de l'homme, considéré comme être raisonnable et comme être sensible. Ce principe peut s'égarer, et nous écarter ou du bonheur ou de la vertu; or, même dans ce dernier cas, nous jugeons nous-mêmes, ou les autres jugent pour nous, que nous avons mérité d'être punis pour notre imprudence; alors le remords n'est pas seulement le regret d'avoir manqué le bonheur que nous espérions, il ne se rapporte pas seulement à notre condition présente, mais à notre conduite passée. Voyez, sur la nature du remords, la dissertation de Butler sur *la nature de la vertu*. Il suit de là, dit M. Dugald-Stewart, que toute personne qui croit à des récompenses ou à des punitions futures, doit croire aussi que le crime d'une mauvaise action est aggravé par l'imprudence avec laquelle on s'y est précipité.

En parlant du bonheur, il se défend de faire un système pour l'atteindre, et indique à cet égard les opinions contradictoires des épicuriens, des stoïciens, des péripatéticiens; il renvoie, pour la doctrine stoïque, à Ferguson, à Smith et à Harris, qui sont encore loin d'avoir pénétré la profondeur de cette doctrine. Il considère le bonheur par rapport au tempérament, à l'imagination, aux opinions, aux habitudes. Il répand dans toutes ses recherches une foule d'observations intéressantes, trop nombreuses pour trouver ici leur place, trop délicates pour être ramenées à des principes généraux. Il entre dans une analyse rapide des différens plaisirs, qu'il distingue en plaisirs de l'activité, plaisirs des sens, plaisirs de l'imagination, plaisirs de l'entendement, plaisirs du cœur; il montre toujours l'harmonie constante du bonheur et de la vertu ; et termine par de sages réflexions sur la nature générale de la vertu, sur l'ambiguité des mots *vertu* et *vice*, et l'usage de la raison en morale.

La définition la plus complète de la vertu, selon M. Dugald-Stewart, est la définition pythagoricienne : ἕξις τοῦ δέοντος. En effet, la vertu n'est pas la prédominance de telle ou telle vertu particulière, mais la disposition constante d'obéir au devoir ; disposition qui devient moins pénible par l'habitude : ce qui d'abord était sacrifice finit par être satisfaction; remarque qui justifie ou plutôt qui explique la maxime, en apparence si paradoxale, d'Aristote, que là où il y a renoncement à soi-même, il n'y a pas de vertu.

On applique, dit M. Dugald-Stewart, les expressions de juste et d'injuste, de vertu et de vice, tantôt aux actions, tantôt aux intentions : de là une confusion dans le langage et les idées, qu'il cherche à dissiper en distinguant le bien absolu du bien relatif. Le bien relatif consiste dans la bonté de l'intention de l'agent, sans que l'action soit convenable : le bien absolu est l'accord de la bonne intention et de l'action convenable. C'est la bonté relative d'une action qui détermine le mérite moral d'un agent : c'est sa bonté absolue qui constitue son utilité pour la société du genre humain. M. Dugald-Stewart remarque très-bien qu'un sentiment sincère du devoir doit nous faire tendre à la bonté morale absolue; que la négligence à s'instruire, c'est-à-dire à éclairer ses intentions, est une négligence coupable; que, dans une circonstance particulière, nous devons faire ce qui nous paraît alors notre devoir, mais que si nous nous trompons et manquons la bonté absolue, pour n'être pas coupables de nous être trompés, nous pouvons l'être de ne pas avoir employé antérieurement tous les moyens de rectifier, d'étendre et d'éclairer nos jugemens. A l'appui de cette distinction importante, l'auteur cite le rapport et la différence qui se trouvent entre les expressions grecques καθῆκον et κατόρθωμα, et entre les phrases latines *officium medium* et *officium perfectum*, et les expressions scolastiques de la vertu matérielle et de la vertu formelle. Il termine par indiquer les différentes circonstances dans lesquelles le sentiment du devoir a besoin d'être dirigé par la raison. Je termine moi-même par recommander à ceux qui cultivent la philosophie morale, l'étude et la méditation d'un ouvrage qui, sous des formes très-simples, cache souvent des vérités profondes, n'omet aucune vérité utile, contient une foule d'observations solides et ingénieuses, offre le modèle de la vraie méthode philosophique, et rend partout hommage à la raison et à la vertu.

GRUNDRISS
DER FUNDAMENTAL PHILOSOPHIE.

ESSAI
DE
PHILOSOPHIE FONDAMENTALE,

Par M. GOTT. WILH. GERLACH,

PROFESSEUR DE PHILOSOPHIE A HALLE;

(Halle, chez Gebaüer, 1816, in-8°.)

Le principe fondamental du savoir et de la vie intellectuelle est la conscience. La vie commence avec la conscience et finit avec elle; c'est dans elle que nous nous saisissons nous-mêmes; c'est dans elle et par elle que nous saisissons le monde extérieur. S'il était possible de s'élever au-dessus de la conscience, de se placer, pour ainsi dire, derrière elle, de pénétrer dans ces secrets ateliers où l'intelligence ébauche et prépare tous les phénomènes, et là d'assister à la naissance et à la formation de la conscience, on pourrait connaître et sa nature et les divers degrés par lesquels elle arrive à la forme sous laquelle elle se manifeste aujourd'hui : mais tout savoir commençant à la conscience ne peut remonter plus haut. Une analyse prudente s'arrête donc et s'attache à ce qui lui est donné. En général, nous disons qu'il y a conscience, dès que nous nous savons occupés de quelque objet intérieur ou extérieur, dès que nous apercevons, pensons, sentons, ou voulons quelque chose ; où rien de tout cela n'a eu lieu, nous disons qu'il n'y a pas eu conscience. La conscience est le résultat de l'activité intellectuelle. Mais de combien de manières se produit cette activité !

Tous les phénomènes de conscience, selon M. Gerlach, peuvent se ramener à trois phénomènes généraux, se représenter ou penser, sentir, et agir ou faire des efforts. Avant d'entrer dans le développement de ces trois phénomènes, dont le détail compose la partie spéciale de la philosophie fondamentale, le philosophe allemand s'arrête à la conscience elle-même, et descend à une plus grande profondeur dans l'analyse de deux faits supérieurs et antérieurs à tous les autres, et qui constituent ce qu'il appelle la partie générale de la philosophie fondamentale. Ces deux faits sont le fait de l'existence et celui de l'activité volontaire.

« La conviction de notre existence est un fait de
« conscience ; *je suis* est contenu dans *je pense, je*
« *sens, je veux* : le moi ne doit point se résoudre
« en un sujet logique et grammatical ; et il n'est pas
« besoin de catégories pour parvenir de la con-
« science de son activité à la démonstration de
« son existence.

« Le second fait général de conscience est : je

« suis actif : je suis le principe de mon activité. Ce
« fait n'est pas susceptible de démonstration, mais
« il n'en a pas besoin ; car il s'annonce irrésistible-
« ment dans la force de la volonté, ainsi que dans
« la direction libre de la pensée. Là est le fonde-
« ment de l'individualité et de la personnalité. »

Être et agir, voilà donc le fond sur lequel se dessinent toutes les scènes de la vie ; voilà les deux faits généraux qui, dans leur sein, contiennent l'infinie variété des phénomènes de conscience. Là-dessus je partage entièrement l'opinion de M. Gerlach ; mais j'avoue que je serais tenté de m'en écarter pour la manière d'établir les deux faits et sur l'ordre de leur développement : par exemple, M. Gerlach convient que *je suis* est contenu dans *je pense*, *je sens* et *je veux* ; mais si *je suis* est contenu dans *je veux*, *je veux* n'est donc pas postérieur à *je suis* ; les deux faits sont donc contemporains. L'auteur dit aussi que le moi ne peut se résoudre en un sujet logique, et qu'il n'est pas besoin de catégorie pour passer de la conscience de son activité à la démonstration de son existence. Non, sans doute, il n'est pas besoin de catégorie pour passer de la conscience de l'activité personnelle au moi ; car le moi n'est pas autre chose que l'activité personnelle elle-même : mais l'auteur ignore-t-il que le moi n'est pas l'être ; que le moi n'équivaut qu'à l'idée de force et de cause, tandis que l'idée d'être équivaut à celle de substance ? Si l'être était le moi, le moi étant l'activité personnelle, il ne faudrait pas dire, *je suis* est contenu dans *je veux*; mais *je veux* égale *je suis*. Or, s'il est vrai que *je suis* est seulement contenu dans *je veux*, il reste à savoir comment il y est contenu, quelle est la nature des deux termes dont se compose le fait complexe, et celle des procédés par lesquels nous le découvrons simultanément. L'être est-il contenu intégralement dans la volonté, ou plus généralement dans la pensée? Si la volonté, la pensée, le moi enfin n'est pas l'être, quoiqu'il le manifeste explicitement, s'il y a là deux objets intimement liés l'un à l'autre, mais distincts, l'opération qui découvre l'un, et celle qui découvre l'autre, bien que simultanées, ne doivent-elles pas être distinctes? L'opération qui atteint le moi, phénomène immédiat de conscience, atteint-elle aussi l'être? S'il en est ainsi, qu'on le démontre, c'est-à-dire que l'on montre l'immédiate aperception de la substance; et si on ne le peut qu'en identifiant la substance et le phénomène, c'est-à-dire en détruisant la substance, il faut bien revenir à distinguer deux opérations : l'une immédiate, qui est l'aperception du moi; l'autre médiate, quoique simultanée, qui est la conception de la substance. Que cette conception soit appelée catégorie ou non, peu importe, pourvu que le fait de la conception de l'être soit posé comme un fait réel et comme un fait distinct de l'aperception immédiate du phénomène. M. Gerlach a donc eu tort, selon nous, d'abord de séparer trop fortement les deux faits dans l'ordre du temps; ensuite de n'avoir pas distingué, dans ce qu'il appelle premier fait, deux opérations distinctes enveloppées dans une opération complexe.

Je passe à la partie spéciale de la philosophie fondamentale. Les trois phénomènes particuliers de conscience qui la composent sont, d'après M. Gerlach, la pensée ou la représentation, le sentiment et la volonté productrice. Développons la théorie de la représentation ou de la pensée.

Se représenter veut dire, d'après l'étymologie, se rendre une chose présente dans la conscience. Il y a trois conditions ou trois élémens de la représentation, le sujet ou le moi, un objet, et la représentation même ou la conscience de la chose.

Quoique la représentation soit le produit de l'activité humaine, nous lui supposons pourtant une cause extérieure; et pour expliquer l'influence que les objets extérieurs exercent sur la détermination de notre activité, nous attribuons à l'ame la réceptivité. La réceptivité et l'activité sont donc les deux propriétés les plus générales de la faculté de se représenter ou de penser. On peut définir l'esprit, une spontanéité irritable.

M. Gerlach distingue sévèrement la sensation de ce qu'il appelle l'intuition, expression qui correspond à notre mot *perception* ou *idée*. La sensation est passive; elle engage à l'intuition, elle ne la constitue point : l'intuition est un produit de la spontanéité; la sensation ne fait point partie intégrante de la conscience et de l'intuition; l'esprit la conçoit seulement comme la condition nécessaire de l'intuition et de la conscience.

M. Gerlach distingue aussi l'intuition en intuition extérieure et en intuition intérieure : dans l'intuition extérieure, l'esprit saisit immédiatement, par l'aperception, un objet extérieur présent; dans l'intuition intérieure, l'activité même ou l'état du principe actif est l'objet intérieur et présent qui est saisi par l'esprit. L'intuition extérieure précède l'intérieure. L'enfant s'arrête long-temps au monde matériel avant d'arriver à des représentations de lui-même. L'activité, se développant peu à peu, le fait passer par degrés de la conscience de l'objet au sentiment de l'activité personnelle : ici commence la seconde direction de l'esprit, la direction de l'esprit sur lui-même.

Souvent nous retrouvons en nous, après l'intuition, une image de l'objet qui nous en tient lieu; on la rapporte à l'imagination. Comme il y a des représentations qui disparaissent et reparaissent, on attribue à l'esprit la mémoire, c'est-à-dire la faculté de reproduire à son gré ses représentations. Pour bien connaître la mémoire, il faut examiner la nature et les lois de la disparition et de la reproduction des représentations. On a vu précédemment que toute représentation est le résultat de l'activité de l'esprit; la représentation disparaîtra donc aussitôt que cette activité cessera; elle reparaîtra aussitôt que cette activité se répétera. L'affinité des représentations, ou la liaison des idées, est la loi de la mémoire. Il n'est donc pas nécessaire, pour expliquer la reproduction de nos représentations, d'avoir recours à l'hypothèse d'une continuation secrète des représentations; la reproduction des représentations est le fruit de leur rappel, de leur rappel volontaire ou de l'activité de l'esprit : la mémoire n'est donc pas le magasin passif de nos connaissances, c'est la continuité de l'activité de l'esprit. Cette continuité d'action sert de fondement à la conscience de notre existence précédente, à la notion de notre identité personnelle, et par conséquent elle est la raison dernière de la continuité de la conscience. La mémoire, la faculté de reproduire, est ordinairement appelée imagination reproductive. Souvent aussi nous formons dans le passé des combinaisons nouvelles et arbitraires, qu'on appelle des fictions : on les rapporte alors à l'imagination productive ou la fantaisie. Les beaux-arts sont dans le domaine de cette faculté.

Après avoir passé rapidement en revue les différentes facultés, M. Gerlach arrive à la réflexion, qu'il appelle aussi l'entendement dans un sens très-général, et qu'il définit, la faculté de retenir et de poursuivre librement sa pensée, malgré les impressions contraires; l'entendement a trois fonctions, savoir, l'entendement dans un sens plus restreint ou la faculté d'arranger et de combiner ses idées, le jugement et la raison.

L'intuition ne fournit que la connaissance des différens objets individuels, mais non la représentation d'un tout ou de plusieurs parties harmoniques. C'est l'entendement qui nous donne les représentations ou idées générales et collectives, idées de genre et d'espèce. Les diverses manières par lesquelles l'entendement convertit l'individuel en général sont des jugemens : ces jugemens s'exécutent en vertu de certaines lois de l'esprit, que le philosophe allemand appelle *formes*, et qui, ayant la propriété de s'appliquer aux objets individuels et de les élever à quelque chose de général, sont appelées, en Allemagne, facultés de *subsomption*. La subsomption ou l'élévation du particulier au général est la fonction du jugement; les différentes manières dont se fait la *subsomption*, c'est-à-dire l'application du général au particulier, sont appelées *schémes*. La raison, ou la faculté de conclure, élève les idées au plus haut degré de généralité; pour atteindre ce but, elle pose d'abord un jugement général, comme une règle à laquelle elle soumet les jugemens dont elle veut prouver la vérité : telle est la raison logique, dont la théorie spéciale est la syllogistique.

Je dois au public français de l'avertir que la plupart de ces dernières idées appartiennent à Kant, que M. Gerlach n'a pas cru devoir citer, sans doute parce que les ouvrages de Kant sont assez connus en Allemagne. Avant M. Gerlach, Kant avait divisé toutes les facultés humaines en trois facultés principales, la sensibilité, l'entendement et la raison; la sensibilité qui perçoit les représentations individuelles, l'entendement qui les coordonne, et la raison qui les élève à la plus haute unité : mais Kant ne distingue pas l'entendement du jugement, ce que paraît faire M. Gerlach. L'entendement, selon Kant, est la faculté de généralisation ; ses différens actes sont les différens jugemens, lesquels s'exécutent en vue de certaines lois qu'il appelle *catégories* lorsqu'il les considère en elles-mêmes, ou les rapporte à leur sujet qui est l'esprit humain, et qu'il appelle des *schêmes* lorsqu'il les applique, ou, si l'on veut, lorsqu'il les impose à la nature extérieure. Le jugement, selon Kant, consiste à *subsumer*, c'est-à-dire à rassembler des intuitions éparses sous une idée générale.

M. Gerlach a profité de ces idées fécondes ; mais souvent il a donné des noms différens aux mêmes choses, et le même nom à des choses différentes. Par exemple, il fait deux fonctions distinctes de l'entendement et du jugement ; ce qu'il aurait bien le droit de faire, si dans sa théorie il y avait là deux choses différentes : mais quelle différence y a-t-il entre le jugement qui subsume, pour me servir de cette expression, et l'entendement qui assemble et donne les genres et les espèces ? M. Gerlach a bien le droit aussi d'appeler schêmes ce que Kant appelle catégories ; mais ne vaudrait-il pas mieux se faire une langue à soi-même que d'adopter celle d'un autre, j'ai presque dit une langue reçue, pour y être infidèle ? Les catégories de Kant sont les diverses lois d'après lesquelles le jugement s'empare des objets individuels, et en prend connaissance. Les schêmes de

Kant sont les lois intellectuelles, les catégories appliquées à la nature et considérées comme des lois de la nature. Je suis loin d'être entêté de toutes ces dénominations scolastiques; mais elles couvrent dans Kant un dessein profond, celui de séparer fortement les lois de l'esprit humain prises en elles-mêmes d'avec ces mêmes lois appliquées à la nature, devenues lois de la nature, et de séparer par là le subjectif et l'objectif dans la connaissance humaine, tout en montrant leur rapport intime. Et puis Kant, à l'exemple d'Aristote, essaie de donner une liste complète des catégories et des schêmes, toutes recherches vastes et profondes dont M. Gerlach n'a pas même exprimé le résultat. Mais, si M. Gerlach rejette à cet égard la théorie de Kant, tout en adoptant son langage, par quelle autre théorie la remplace-t-il? Encore une fois, je suis loin d'imposer à M. Gerlach une théorie que j'admire sans l'adopter moi-même; mais le défaut d'une liste complète des catégories et des schêmes laisse une grande lacune dans un ouvrage de philosophie fondamentale. Je crains même que des juges plus sévères ne reprochent à cette philosophie fondamentale de ne pas atteindre aux vraies difficultés, et de cacher des aperçus un peu superficiels sous une classification facile et des formes méthodiques.

J'aperçois encore, dans l'analyse de la raison, des idées qu'on croit saisir aisément au premier coup d'œil, et qui s'évanouissent ou s'obscurcissent à un examen plus sérieux, parce qu'elles ne sont point déterminées ou qu'elles le sont mal. Par exemple, que signifie nettement le paragraphe 69, que je traduis ici littéralement? « Quelque vaste que soit le champ de l'intuition et de l'entendement, l'homme est encore poussé à chercher un être, principe réel, fondement primitif de toute vie et de tout phénomène. L'idée de cet être est l'idée de l'absolu dont la raison nous atteste la réalité. » L'homme, dit M. Gerlach, est poussé à chercher un être. Que signifie cette expression, *est poussé à chercher?* probablement une loi de la nature humaine; une loi de la raison humaine. Mais alors quelle est cette loi? pourquoi ne pas la décrire quand on exprime ce qui en résulte? Kant a prétendu que l'homme, constamment dominé par le besoin de la plus haute unité, après avoir posé l'unité intérieure ou l'ame, l'unité extérieure ou la matière, s'élève à cette unité absolue, principe réel et fondement primitif de tous les phénomènes. Mais cette acquisition de la raison est extrêmement tardive selon Kant. En est-il ainsi réellement, ou la notion de l'absolu n'est-elle pas une vue primitive, une aperception spontanée de la raison, qu'on peut ensuite revêtir d'une forme logique, mais qui d'abord ne s'exécute en vertu d'aucun principe logique? Est-il bien vrai que la raison attende aussi long-temps pour apercevoir l'absolu, l'être fondamental, ou la raison ne l'aperçoit-elle pas d'abord aussitôt qu'elle aperçoit le relatif, le variable, et en général le phénomène? Je regrette que sur cette grave question psychologique M. Gerlach ait tranché la difficulté, au lieu de la résoudre.

De la première partie de sa philosophie spéciale consacrée à la représentation, M. Gerlach passe à la seconde, c'est-à-dire aux sentimens, à ces faits intérieurs et difficiles à saisir et à exprimer, qui, selon l'auteur, ne sont pas encore des représentations, des idées, mais qui en sont le germe, l'idée n'étant peut-être qu'un développement du sentiment; le sentiment lui-même éclairci, c'est-à-dire élevé à l'idée.

Le sentiment est le premier fait et le dernier dans la vie intellectuelle. Notre existence personnelle et celle des choses extérieures se produisent d'abord dans le sentiment; le sentiment a déjà décidé sur le bien et sur le mal, avant que la loi morale ait été reconnue. C'est le sentiment qui donne ce tact délicat et fin, guide plus sûr et plus utile dans les affaires de la vie que la méthode la plus profonde; c'est encore le sentiment qui révèle le beau : enfin toute croyance et toute démonstration est fondée sur le sentiment.

Le sentiment est agréable ou désagréable : le sentiment agréable est un degré plus élevé de la vie; le sentiment désagréable est le contraire.

La vie, l'instinct, c'est-à-dire l'énergie par laquelle la vie se manifeste, troublée ou favorisée dans son développement, est la source du sentiment. Ici se présentent en foule des détails que l'auteur abandonne à une théorie complète du sentiment; il se contente d'en avoir posé les principes.

Mais ces principes sont-ils inébranlables ? Est-il

certain que l'idée ne soit au fond que le sentiment; est-il vrai que le bien, le vrai, le beau, l'existence de l'ame et celle des corps ne reposent que sur des preuves de sentiment? S'il en est ainsi, à quoi se réduit la vérité en général? à un sentiment essentiellement individuel, et, comme tel, nécessairement variable dans les différens individus. Sentiment et absolu sont deux mots qui vont mal ensemble; et pourtant la vérité n'est vérité qu'autant qu'elle est absolue. Abaissez-la au sentiment, la voilà réduite à n'être plus qu'une opinion; une opinion qui peut bien subjuguer tel ou tel individu, mais qui n'oblige personne légitimement. L'opinion, fille du sentiment, individuelle et variable de sa nature, se résigne-t-elle à n'être que ce qu'elle est; voilà le scepticisme. Tout individuelle qu'elle est, se croit-elle générale, universelle, absolue; voilà le mysticisme. Chaque individu, après s'être prosterné devant son opinion, comme devant la vérité absolue, prétend-il faire fléchir tous les autres individus devant son idole; voilà le fanatisme. La philosophie du sentiment ne peut guère échapper à ces conséquences. Suivons-la dans la morale; elle aime ce terrain : voyons si elle y est invincible; examinons la troisième partie de l'ouvrage de M. Gerlach.

Cette troisième partie contient les principes de cette faculté qu'on appelle en allemand *bestrebung*, c'est-à-dire tendance ou puissance d'agir et de vouloir.

Bestreben heist nun seinen kraft auf die realisirung einer vorstellung richten; tendre, faire effort, signifie agir d'après une idée, agir pour réaliser une idée, employer son activité à la réaliser, enfin se proposer une idée comme objet d'action. Tout effort pour réaliser une idée suppose que nous y avons un intérêt ; cet intérêt est la satisfaction d'un instinct ; tout instinct repose sur l'amour-propre ; l'amour-propre a pour objet la continuation et le perfectionnement de l'existence : voilà pourquoi nous avons un instinct de la vie, un instinct du repos, du mouvement, du savoir, de la société, etc. Les premiers instincts sont corporels ; les instincts spirituels s'éveillent plus tard, et ont pour objet le vrai, le bien et le beau ; mais, en dernière analyse, tout instinct se rapporte à la satisfaction intérieure du sujet. Si toute action est le produit de l'instinct, pourquoi y a-t-il des actions qui se contrarient ? c'est qu'il y a des instincts qui se contrarient ; et la raison naturelle de cette contrariété se trouve dans la variété des instincts et dans celle des objets qui peuvent satisfaire le même instinct ; enfin, dans la réflexion, qui, balançant les différens instincts, les différens intérêts, les oppose naturellement l'un à l'autre : de là, la liberté, la volonté ou la faculté de choisir. Les motifs du choix, c'est-à-dire les mobiles de la volonté, sont, ou la prépondérance de l'un des instincts qui se combattent, ou la réflexion : la réflexion met l'homme en état de discerner l'instinct, le penchant qu'il doit suivre ; elle va même jusqu'à créer des buts particuliers à l'activité humaine : telle est la prérogative de la réflexion ; elle élève l'homme au-dessus de la nature animale, lui découvre la dignité de la raison, et la lui impose comme motif et règle d'action ; de là, la loi morale, le devoir : la loi morale est fondée sur l'amour de la raison pour elle-même.

La liberté est une conséquence nécessaire de l'obligation ; le pouvoir se conclut du devoir. Cette question : Puis-je faire ce que la loi morale m'ordonne ? n'arrête que l'homme sensuel ; le doute disparaît devant le sentiment énergique du devoir, et la liberté s'annonce immédiatement par le fait. « L'action morale ne s'accomplit donc pas, dit M. Gerlach, d'après les lois d'un froid impératif catégorique, mais par un amour libre qui est l'ame de l'action morale. » Ainsi M. Gerlach, qui emprunte à Kant la démonstration du pouvoir par le devoir, de la liberté par l'obligation morale, s'élève contre l'impératif catégorique kantien, et y substitue l'amour libre. Ceci a besoin d'explication.

Que l'homme moral, en faisant une bonne action, ne la fasse que parce qu'il veut bien la faire, sans que la raison l'y contraigne, rien de plus certain ; qu'en même temps qu'il accomplit l'action vertueuse, ou même qu'à la seule idée de l'action vertueuse il éprouve un sentiment d'amour pour elle, sentiment vif et doux qui échauffe délicieusement le cœur, cela est également incontestable. Mais ne se passe-t-il intérieurement que ces deux phénomènes ? voilà la question. Quoique l'homme fasse librement le bien, tout libre qu'il est de le faire ou de ne le pas faire, ne conçoit-il pas qu'il est obligé de le faire ? Sa raison seule l'oblige, il est vrai; mais en est-il moins obligé pour cela? M. Gerlach parle de devoir. Il faut être conséquent : s'il y a un devoir, il y a donc une loi qui n'est pas faite pour la liberté, mais pour l'accomplissement de laquelle la liberté est faite. La raison reconnaît le bien comme elle reconnaît le vrai, comme elle reconnaît le beau. Elle le reconnaît pour ce qu'il est; c'est-à-dire elle le reconnaît absolu et immuable, comme le géomètre reconnaît une vérité mathématique; sans quoi, la vérité morale, n'étant pas absolue, n'oblige pas absolument; et alors plus de loi morale, plus de devoir. Or, M. Gerlach ne nie pas le devoir. La vérité morale ou l'idée du bien reconnue oblige donc; elle oblige donc absolument, car obligation et obligation absolue sont synonymes. La raison, en reconnaissant la vérité morale, fonde donc une obligation absolue. Maintenant, supposez que la raison ait été divisée plus ou moins heureusement en un certain nombre de principes généraux qui la représentent, principes qui aient été appelés plus ou moins heureusement encore catégories; vous concevez comment l'on a pu dire que l'obligation qui résulte de la connaissance de la vérité morale nous est imposée par un principe général, par une catégorie, par un précepte ou commandement catégorique. Voilà le célèbre impératif catégorique. Je ne défends pas l'expression, je l'explique : changez-la, si vous voulez; mais conservez le fait qu'elle représente : ce fait est celui d'une obligation absolue imposée à la volonté par la raison; obligation qui, étant absolue et pour être absolue, ne doit pas reposer sur un sentiment, et qui, par conséquent, ne peut être froide ou ardente, mais qui est pure et sévère comme la raison dont elle émane. La mode s'est aussi introduite en Allemagne de déclamer contre la raison, de l'accuser d'être glacée; on a trouvé un moyen singulier de l'animer; c'est de la détruire en la réduisant à un sentiment. Le sentiment et la raison sont des faits très-réels, mais très-distincts, bien que simultanés et inséparables. Pourquoi les confondre? surtout pourquoi absorber l'un dans l'autre? Cette confusion psychologique a engendré une confusion de langage aussi contraire à la philosophie que favorable à la fausse éloquence; on a trouvé la philosophie de Kant ténébreuse et aride, parce qu'elle était profonde et rigoureuse; parce que les formes de cette philosophie, toujours précises, étaient un peu scolastiques, on a cru faire merveille de substituer à leur âpre sévérité la molle élégance de formes vagues, superficielles, indéterminées. De là le sentiment substitué aux idées, le mouvement à la réflexion, l'amour au devoir, le mysticisme à la raison; et comme, à l'apparition de la philosophie de Kant, on avait vu une foule d'hommes médiocres s'emparer de cette philosophie, attaquer, avec des formules barbares dont ils ne pénétraient pas le sens, la philosophie de Leibnitz, affaiblie sous les classifications arbitraires de Wolf; de même, à la chute de la terminologie de Kant, on vit une école nouvelle, se jetant à l'autre extrémité, attaquer des formules métaphysiques avec l'enthousiasme, et remplacer par des élans d'amour et des mouvemens d'imagination la mâle soumission au devoir qui, sous l'expression bizarre, mais énergique, d'impératif catégorique, distinguait si honorablement la philosophie kantienne. Je suis loin d'appliquer ces réflexions à M. Gerlach ; on ne peut faire à son ouvrage le reproche de tomber entièrement dans le mysticisme. J'ai cru seulement devoir indiquer, dans l'intérêt de la vérité, quelques passages, ou plutôt quelques expressions qui m'ont paru s'écarter de la droite raison : je m'empresse d'ailleurs de rendre hommage à la sagacité psychologique qui distingue cet excellent traité, et surtout les réflexions qui le terminent, où l'auteur établit le rapport des trois facultés précédemment analysées, leur influence réciproque, et l'ordre dans lequel elles se développent.

NOUVELLE RÉFUTATION

DU

LIVRE DE L'ESPRIT.

(Clermont-Ferrand, 1817; in-8°.)

La *nouvelle Réfutation* est divisée en six sections, dans lesquelles l'auteur examine et combat successivement différentes assertions dont se compose la doctrine du livre de l'Esprit. Cette doctrine ayant été souvent attaquée, les argumens du nouvel adversaire ne pouvaient guère avoir le mérite de la nouveauté; l'intérêt s'attache donc moins, dans l'ouvrage que nous annonçons, à la réfutation proprement dite qu'à la doctrine même que l'auteur oppose à celle d'Helvétius, dans l'intention de réfuter plus victorieusement l'erreur en montrant la vérité. Mais est-ce bien la vérité qu'il nous présente? et sa doctrine satisfait-elle mieux que celle d'Helvétius aux conditions que l'esprit impose à toute doctrine morale scientifique?

De quoi s'agit-il précisément en morale? de bannir l'arbitraire, avec lequel il n'y a ni morale, ni science possible. Là-dessus, l'auteur de la *nouvelle Réfutation* est entièrement de notre avis : or, le contraire de l'arbitraire, logiquement et grammaticalement, c'est l'absolu; le problème moral se réduit donc à savoir s'il y a ou s'il n'y a pas des principes absolus en morale. S'il y en a, il y aura une obligation morale absolue; et une science morale est possible; s'il n'y en a point, il faudra renoncer à l'espoir d'une science morale. Or, le système d'Helvétius, qui repose sur l'arbitraire, se détruit évidemment lui-même, et comme système, et comme système moral; car, quoi de plus arbitraire qu'un désir du bien-être, divers selon les individus, changeant dans le même individu, susceptible d'une infinie variété de degrés et de nuances; que les objets environnans modifieraient sans cesse, quand même il ne dépendrait pas des dispositions accidentelles d'une organisation qui se renouvelle à chaque instant? Certes, il n'y a là rien d'absolu, ni par conséquent rien d'obligatoire; car l'obligation n'est pas, ou elle est absolue; et pour être absolue, il faut que l'obligation se rapporte à quelque chose d'absolu. Adressons-nous donc à l'auteur de la *nouvelle Réfutation*, et voyons si nous serons plus heureux auprès de lui qu'auprès d'Helvétius. Voici le principe qu'il oppose à celui de la morale de l'intérêt :

« L'idée du plaisir qu'une action peut procurer à quelque autre personne qu'à nous, ne nous attire pas moins, ne nous sollicite pas moins à faire cette action, que si c'était à nous qu'elle dût en procurer.

« L'idée de la douleur qu'une action peut procurer à quelque autre personne qu'à nous, ne nous repousse pas moins, ne nous sollicite pas moins à nous abstenir de cette action que si c'était à nous-mêmes qu'elle dût en causer. »

Ce n'est donc plus seulement l'idée de nos plaisirs ou de nos douleurs personnelles qui détermine nos actions, comme le veut Helvétius; l'idée des plaisirs et des douleurs d'autrui nous sollicite ou nous arrête : mais cette idée du plaisir et de la douleur qu'une de nos actions peut procurer à une autre personne, n'est-elle pas elle-même susceptible de plus ou de moins de clarté, de plus ou de moins d'énergie? Qui révèle, qui mesure le plaisir ou la peine d'un autre aux yeux de chacun de nous? notre propre sensibilité. Mais ne retombons-nous pas alors dans l'individuel, et, par là, dans le variable et l'arbitraire?

« Une circonstance particulière est nécessaire pour que ces deux effets se produisent (pour que l'idée des peines ou des plaisirs d'un autre nous arrête ou nous sollicite); c'est que nous nous identifions par la pensée avec la personne à laquelle nous jugeons que notre action causera du plaisir ou de la douleur. J'appelle s'identifier par la pensée avec une autre personne que soi, cette opération, ou, si l'on veut, cette illusion de notre esprit, par laquelle il transporte, si l'on peut ainsi dire, par la pensée, notre moi dans celui d'une autre personne; en sorte que, ces deux moi n'en faisant plus en apparence qu'un seul, les modifications que nous jugeons que cette personne éprouve deviennent les nôtres propres, avec cette seule différence, qui les distingue de celles que nous avons la conscience d'éprouver en nous-mêmes, qu'il nous semble que ce soit en cette personne que nous les éprouvons. »

Ainsi, pour faire le bien, il ne faut pas seulement avoir l'idée de la peine ou du plaisir que telle action pourrait procurer à une autre personne; il faut s'identifier avec cette personne : mais qui nous identifie avec un autre? ce n'est ni la raison, ni la conscience; ce ne peut être que l'imagination et la sensibilité, c'est-à-dire les deux facultés les plus variables de la nature humaine. Tout à l'heure, il ne fallait que se faire sur sa propre sensibilité quelque idée des affections futures d'une sensibilité étrangère : maintenant il faut la partager, la ressentir en soi : ceci est plus difficile. N'y aura-t-il point des natures qui s'y prêteront moins aisément que d'autres ? n'y aura-t-il point des tempéramens et des imaginations plus promptes ou plus lentes, plus froides ou plus vives, plus ou moins sympathiques? Où donc est l'unité du bien, l'égalité du mérite, dans la diversité des conditions de bien faire? de plus, qu'est-ce alors que bien faire? Ou l'identification est complète, ou partielle : d'abord, qu'est-ce qu'une identification partielle? ensuite, comme l'identification complète est la condition nécessaire pour ressentir la douleur d'autrui et se déterminer à la secourir, il s'ensuit que, si elle n'est pas complète, la condition de la détermination n'existant pas, la détermination ne peut plus avoir lieu, ou du moins ne peut plus constituer un devoir, et que l'obligation périt toute entière dans la plus légère modification de l'identité, à moins pourtant que l'on ne veuille admettre aussi des demi-devoirs et une obligation partielle. D'une autre part, si l'identification est complète, l'action suit nécessaire et non volontaire ; ce n'est plus un acte réfléchi et libre, un acte moral, mais un simple mouvement instinctif, et la vertu expire avec la liberté dans l'instinct. Encore, si toutes les vertus se rapportaient à la bienfaisance ! Mais il n'en est pas ainsi. Régner sur soi, ne pas trahir la vérité, sont des devoirs qui s'accomplissent ou du moins peuvent s'accomplir sans bien ou mal faire à autrui : en quoi se rapportent-ils, même indirectement, à la pitié, à la sympathie, à l'identification ? Avec qui s'identifie, sur quoi s'apitoie, quelle infortune soulage, quelle joie procure celui qui meurt pour la vérité ? La bienfaisance elle-même repose-t-elle toujours sur l'identification ? Au fond, l'auteur convient que cette identité n'est qu'une illusion; que dire alors des vertus qu'une illusion détermine ? Enfin, si je me suis identifié absolument avec la personne souffrante, si je suis elle et si elle est moi aux yeux de l'imagination et de la sensibilité, ne s'ensuit-il pas que ce n'est pas elle, mais moi-même, que je soulage, ou du moins que j'ai l'intention de soulager ? Ici nous ne sommes plus seulement dans l'arbitraire, mais dans l'arbitraire à la fois et dans l'égoïsme; et nous voilà ramenés au système d'Helvétius.

L'auteur se donne beaucoup de peine pour établir la réalité de ce fait : mais il ne s'agit point de sa réalité, ou de sa non-réalité; il s'agit de savoir si ce fait résout le problème moral, constitue une obligation absolue, des devoirs égaux pour tous : or, il est clair qu'il ne satisfait point à ces conditions. Plus loin, page 16, l'auteur cherche à expliquer le plus ou moins de facilité que nous avons à nous identifier avec les autres; mais cela même tourne contre lui : où il y a du plus ou du moins, il y a de l'arbitraire, et le fondement de la morale n'est pas là. Aussi le sens moral de l'auteur, sa droiture et sa sagesse, manquant d'un point d'appui assez ferme, n'ont pu le sauver de quelques assertions hasardées qui tendent à introduire l'arbitraire dans la morale, en donnant le nom de vertu à des sentimens qui n'y ont aucun droit, et en ne reconnaissant pas la vertu là où elle est évidemment. Par exemple, en parlant de vertus politiques, il prétend qu'elles ne sont point absolues, mais relatives à la nature des gouvernemens; et empruntant la division célèbre de Montesquieu, il adopte, toujours d'après Montesquieu, comme principes des gouvernemens despotique, monarchique et républicain, la crainte, l'honneur, et l'amour de la patrie, qu'il appelle des vertus politiques, vertus non absolues, mais seulement relatives : d'où il suit, pour ne point parler de l'honneur des monarchies, que la crainte est une vertu, puisque c'est une vertu relative; et que l'amour de la patrie n'est point une vertu absolue, c'est-à-dire que la bassesse d'un aga qui, de peur de déplaire à son maître, opprime ses malheureux compatriotes, et l'action d'un Régulus qui meurt pour les siens, sont placées au même rang, et confondues sous la même dénomination de vertus relatives. On n'échappe à toutes ces définitions arbitraires que par des principes fixes et absolus ; et on ne trouve de pareils principes, ni dans la sensibilité physique d'Helvétius, ni dans ce qu'on appelle, avec plus ou moins de justesse, la sensibilité morale : la raison seule a le privilége d'établir des règles inviolables, parce qu'elle seule aperçoit la vérité, fondement unique de l'obligation morale. Trop souvent on a cru pouvoir employer la sensibilité et le raisonnement seuls pour atteindre à la vérité, et par-là, au lieu de la trouver, on l'a perdue. On a donc pris en défiance tout ce qui touche à la sensation et au raisonnement, et l'on s'est réfugié de désespoir dans le sentiment, contre les émotions des sens et les incertitudes de l'entendement. De là cette pente qui entraîne aujourd'hui tant d'esprits au mysticisme. Mais le sentiment, quoique plus intime à l'ame que la sensation, est aussi variable qu'elle, et n'est pas plus scientifique : c'en est fait de la science, si le mysticisme triomphe ; il endormira les ames, il ne les calmera point ; il énervera les esprits ; il éteindra la spéculation. Même fléau de la part de la sensation et du raisonnement seuls, qui agiteront sans éclairer, et retiendront toujours les recherches philosophiques dans les données étroites et fugitives d'une sensibilité bornée et mobile, ou dans les cercles vicieux de la dialectique. La raison est le seul asile éternellement ouvert à la dignité de l'homme et à la science il n'y a là ni trouble, ni changement, ni incertitude; tout y est pur, universel et fixe : la sensation ni le sentiment n'y atteignent point, et le raisonnement n'y pénètre que pour y puiser les principes qui le légitiment.

Mais la crainte du mysticisme ne doit pas nous rendre injustes envers l'estimable auteur de la *Nouvelle Réfutation*. C'est déjà beaucoup d'abandonner les voies d'Helvétius ; mais celles de Smith, pour être plus nobles en apparence, ne sont guère plus sûres. S'il nous appartenait de proposer des guides, nous indiquerions avec plus de confiance dans l'école même de Smith, Dugald-Stewart, Kant en Allemagne, ou chez les anciens, Platon et Marc-Aurèle.

VUES SUR L'ENSEIGNEMENT
DE LA PHILOSOPHIE.

Recte sapere.

(Paris, 1818, in-8°.)

Quoique ce petit ouvrage ne contienne que des *vues sur l'enseignement de la philosophie*, les changemens graves qu'il propose dans l'état actuel de l'enseignement nous ont engagés à l'examiner avec un soin particulier. Ce sont les résultats de cet examen que nous présentons ici avec la franchise et l'indépendance dont l'auteur use lui-même très-largement à l'égard de ses devanciers.

Nous commencerons par exposer la conclusion de tout l'ouvrage ; savoir, que « on ne saurait mieux faire, dans l'état présent des choses, que de prendre pour base de l'enseignement philosophique, dans toutes les écoles de France, la doctrine de l'école écossaise, et principalement les écrits du docteur Reid (pag. 41). » Nous signalons cette conclusion, afin de frapper d'abord l'attention du lecteur, et de l'appeler sur la suite des raisonnemens que l'auteur a dû, ce semble, employer pour arriver à cette conséquence, qu'il faut provisoirement adopter dans toutes nos écoles une doctrine dont, il y a six ou sept ans, personne en France ne soupçonnait l'existence, et qui, même aujourd'hui, n'est pas connue de plus de deux ou trois professeurs de la capitale.

Pour établir cette conséquence, qui pourra paraître étrange, il faudrait prouver d'abord que la théorie écossaise est supérieure aux théories actuellement enseignées en France : il faudrait prouver ensuite qu'elle l'emporte sur toutes les doctrines étrangères, contemporaines et antérieures, antiques et modernes; car, comme la langue anglaise n'est guère plus familière aux professeurs français que la langue allemande, et comme elle doit l'être beaucoup moins que les langues latine et grecque, il n'y a que la supériorité incontestable du mérite philosophique qui puisse déterminer en faveur de la doctrine de l'école d'Édimbourg. Enfin il faudrait développer cette doctrine et la bien mettre en lumière pour que chacun connaisse ce qu'on lui propose d'adopter.

Or la vérité nous force de déclarer que nous n'avons rien trouvé qui ressemblât à une discussion un peu sérieuse dans la notice plus bibliographique que critique, où des arrêts aussi courts que sévères sacrifient tous les systèmes connus au système de Reid, proscrivent en quelques lignes les manuels de Séguy et de Lyon, c'est-à-dire la philosophie de Descartes que ces manuels reproduisent à peu près, comme trop scolastiques et trop substantiels, Locke et Condillac, comme superficiels et incomplets, et la philosophie allemande, comme inintelligible. Nous regrettons surtout que la philosophie écossaise y soit présentée avec si peu d'étendue, qu'il soit impossible de s'en former une idée nette, et de prononcer sur son mérite absolu ou relatif. Ne pouvant donc contester ou admettre rationnellement une proposition avancée sans preuves, nous nous contenterons de la considérer dans son résultat pratique, et d'examiner les suites du conseil que l'auteur donne à l'autorité compétente, d'adopter provisoirement dans toutes les écoles françaises la philosophie écossaise comme philosophie officielle.

Nous le prions de vouloir bien faire attention que, s'il propose à l'autorité d'adopter le système de Reid, il lui reconnaît conséquemment le droit général d'adopter tel ou tel système; de sorte que si l'autorité préférait un système contraire à celui de l'auteur, elle aurait également le droit de l'imposer à tous les professeurs et à l'auteur lui-même, en vertu de son conseil, en dépit de sa philosophie.

Il dit (pag. 44), en proposant un abrégé de Reid pour base commune de l'enseignement philosophique en France : « Cet abrégé pourrait être fait par chaque professeur. » Ceci laissait au moins une certaine latitude et des licences d'abréviation qui n'étaient pas très-effrayantes; mais il ajoute (pag. 46), « que, si l'on ne croyait pas devoir laisser à chaque professeur le soin de rédiger ses leçons en prenant pour base la doctrine de Reid, on pourrait l'adopter provisoirement. » Sans entrer dans l'examen de l'ouvrage que l'auteur propose à l'autorité, il suffit de constater seulement qu'il lui reconnaît le droit d'imposer aux professeurs quelque chose de plus contraignant encore que l'abréviation d'un livre étranger. Ce n'est pas tout : non content d'introduire la philosophie écossaise dans tous les collèges royaux et communaux, c'est-à-dire dans toutes les écoles où l'on enseigne un peu plus qu'à lire et à écrire, l'auteur, craignant sans doute que quelque intelligence n'échappe à sa philosophie, propose une mesure par laquelle désormais « on ne pût prendre aucune inscription aux écoles de droit et de médecine, ni être admis à l'école royale polytechnique et aux écoles spéciales, sans prouver qu'on a fait son cours de philosophie dans un collège royal. »

Or comme, selon la proposition précédente de l'auteur, on ne peut enseigner dans les collèges royaux que la philosophie de l'école d'Édimbourg, voilà bien, en dernière analyse, et par une suite de mesures étroitement liées, toute la jeunesse française devenue subitement écossaise à la voix de l'autorité. Mais comment l'auteur ne voit-il pas qu'un autre coup de la même baguette peut la rendre tout aussi subitement allemande ou américaine, latine ou grecque? Encore si l'autorité était inamovible, si elle était immortelle, on pourrait se résigner une fois pour toutes. Il y a dans l'esprit humain une certaine paresse qui s'arrange assez bien de la servitude, pourvu qu'elle soit uniforme et constante ; mais, comme l'autorité peut changer tous les jours, lui accorder le droit de faire les doctrines des écoles, n'est-ce pas constituer les écoles en révolution permanente, et placer l'anarchie dans le pouvoir? Les conséquences d'un tel état de choses sont si déplorables qu'il faut en détourner les yeux et prier l'auteur de vouloir bien sonder lui-même l'abîme où l'a conduit le goût mal entendu de l'uniformité dans les doctrines enseignées.

Effrayés de ces conséquences, effrayés surtout des alarmes d'un grand nombre de professeurs troublés dans la sécurité de leur avenir et de leur enseignement, par la subite apparition d'un livre d'autant plus inquiétant, qu'il est fait avec plus de soin, et qu'il a reçu du public et surtout de l'autorité un accueil plus favorable, nous avons cherché quel peut être le premier principe d'une si déplorable théorie : nous avons cru le trouver dans cette proposition, jetée avec une apparente négligence dans les premières lignes de l'ouvrage que nous examinons : « Autre chose est la forme de l'enseignement philosophique, autre chose est sa matière. Peut-être, dit l'auteur, est-ce pour n'avoir pas d'abord suffisamment discuté ce dernier point, c'est-à-dire la nature de la philosophie, sa définition, et les idées fondamentales qui la constituent, qu'on n'a pu encore s'accorder sur le reste. » Nous convenons qu'aussitôt qu'on est d'accord sur le premier point, sur la matière de la philosophie, « sur sa nature, sa division et les idées fondamentales qui la constituent, » ce qui est très-facile, comme chacun sait, et comme il paraît bien par l'histoire de la philosophie depuis Pythagore jusqu'à nos jours, tout est fini, tout est arrêté, c'est-à-dire qu'il ne reste plus qu'à commander d'un côté, et de l'autre à obéir. Tant qu'on voudra toucher à la matière même de la philosophie, comme parle l'auteur, on rencontrera partout des écueils inévitables. La meilleure mesure à prendre est peut-être de n'en prendre aucune : c'est là le secret de toutes les difficultés de ce genre. Honorez les maîtres, respectez leur liberté en lui traçant certaines limites ; encouragez leurs efforts ; récompensez leur zèle ; et il se formera de bons maîtres, des professeurs distingués. Mais où ne sera pas la liberté n'espérez pas faire germer le talent. Il n'y a que la médiocrité qui puisse venir et prospérer dans la servitude.

Il nous en a coûté, sans doute, pour nous exprimer ainsi sur un ouvrage où l'on ne peut d'ailleurs méconnaître quelque mérite ; mais le devoir le plus rigoureux, comme professeur et comme ami de la science, nous y forçait. Nous devons être d'autant moins suspects aux yeux de l'auteur, qu'amis déclarés de la philosophie écossaise, si nous combattons aujourd'hui l'idée de la transporter brusquement dans toutes les écoles françaises, il doit être évident que nous sacrifions notre opinion personnelle, et peut-être notre vœu le plus cher, au respect de la liberté d'autrui. Nous repoussons hautement le monopole : nous ne réclamons, nous n'accepterons que la liberté commune à tous. Sans doute il faut que les doctrines nouvelles qui prétendent à la victoire, puissent se produire; mais il n'est pas bon qu'elles obtiennent si promptement les honneurs du triomphe; il faut qu'elles soient et long-temps et sévèrement contredites. Si ce sont des chimères, il est juste qu'on les dissipe : si la vérité est pour elles, qu'elles ne redoutent pas le combat; il fera éclater leur force.

PENSÉES DÉTACHÉES.

DU LANGAGE.

Rien n'induit plus à faire des cercles vicieux que l'habitude des abstractions logiques qui vous ramènent d'ordinaire au point d'où vous êtes parti. M. de Tracy, analyste logicien, cherche pourquoi l'animal n'a pas de signes. C'est, dit-il, qu'il n'est pas capable de distinguer les sensations particulières renfermées sous une sensation complexe ; mais comme l'animal ne pourrait faire cette opération sans signes, il s'ensuit que l'animal n'a pas de signes parce qu'il n'a pas de signes. Toute institution suppose une puissance d'institution ; or, l'institution, réagissant sur la puissance qui l'institue, la développe, l'étend, de sorte que celle-ci lui doit ses progrès et paraît en dépendre. Mais comme la puissance d'institution a créé l'institution qui la fortifie, il est vrai de dire que c'est à elle-même réellement qu'elle doit tous ses progrès ultérieurs. Ainsi le génie moral dicte les lois qui règlent la moralité et paraissent la faire, quand jamais ces lois n'eussent existé sans lui. Si l'on examinait ainsi les effets des grandes institutions naturelles, on verrait qu'ils ne sont point arbitraires, parce que leurs causes ne le sont pas ; et l'on ne confondrait plus les causes prochaines et immédiates avec les vraies causes plus éloignées.

Il est absurde de dire que l'homme ne pense qu'au moyen de signes, si l'on n'ajoute qu'il n'a des signes que parce qu'il pense. Les signes ne créent point de facultés ; ils supposent une activité intentionnelle antérieure, qui a pu les créer parce qu'elle l'a voulu ; et c'est de cette volonté productrice qu'il faut nous relever, non des signes qui n'en sont que les produits.

Pourquoi l'animal ne pense-t-il pas ? parce qu'il n'a pas de signes, dit-on ; mais pourquoi n'a-t-il pas de signes ? parce qu'il ne pense pas ; et il ne pense pas, parce qu'il ne veut pas, c'est-à-dire qu'il ne produit pas volontairement, et que, par conséquent, ce qu'il fait n'étant pas un effet qu'il puisse distinguer de sa cause, il est toujours sous la loi de l'affection passive, il n'a pas, et par conséquent il ne conçoit pas l'intention, et ne peut attacher une intention métaphysique à un son matériel.

L'homme est essentiellement une force libre : là est le titre de sa dignité, l'origine ou du moins la condition de toutes ses connaissances. Il y a de l'action dans toute connaissance, et toute action est essentiellement libre ; le reste n'est point de l'action, mais du mouvement ; notre vraie puissance est notre volonté. Si l'homme ne voulait pas, il ne pourrait rien, il ne pourrait que ce que peut l'animal, c'est-à-dire que la force universelle de la nature, à l'aide de circonstances extérieures et de ressorts internes, déterminerait en lui des impressions et des mouvemens purement organiques. Parmi ces mouvemens, il faut compter le langage primitif, tout signe involontaire et irréfléchi. Quand ces signes irréfléchis et involontaires seraient aussi riches qu'ils le sont peu ; quand l'imagination systématique leur prêterait les caractères dont ils sont absolument dépourvus, si parfaits qu'on les suppose, considérés isolément en eux-mêmes, ils ne pourraient jamais servir de moyen de rappel ou de communication à la pensée; ils ne seraient même jamais des signes ; ils seraient exactement comme s'ils n'étaient pas, si, comme on le dit ordinairement avec assez de justesse, l'homme n'avait quelque pensée à leur donner à signifier, ou plutôt, s'il n'avait le pouvoir de se les approprier et de les apercevoir ; car tout ce qui est inaperçu est insignifiant et nul. Or, la condition essentielle de toute aperception est l'action intérieure, cette action personnelle et fondamentale que les scolastiques appelaient la forme substantielle de l'existence. Ce n'est pas l'aperception qui nous constitue; c'est bien plutôt nous qui constituons l'aperception. Où manquerait l'action intérieure, défaillerait l'aperception, et il n'y aurait rien pour nous. En vain l'animal en nous pousserait des cris, exécuterait mille mouvemens; ne sachant rien, parce qu'il ne se saurait pas; ne se sachant pas, parce qu'il n'aurait jamais ni agi ni voulu, il ne saurait jamais ni que lui, ni, à plus forte raison, qu'un autre que lui, eût exécuté un mouvement extérieur, encore moins qu'il eût voulu l'exécuter, et que ce mouvement réfléchît un sentiment, une idée. Ce n'est donc pas la puissance de la parole et du signe, considérés en eux-mêmes, qui produit les miracles qui nous accablent aujourd'hui, et dans l'éclat desquels le signe et la parole cachent leur origine. Car, ôtez l'activité humaine, et cette puissance mystérieuse se réduit à rien. Laissez l'activité, au contraire; laissez-lui apercevoir ces cris, ces gestes, qui, tant qu'ils lui sont étrangers, sont insignifians en eux-mêmes. Elle les aperçoit; bientôt elle va les répéter librement, et par-là se les approprier, les rendre significatifs pour elle, qui les comprend parce qu'elle les produit, qui les produit puisqu'elle les répète librement; car toute répétition volontaire est une véritable production. Voilà les signes inventés; l'activité n'a plus qu'à les perfectionner, à les modifier, à les varier, à les unir, à en faire à la longue, pour la pensée, ces moyens de rappel, de communication, ou même de production ultérieure, si actifs et si puissans, puisqu'ils sont dépositaires de toute l'activité et de toute la puissance de l'intelligence volontaire et libre, dont ils sont à la fois les effets et les instrumens. Les signes, la parole, ne sont donc rien en eux-mêmes; ils ne sont que ce que la volonté les fait être; et en ceci, comme en beaucoup d'autres choses, il est dur d'entendre partout célébrer les effets, quand la cause est ou négligée, ou méconnue, ou repoussée. Que l'on y songe; la théorie que nous combattons ne va pas à moins qu'à faire produire l'homme par la parole; mais l'homme de cette théorie n'est qu'une machine dont se sert plus ou moins heureusement le langage, qui vient alors on ne sait d'où : n'est-ce pas là un véritable suicide?

DE LA LOI MORALE
ET
DE LA LIBERTÉ.

La loi morale ne peut commander qu'à une volonté libre. Le monde moral est celui de la liberté. Là où il y a libre détermination, acte voulu et délibéré, là est le monde spirituel. Or nous ne vivons, nous ne subsistons que par des actes continuels de volonté et de liberté. Le monde spirituel est donc déjà pour nous sur cette terre. Nous vivons en quelque sorte sur les confins de deux empires séparés dont nous formons la mystérieuse réunion. Pour pénétrer dans le ciel, il n'est pas besoin de percer les ombres du tombeau; le ciel est déjà dans le cœur de l'homme libre : *et cœlum et virtus*, dit Lucain. Je suis citoyen du royaume invisible des intelligences actives et libres. Mais quelle est la détermination de ma volonté qui éclaire à mes yeux ce monde invisible ? Demandez-le à la conscience. Examinez-vous quand vous faites votre devoir, et le ciel vous apparaîtra au fond de votre cœur. Ce n'est pas par des raisonnemens qu'on acquiert la conviction du monde spirituel : c'est par un acte libre de vertu, qui est toujours suivi d'un acte de foi à la beauté morale, et d'une vue intérieure de Dieu et du ciel.

Le monde sensible agit sur moi, et l'impression que je reçois est pour moi une occasion de vouloir. Ma volonté détermine à son tour un changement dans le monde sensible. C'est là l'ordinaire de la vie humaine, où le vouloir ne se manifeste qu'à la suite de mouvemens sensibles et par des mouvemens sensibles. Faites plus : contenez votre vouloir en lui-même, qu'il agisse sans se manifester au-dehors, que ses libres déterminations ne sortent pas du sanctuaire intérieur; ne cherchez point à marquer votre volonté par des effets sensibles : et vous voilà tout-à-fait affranchis du monde matériel, votre vie est toute spirituelle, vous êtes parvenus à la source de la véritable activité, vous êtes en possession du saint, du pur et du divin; vous avez une vue intérieure de la vie divine qui se révèle dans la vôtre. Se placer hors de toute condition sensible; vouloir, sans égard aux suites de son vouloir; vouloir, indépendamment de tout antécédent et de tout conséquent; replier ses déterminations sur elles-mêmes, c'est là la vraie liberté, le commencement de l'éternité. On peut parler de liberté, de sainteté, de pureté : mais on ne combine que des mots lorsqu'on ne s'est point affranchi soi-même. On n'obtient, dit le christianisme, le sens de la vie éternelle qu'en renonçant au monde et à ses fins. Alors la foi en l'Éternel entre dans l'ame. Enfin, selon les images de la doctrine chrétienne, il faut mourir et être enfanté de nouveau pour entrer dans le royaume des cieux.

La philosophie n'est que la vue de l'ame généralisée. Si la volonté est attachée au monde sensible, comment peut-on croire à la sainteté et à une autre vie? On traite l'éternité de fable, ou on y croit par préjugé. Réformez la vie pour réformer la philosophie. Les lumières de l'esprit ne seraient que ténèbres sans la lumière de la vertu. Oh! si l'ame du dernier des Brutus, si l'ame de saint Louis s'étaient racontées elles-mêmes, quelle belle psychologie morale nous aurions!

La volonté infinie et éternelle se révèle à nous dans la conscience morale, dans ce commandement suprême, *Veux le bien*; et la volonté humaine individuelle se mêle à la volonté infinie en obéissant librement à sa voix. Là est le grand mystère de l'éternité se découvrant à l'humanité, et de l'humanité se revêtant librement de l'éternité. L'homme est tout entier dans ce mystère : donc la morale est la source de toute vérité, et la vraie lumière réside dans les profondeurs de l'activité volontaire et libre.

Voici un fait de conscience incontestable, et en même temps simple et indécomposable :

« Fais le bien, sans égard aux conséquences; c'est-à-dire, veux le bien. »

Puisque ce commandement n'a pas d'objet terrestre, visible, matériel, applicable aux besoins de cette vie et de ce monde sensible, il suit que, ou il n'a pas de fin, de but, ou il a une fin, un but invisible, et qu'il regarde un monde différent du nôtre, où les mouvemens externes qui résultent des volitions sont comptés pour rien, et où les volitions elles-mêmes sont tout.

S'il n'y a pas un monde invisible, où toutes nos bonnes volontés nous sont comptées, quel est donc sur la terre le but de la vertu?

1° Sert-elle au mécanisme de l'univers?

2° A-t-elle pour fin la civilisation du globe?

3° L'amélioration de la destinée humaine sous le rapport des commodités locales et physiques?

4° La paix du monde?

5° Le plus grand développement moral du genre humain, d'où sortirait sa plus grande perfection en général, avec son plus grand bonheur?

Pour tout cela il n'était pas besoin de vertu. Dieu n'avait qu'à construire des machines sans liberté; il aurait eu un aussi beau spectacle, s'il ne voulait que le spectacle du bonheur. Mais, dira-t-on, il le voulait produit par nous-mêmes. Il ne l'aura jamais; le bonheur universel sur la terre est une chimère. Ensuite Dieu, pour arriver à ce but, pouvait se dispenser de nous donner la loi morale et la conscience; il suffisait de l'égoïsme. Remarquez que dans le monde sensible peu importe pourquoi un fait a lieu, pourvu qu'il ait lieu. Donnez plus de lumière à mon égoïsme, ou augmentez la force de ma sympathie naturelle, je ferai autant ou plus de bien aux autres que par le seul sentiment du devoir.

Il faudrait avoir toujours présentes à l'esprit les maximes suivantes·

1° Les conséquences d'une action, quelles qu'elles soient, ne la rendent ni bonne ni mauvaise moralement ; l'intention est tout. A parler rigoureusement, il n'y a pas d'action morale, il n'y a que des intentions morales.

2° Pour qu'une intention soit bonne moralement, il faut qu'elle ne soit pas intéressée.

3° Sont regardées comme intéressées toutes intentions où il y a un retour personnel. Ainsi, faire une chose pour avoir des honneurs, de la gloire, des applaudissemens, des plaisirs, soit sensuels soit intellectuels, des plaisirs externes ou internes, pour entendre dire que l'on est généreux ou pour pouvoir se le dire à soi-même, pour avoir des récompenses sur la terre ou même dans le ciel, tout cela est également en dehors de la morale.

4° Sont regardées comme indifférentes les actions qui viennent de l'impulsion de l'organisation. Ainsi, l'homme qui, entraîné par un mouvement irrésistible de pitié et de sympathie, prodigue sa vie pour servir son semblable n'est pas encore un être moral.

5° Est regardé comme être moral celui qui, après avoir pesé une action et l'avoir trouvée juste, la fait uniquement parce qu'il croit qu'il faut la faire, et par cette seule raison qu'elle est juste.

DE LA CAUSE ET DE L'INFINI.

L'induction a besoin d'une base dans un état à peu près semblable. Jamais nous ne concevrions des causes volontaires extérieures, si une cause volontaire interne ne nous était donnée. Sur cette terre nous ne pourrions nous élever à l'idée d'une autre vie toute spirituelle, si nous n'en trouvions déjà une image dans cette vie intérieure de la volonté, dans ce monde des déterminations libres et des intentions vertueuses, où ne pénètre rien de sensuel et de terrestre. Otez cette donnée humaine, la vie divine n'est pas seulement incompréhensible, mais inconcevable ; l'induction n'y porte pas, et jamais l'homme n'en eût eu l'idée. Descartes disait : Donnez-moi la matière et le mouvement, et je vais créer le monde. Je dirais volontiers : Donnez-moi la conscience et l'induction, je vais créer les connaissances premières et les connaissances ultérieures, le subjectif et l'objectif, l'aperception et la croyance. La vie future est crue dans la vie vertueuse aperçue par la conscience.

Toutes les idées que nous pouvons nous faire de la création sont empruntées, en dernière analyse, à la conscience de notre causalité personnelle. Or, dans la *causation*, pour nous servir de ce mot anglais, il y a création d'une détermination intérieure ou d'un mouvement externe, c'est-à-dire la création de quelque chose de phénoménal. Partant de là, qui peut nous permettre de concevoir légitimement la création de substance?

Il y a deux mémoires : l'une fille de la sensation, l'autre de la volonté. Condillac ne considère, dans la mémoire, que le retour accidentel de la même image; mais il ne parle ni de la force volontaire de se rappeler, ni de la connaissance du passé, ni de l'identité du sujet qui se rappelle ce qu'il a fait et voulu. La mémoire passive est à la mémoire volontaire ce que la vue est au tact.

On demande si nous débutons par la sensation ou par la pensée. Par toutes les deux. Nous ne trouvons pas d'abord le dehors tout seul, ce qui impliquerait contradiction : un non-moi sans moi, comme spectateur au moins, est absurde. Nous ne trouvons pas non plus le moi tout seul; mais nous le trouvons déjà lié à quelque chose d'étranger, qui le limite et en même temps le détermine. Nous n'allons pas de la circonférence au centre, ni du centre à la circonférence : le cercle nous est donné tout entier en nous-mêmes.

L'expérience et les sens enseignent le matérialisme; ce monde ne parle que de mort et de destruction : l'ame seule parle d'immortalité.

La possibilité de la notion d'infini et d'éternel tient à la nature éternelle et infinie de l'ame.

Toutes nos notions négatives sont postérieures et

logiques. Nos premières notions sont positives et absolues. Le oui avant le non.

La notion du temps serait contradictoire avec elle-même si on la supposait dérivée de l'idée de succession. Toute succession est une durée limitée, et le temps n'a point de limite. Multipliez tous les temps, et vous ne ferez pas encore le temps. Une somme d'instans, si considérable qu'elle puisse être, n'est pas plus de l'éternité, que la somme la plus considérable de zéro n'est un nombre. La succession mesure le temps, elle ne le constitue pas.

Le passé et l'avenir sont deux rapports dans l'éternité, qui est un présent continuel.

RELIGION, MYSTICISME, STOICISME.

La vie n'est autre chose que la conscience du moi dans son rapport avec le non-moi ou la nature extérieure. Le non-moi est l'indéfini, c'est-à-dire le fini multiplié par lui-même; le moi est l'individuel, c'est-à-dire le fini redoublé en lui-même. Le moi a beau s'étendre dans le non-moi, lui résister, même le vaincre, il ne sort pas des limites du fini : les scènes plus ou moins intéressantes de la vie ne dépassent point le théâtre étroit du monde visible.

Le visible c'est le fini, l'invisible c'est l'infini. Nous saisissons le visible par la conscience et par les sens; l'invisible, qui se dérobe éternellement à toute prise immédiate, se révèle à l'humanité par la raison.

La raison est la faculté non d'apercevoir, mais de concevoir l'infini.

Par quoi l'infini se révèle-t-il à la raison? par son idée?

Et quelles sont les formes sous lesquelles l'idée de l'infini se présente à la raison humaine?

Les formes du vrai, du bien, du beau. Le vrai, le bien, le beau, voilà les trois intermédiaires entre l'homme et l'infini.

Que l'homme par lui-même ne puisse atteindre

jusqu'à l'infini, que la portée de sa conscience et de sa sensibilité expire sur les bornes du variable et du fini, qu'un médiateur soit nécessaire pour unir ce phénomène d'un jour et celui qui est la substance éternelle; c'est ce dont on ne peut douter. De là la nécessité d'un terme moyen entre Dieu et l'homme; de là encore cette nécessité que ce soit Dieu qui se manifeste à l'homme, et que le terme intermédiaire vienne de lui pour aller à l'homme, l'homme étant dans une impuissance absolue de créer lui-même l'échelle qui doit l'élever jusqu'à Dieu; de là la nécessité d'une révélation. Or, cette révélation commence avec la vie dans l'individu comme dans l'espèce; le médiateur est donné à tous les hommes : c'est la lumière qui éclaire tout homme qui vient en ce monde.

En d'autres termes, la raison est contemporaine de la conscience et de la sensibilité; elle agit avec elle et en même temps qu'elle; seulement ses objets sont différens. Les objets de la conscience et de la sensibilité sont l'homme et la nature; les deux réalités finies, contingentes, variables, qui, dans leurs comparaisons, leurs abstractions, leurs généralisations, leurs développemens les plus reculés, ne peuvent donner à l'homme que des connaissances contingentes et finies. Or, c'est un fait, et un fait incontestable, que l'homme possède d'autres connaissances que celles-là, des connaissances qu'il est impossible de ramener aux précédentes : par exemple, les mathématiques, dont les principes ne sont appuyés ni sur l'expérience extérieure ni sur l'expérience intérieure; les lois universelles de la physique qui reposent sur le calcul, non sur l'expérience; les lois morales qui s'appliquent aux actes humains, et qui ne s'en déduisent pas; certaines vérités politiques qui sont la règle des sociétés, qui ne les font pas mais qui doivent les suivre; enfin les lois du goût qui jugent les ouvrages de la nature et de l'homme, et qui, par conséquent, viennent d'une autre source; toutes ces vérités, qui sont marquées du caractère d'absolu, ne tombent ni sous la conscience ni sous les sens; elles sont l'objet spécial de la raison. On ne peut les rapporter ni à l'homme ni à la nature, ni l'homme ni la nature ne pouvant avoir produit l'absolu. Élevez-vous donc, dit Platon, de cette scène de la vie et de la nature qui change continuellement, à ce qui ne change point, aux vérités absolues, aux idées. Arrivée là, la raison ne s'y arrête pas; elle reconnaît que la vérité est la manifestation de quelque chose, la manifestation d'un être à qui elle se rapporte, comme à sa substance, la vérité absolue devant avoir aussi sa cause et sa substance comme tout le reste. La vérité conduit donc à la substance même, à Dieu qui, profondément invisible en son essence, se manifeste ou se révèle à nous par la vérité, rapport sacré qui unit l'homme à Dieu. Telle est la théorie platonicienne et chrétienne.

J'appelle cet ensemble d'idées système religieux rationnel : rationnel, parce qu'il a la raison pour point de départ; religieux, parce qu'il aboutit à l'infini et à l'éternel.

Puisque Dieu ne se révèle que par la vérité, la vérité est Dieu : c'est de lui tout ce que nous en pouvons connaître. La raison tente-t-elle d'écarter la vérité et d'atteindre immédiatement à la substance, de voir l'infini face à face, elle se confond et s'abîme dans le mysticisme. Le mysticisme consiste à substituer l'illumination directe à la révélation indirecte, l'extase à la raison, l'éblouissement à la philosophie. Je ne dis pas qu'il n'y a point d'autre mysticisme que celui-là ; mais tous les genres de mysticisme se rattachent à l'illumination directe. Le mysticisme est le plus cruel ennemi de la raison. Le mysticisme et le rationalisme sont toujours en présence, et selon que l'un ou l'autre l'emporte, la religion est raisonnable ou absurde. D'un autre côté, vous arrêtez-vous à la vérité, et ne la rapportez-vous point à son principe, vous ne possédez pas la vérité toute entière ; et de peur de vous égarer, vous restez à moitié chemin dans les régions intellectuelles.

Non-seulement l'infini ne se révèle à nous que par son idée, par la vérité, mais encore elle ne se révèle à nous que dans le fini ; elle se révèle à l'homme dans l'homme et dans la nature ; elle ne détruit pas le monde réel, elle l'éclaire ; elle ne nous transporte pas du fini dans l'infini, ce qui est impossible, mais elle nous impose la loi de vivre dans le fini, pour y chercher et y représenter l'infini autant qu'il est en nous, en adorant le beau, en pratiquant le bien, en cherchant le vrai : de sorte que quiconque adore le beau, pratique le bien, cherche le vrai, est déjà religieux dans la pratique ; car c'est à Dieu qu'il obéit sans le savoir, quand même il n'apercevrait pas que le beau, le vrai et le bien, ont une cause substantielle au-delà des limites de ce monde.

Or, comme l'esprit de l'homme n'est pas toujours assez élevé pour aller du vrai, du bien et du beau à la conception de leur éternel auteur, souvent aussi il n'est point assez étendu pour embrasser le vrai, le bien et le beau dans leur harmonie. Le beau, qui participe de la raison et du sentiment, tient par le sentiment à la sensibilité, variable dans les différens individus : tous les individus ne sont donc pas capables d'adorer et de représenter le beau ; et celui qui recherche la vérité et se soumet aux austérités de la vertu adore suffisamment la beauté dans le vrai et dans le bien ; l'homme vertueux et éclairé est un artiste à sa manière, et représente en sa noble vie et dans l'élévation de sa pensée la partie la plus admirable du beau. Tout le monde n'est pas non plus capable d'être philosophe et de poursuivre sans cesse la vérité, quoique tout le monde soit obligé de la chercher dans sa sphère et selon la mesure de ses forces. Il n'y a donc que le bien qui soit par lui-même obligatoire, également obligatoire pour tous, et dont nul, sous quelque prétexte que ce soit, ne peut être dispensé. Ce dernier point de vue, dans sa grandeur un peu étroite, est le point de vue stoïque. C'est l'extrémité opposée au mysticisme.

DE L'HISTOIRE

DE LA PHILOSOPHIE.

On peut résoudre le problème du principe des connaissances humaines par la raison ou par l'expérience. Cette différence se rencontre à la naissance de la philosophie entre les deux premières écoles grecques, celle d'Ionie et celle d'Italie. La science avance ; la difficulté demeure, et les diverses manières de la résoudre caractérisent les diverses écoles. Pythagore revit dans Platon, qui voit tout *à priori*. Aristote reproduit l'école ionienne en l'agrandissant ; observateur exact, il induit scrupuleusement ses principes de faits qu'il constate ; et quand il expose une théorie, il marche toujours *à posteriori*. L'académie et le lycée sont les deux écoles qui contiennent à peu près toutes les autres ; elles ont partagé l'antiquité et le moyen âge, et leurs doctrines, diversement accueillies selon les siècles, les lieux, le génie religieux des différens philosophes, composent l'histoire entière de la philosophie. Peut-on faire un plus grand éloge de deux hommes que de pouvoir dire avec vérité que, pendant deux mille ans, l'esprit de leurs semblables a marché sur leurs traces, et n'a guère eu d'autre honneur que celui d'entrer plus ou moins profondément dans leur pensée? L'éloge est immense, mais il est incontestable pour qui s'est un peu engagé dans le labyrinthe de la philosophie du moyen âge. Platon est un père de l'Église; il règne longtemps à Alexandrie et à Constantinople. Aristote reparaît et refleurit sous les Arabes, et donne naissance à la scolastique. Il est certain qu'avant l'apparition des Maures, Platon était à peu près le philosophe de l'Europe chrétienne; tous ceux qui n'étaient point sceptiques, ceux qui avaient cherché à résoudre le problème fondamental, l'avaient résolu comme lui. Aristote l'emporte ensuite; mais, mal étudié et mal compris, il n'engendre que la scolastique. On n'étudiait alors que la logique, et la logique du temps n'était guère que l'art de disputer sans s'entendre. Les grandes discussions avaient cessé, et, dans ce silence du génie sur les hauts intérêts de la science, on n'entendait que le bruit sourd et confus de la dialectique péripatéticienne, dégradée par toutes les petites inventions du bel esprit arabesque et de la subtilité monastique. Cependant la question fondamentale reparaît, avec les deux doctrines rivales, dans la célèbre querelle des *réalistes* et des *nominaux*. Au renouvellement des sciences, quand l'antiquité fut mieux étudiée, Platon et Aristote partagèrent encore les esprits. Aristote est expliqué par George de Trapezonte; Platon a pour lui Bessarion, et d'autres noms célèbres. Tel était l'état de la philosophie quand Bacon parut.

Enfin voici un homme de génie depuis Platon et

Aristote; l'espace intermédiaire est rempli par des beaux esprits ou des moines. Bacon mérite le nom de père de la philosophie moderne, en ce sens qu'il lui a donné les méthodes qui ont produit les plus belles découvertes des derniers temps. Si on me demandait quelle est la philosophie de Bacon, je me tairais par respect pour ce grand homme, ou je dirais qu'il n'en a point eu; son but n'était pas de faire adopter tel ou tel système, mais la méthode générale qui peut conduire à la vérité. Un orateur philosophe a comparé Bacon à une de ces statues qui, placées sur les grandes routes, enseignent par où il faut marcher, mais qui restent immobiles; et Bacon dit lui-même : « Je ne me propose pas d'éclairer tel ou tel endroit du temple; je veux allumer un grand flambeau qui illumine tout l'édifice. » On ne peut donc pas dire l'école de Bacon comme on dit l'école de Platon; parce que Bacon n'a point eu de doctrine positive qui ait trouvé des disciples et des propagateurs; mais c'est son esprit qui anime toute la philosophie moderne, et qui lui a donné ce caractère de sévérité et d'exactitude qui la distingue de l'antiquité. Toutefois on peut dire que Bacon, sans enseigner une philosophie spéciale, recommandant sans cesse l'expérience, engage à expliquer tout par elle; et sous ce rapport il est le chef d'une école particulière, et lui-même appartient à celle d'Aristote. Mais j'aime mieux considérer Bacon hors de toute école, au-dessus des disciples et des maîtres, dominant toutes les philosophies, sans pencher vers aucune. Cependant l'ardeur philoso-

phique s'accroît, et la science fait de nouveaux pas.
Le fatal problème se représente, et les anciennes solutions se reproduisent avec des combinaisons nouvelles. On a vu qu'Aristote était enfin resté vainqueur; Descartes arrive, qui lui arrache la victoire.
Mais qu'a fait Descartes? Je parle ici de ses découvertes positives, et non de son esprit métaphysique, dont l'originalité est au-dessus de tout éloge : qu'a fait Descartes? un commentaire de Platon. Les types primitifs sont remplacés par les idées innées. L'académie se relève, et compte d'illustres et nombreux disciples, Malebranche, Arnault, Bossuet, Fénélon, et presque tout le siècle de Louis XIV. D'un autre côté, Locke combat Descartes, et fonde une école péripatéticienne, quoiqu'il se défende de suivre Aristote. Le génie vaste et conciliateur de Leibnitz essaie de réunir Locke et Descartes, Aristote et Platon; mais, malgré son impartialité, il penche pour ce dernier. Le combat s'échauffe, la querelle se complique et s'étend. Toutes les philosophies qui s'élèvent aboutissent, en dernière analyse, à Locke ou à Descartes, ou à Leibnitz, qui forme une école séparée, laquelle hérite à peu près du cartésianisme, qui n'a plus de disciples en France après Fontenelle. Toute la philosophie française ou anglaise est fille de Locke, et toute la philosophie allemande est fille de Leibnitz.
Or, Leibnitz et Locke relèvent eux-mêmes indirectement des deux philosophes grecs. C'est donc par ces deux grands hommes que doit commencer toute étude sérieuse de l'histoire de la philosophie.

DE LA PHILOSOPHIE

DE L'HISTOIRE.

La vie de l'humanité se compose d'un certain nombre d'évènemens qui se suivent, mais dont chacun, considéré en lui-même, forme un tout distinct qui a ses parties; un drame plus ou moins long, qui a ses commencemens, son progrès et sa fin. Ces différens drames sont les différentes époques de l'humanité. Retracer chacune de ces époques, c'est la fonction de l'histoire. Les idées de l'historien, sont donc nécessairement particulières, puisqu'elles sont relatives aux évènemens particuliers qu'elles embrassent et dont il s'agit de déterminer les causes. C'est surtout à la recherche et à l'examen de ces causes que l'historien doit s'attacher, s'il veut traiter son sujet et seulement son sujet. Dépasse-t-il ce cercle, il tombe dans des généralités vagues ; ses réflexions, pour s'appliquer à tout, ne s'appliquent à rien, et son ouvrage manque de caractère. D'un autre côté, les couleurs de l'historien, c'est-à-dire la manière dont il décrit les évènemens, doivent être, comme ses idées, c'est-à-dire la manière dont il les explique, particulières et locales, puisqu'elles s'appliquent à quelque chose de particulier : chargées de rendre la vie au passé et de reproduire la réalité, elles doivent s'empreindre fortement de ce qui constitue la réalité et la vie; elles doivent être individuelles et déterminées. C'est à ce prix-là seul qu'elles seront brillantes et fortes, et en même temps naturelles, et que l'historien pourra être peintre et poète sans sortir de son sujet, sans manquer à la gravité de ses fonctions, ou plutôt précisément parce qu'il ne perdra de vue ni ses fonctions ni son sujet. Telle est, selon moi, la théorie de l'histoire ordinaire.

Ainsi la muse de l'histoire parcourt les temps, et va de générations en générations, d'époques en époques, les reproduisant successivement avec fidélité, et révélant les véritables causes qui, dans telle époque, préparèrent tels évènemens et leur imprimèrent tels caractères. L'histoire explique et elle peint. Mais quand elle aura expliqué et quand elle aura peint toutes les époques de l'humanité les unes après les autres, ces tableaux et ces leçons n'auront reproduit et éclairé qu'une succession de choses particulières : cette succession forme un ensemble qu'on appelle ordinairement l'histoire universelle. Mais est-ce bien là une vraie histoire universelle ? où est l'idée d'universalité dans une simple collection plus ou moins considérable ? où est l'unité dans une multiplicité plus ou moins étendue ? J'ai lu toutes les histoires ; je sais tout ce qui s'est passé parmi les hommes ; je sais ce qu'ont été Rome, la Grèce, la Judée, l'Égypte, l'Inde; je connais le moyen âge et les temps modernes; nul peuple ne m'est inconnu; nul évènement ne m'a échappé : mais enfin, que sais-je en dernière analyse? que l'humanité a maintenant tel âge, qu'elle a éprouvé divers accidens plus ou moins remarquables, ici par telle cause, là par telle autre. L'histoire devait m'enseigner tout cela, et elle me l'a enseigné : là finit sa tâche. Mais mes besoins finissent-ils là, et n'ai-je plus rien à savoir et à chercher sur l'humanité et sur le monde? Vous avez fait couler sous mes yeux le fleuve du passé; vous m'avez fait connaître les pays qu'il a déjà traversés, les rivages qu'il a dévorés, les tempêtes qui ont soulevé ses flots, enfin l'histoire de son cours, à moi qu'il doit engloutir comme il a fait mes devanciers. Mais quelle est donc la nature du mouvement qui l'emporte et quel est le but où il tend? Pourquoi son cours est-il tantôt paisible, tantôt orageux? Ces irrégularités ne peuvent-elles être ramenées à quelque règle? ses mouvemens n'ont-ils pas des lois? son existence même n'a-t-elle point sa raison? Voilà ce que je veux savoir, ce qu'il m'importe de savoir; car autrement je ne sais rien, je n'aperçois de tous côtés que des évènemens insignifians et les jeux accidentels d'une destinée capricieuse. Or qu'est-ce que la science de ce qui est accidentel?

Mais cet accidentel, dira-t-on, c'est précisément le réel? Assurément; mais le réel ce n'est pas le vrai. Le réel ne tombe sous la connaissance que par son rapport à la vérité qu'il réfléchit, à laquelle il est conforme. C'est dans cette conformité que le réel a sa vérité; c'est par le rapport éternel de la réalité à la vérité que la réalité est éternellement vraie; c'est par le rapport éternel de l'accidentel au nécessaire que l'accidentel lui-même est nécessaire; c'est enfin par le rapport de ce qui arrive à ce qui doit arriver, que ce qui arrive arrive parce qu'il doit arriver. Au-dessus du réel est sa raison d'être; ce monde qui passe en contient un qui ne passe point, qui constitue l'essence, la vérité et la dignité de l'autre.

Connaître le vrai tout seul est impossible, puisqu'on ne peut arriver au vrai qu'en passant par le réel; connaître le réel seul est insuffisant, le réel n'étant que la manifestation du vrai; prendre la manifestation, l'image, le symbole, le signe, pour la chose signifiée, pour la vérité elle-même, c'est une erreur grave et trop commune, et dans laquelle on tombe lorsqu'on étudie ou que l'on décrit la partie visible et sensible des choses humaines, sans remonter à leur raison et à leur but véritable. Illustres historiens qui avez immortalisé par votre génie les aventures et les lois de quelques peuplades de la Grèce, vos peintures sont brillantes, vos idées souvent profondes; vous me transportez réellement sur la place publique d'Athènes ou de Corcyre, sur les champs de bataille de l'Attique et de la Laconie; vous me montrez fort bien ce qui a perdu Athènes, ce qui a fait triompher Lacédémone; mais, après tout, qu'est-ce qu'une nation de plus ou de moins dans l'humanité? qu'est-ce que cette Athènes, cette Lacédémone, dans le sein de la civilisation générale? Sont-ce des phénomènes fortuits et arbitraires, produits par le hasard, détruits par le hasard? ou bien avaient-elles leur rôle à jouer et représentent-elles quelque idée dans l'économie de la vie universelle? Ce serait cette idée qu'il s'agirait de déterminer; ce seraient alors les idées diverses représentées par les divers peuples qu'il faudrait atteindre et dégager. Ce serait là la véritable histoire de l'humanité, son histoire intérieure, qui serait à l'autre histoire ce que la minéralogie et la chimie sont aux simples perceptions des sens. Les historiens ont décrit la réalité, et ils ont bien fait; ils ont décrit l'extérieur de la vie, et il fallait que cet extérieur fût décrit : cette description est l'histoire proprement dite, qui a son génie et ses règles à part. Il faut que l'histoire ne soit que ce qu'elle doit être, et qu'elle s'arrête dans ses propres limites ; ces limites sont les limites mêmes qui séparent les évènemens et les faits du monde extérieur et réel, des évènemens et des faits du monde invisible des idées. Ce monde plane sur le premier, il s'y réfléchit et s'y réalise; il le suit dans tous ses développemens et dans toutes ses révolutions ; leur marche est relative et parallèle; ils se touchent et se pénètrent par tous les points. Or, si l'un a ses observateurs et ses historiens propres, pourquoi l'autre n'aurait-il pas les siens? pourquoi, comme on raconte les évènemens sans liaison nécessaire qui composent la vie extérieure du genre humain, ne rétablirait-on pas, entre ces évènemens arbitraires, l'ordre véritable qui les rapproche et les explique, en les rapportant au monde supérieur, duquel ils participent? Ce serait là la science historique par excellence, qui aurait ses commencemens et son perfectionnement comme toutes les autres sciences rationnelles dont se compose la philosophie. Celle-là, sans doute, ne serait pas la plus facile, mais en est-elle moins importante, moins nécessaire? et est-ce une raison suffisante pour l'interdire à l'intelligence humaine, et ne pas oser la commencer?

Cette science historique, cette philosophie de l'histoire fut ignorée des anciens, et devait l'être; les anciens n'avaient point assez vu, pour être importunés de la fatigante mobilité du spectacle, et de la stérile variété de ces fréquentes catastrophes, qui ne paraissent avoir d'autre résultat qu'un changement inutile dans la face des choses humaines. Plus jeunes, plus actifs, plus occupés à lutter contre les choses, plus contens que les modernes de l'ordre social tel qu'ils l'avaient fait, les anciens, en général plus calmes, se plaignaient peu de la destinée, parce que cette destinée ne les avait point frappés par des coups aussi terribles et aussi multipliés. Pour nous, qui avons vu passer cette noble antiquité, et que la tempête perpétuelle des révolutions a précipités tour à tour dans des situations si diverses; qui avons vu tomber tant d'empires, tant de sectes, tant d'opinions ; qui ne nous sommes traînés que de ruines en ruines vers celles que nous habitons aujourd'hui sans pouvoir nous y reposer ; nous sommes las, nous autres modernes, de cette face du monde qui change sans cesse ; et il était naturel que nous finissions par nous demander ce que signifient ces jeux qui nous font tant de mal ; si la destinée humaine reste la même, gagne ou perd, avance ou recule au milieu des révolutions qui la bouleversent ; pourquoi il y a des révolutions, ce qu'elles enlèvent et ce qu'elles apportent ; si elles ont un but, s'il y a quelque chose de sérieux dans toutes ces agitations et dans le sort général de l'humanité. Toutes ces questions, à peu près inconnues à l'antiquité, commencent à troubler les ames et à agiter sourdement toutes les têtes pensantes. Tout le monde ne se rend pas compte de cette agitation intérieure : mais il est peu d'hommes distingués qui ne l'éprouvent ; il en est peu qui ne roulent, souvent même sans le savoir, au fond de leur cœur, ces sombres problèmes, et qui même, jusqu'à un certain point, ne les résolvent d'une manière ou d'une autre. Une doctrine s'est élevée au milieu du dernier siècle, vaste comme la pensée de l'homme, brillante comme l'espérance, accueillie d'abord avec enthousiasme, aujourd'hui trop délaissée, et qui sera toujours l'asile de toutes les ames d'élite. Turgot, qui apporta parmi nous la doctrine de la perfectibilité humaine, l'introduisit sans l'établir ; et quant à l'homme célèbre qui, sous le glaive révolutionnaire, lui éleva un si noble monument, ses pensées consacrées, en quelque sorte, par la religion de la mort, toujours admirables de sérénité, de pureté et de grandeur, sont plus hautes qu'exactes...

L'ORIENT ET LA GRÈCE,

ou

HISTOIRE DE LA MÉTHODE PHILOSOPHIQUE

CHEZ LES GRECS.

La vérité, par elle-même, ne constitue pas la science ; le hasard peut la révéler à l'inattention ou à l'enthousiasme par une espèce de bonne fortune que n'a pas toujours la patience du génie. D'ailleurs toutes les grandes vérités sont connues, isolément du moins ; et il y a en ce genre peu de découvertes à faire. Pour tout ce qui est grand et nécessaire, le genre humain a prévenu la philosophie ; il l'a prévenue, dis-je, mais il ne lui a pas dérobé le mérite qui la distingue, celui de s'approprier pour ainsi dire la vérité en s'en rendant compte. La science en effet est le compte sévère que l'esprit se rend à luimême d'idées que primitivement il a rencontrées sans les chercher ; elle est le produit libre de la réflexion ; et les divers degrés de la science sont les formes plus ou moins profondes, plus ou moins systématiques que la réflexion ou le génie de quelques hommes ajoute à l'intuition immédiate qui est le génie de la nature humaine.

L'instinct intellectuel révéla à l'Orient un certain nombre de vérités supérieures dont la forme primitive fut cette forme populaire qui parle aux sens plus qu'à l'esprit, et voile ce qu'elle ne peut encore démontrer, je veux dire cette vieille mythologie, que je ne crois point du tout l'œuvre calculée ou la ressource de quelques sages ou de quelques castes pour éclairer ou pour enchaîner les peuples (l'esprit humain est plus sincère ou moins profond), mais le fruit nécessaire du premier développement de la réflexion naissante excitée par l'instinct intellectuel qui lui révélait la vérité, et en même temps retenue encore par sa faiblesse dans le monde extérieur qui lui imposait ses images, et par conséquent le symbole. Objets d'un culte constant et d'une vénération immobile dans le symbolique Orient, les mythes ne me paraissent avoir été soumis à la réflexion que dans cette Grèce qui reçut tout de l'Orient, son alphabet, ses religions, ses arts, sa philosophie, et refit tout pour tout perfectionner. En effet, plus on y songe, plus on trouve que la différence qui sépare l'Orient de la Grèce est celle de la réflexion à l'instinct. Cette différence se montre partout. L'Orient invente; mais son invention s'arrête à ses premiers produits; la Grèce imite, mais son imitation, toujours dirigée par cette réflexion sûre et facile qu'on appelle le goût, oublie bientôt ses modèles qu'elle surpasse. Les idées orientales sont des intuitions spontanées et absolues qui se suffisent à elles-mêmes, et produisent sans effort une foi imperturbable. Elles dégénèrent en visions ; elles vont jusqu'à l'extase, et plongent l'ame dans une contemplation inactive. Les idées grecques sont des conceptions ou des combinaisons de l'esprit qui, sans exclure la foi, n'excluent pas non plus le doute, et se développent par un mouvement continu qui souvent aboutit au sophisme et à la dispute.

Les trois époques dans lesquelles nous avons divisé l'histoire de la philosophie grecque[1], présentent encore plus le progrès de la méthode que celui de la doctrine ; car cette doctrine est toute entière dans quelques idées fondamentales, toujours les mêmes dans Pythagore, dans Platon et les derniers alexandrins. Mais la méthode varie, parce qu'elle avance sans cesse avec l'esprit général de la civilisation grecque. Dans la première époque, la réflexion sommeille encore, et sort à peine (l'école ionienne exceptée) des formes symboliques et des mythes orientaux. Fille de l'Orient, l'école pythagoricienne en retient les caractères ; elle enseigne par des symboles, elle parle par images, elle écrit en vers. La philosophie de cette époque est sur un trépied ; au lieu de raisonner, elle rend des oracles. La seconde époque est déjà plus réfléchie ; l'Orient anime encore la Grèce, mais sans l'enchaîner ; on commence à étudier les idées en elles-mêmes. Cependant remarquez que si Platon n'écrit plus en vers, il n'écrit pas non plus d'une manière didactique, et que ses traités, pour n'être plus des hymnes, sont encore des

---

[1]. Voyez la préface générale de l'édition de Proclus, tom. 1er.

dialogues. Les détails ont une précision admirable, mais l'ensemble est plus imposant que lumineux, et on y sent encore je ne sais quel souffle poétique qui rappelle la première époque et la manière orientale. Aristote est le premier qui chassa de la philosophie les mythes, les symboles, la poésie, tous les vestiges de l'Orient, et qui éleva la science à cette pureté, à cette sévérité, à cette abstraction dans les formes, que nous autres modernes nous plaçons et devons placer avant tout; mais je prie que l'on observe qu'Aristote, ayant enveloppé dans la même proscription avec les métaphores et les symboles la partie supérieure du système de Platon, éluda par là la plus grande difficulté, et manqua aussi la vraie gloire de la forme scientifique. En effet, ce sont surtout les idées transcendantes, c'est-à-dire les idées qui dépassent les limites de l'expérience, qui, nous étant données par intuition et placées au-dessus de toute dialectique, semblent par-là échapper à la science. Platon, les voyant, comme elles sont en effet, au-dessus de cette science, dont les objets sont ou des faits ou des raisonnemens, en prit un peu de dédain pour les formes scientifiques, et Aristote, ne pouvant les y réduire, les leur sacrifia. Ce que n'ont point fait ces deux grands hommes, il ne faut pas l'attendre de leurs successeurs. Il ne nous reste rien des premiers stoïciens; et il n'était pas difficile à Chrysippe de donner dans un style sévère des leçons de dialectique. La tâche d'Épicure était encore plus facile, et l'on ne peut guère juger comment il l'a remplie, par les fragmens incomplets de deux ou trois livres de son ouvrage sur la nature, retrouvés récemment à Herculanum. Nous n'avons rien de Pyrrhon; et encore une fois, ce n'est pas le scepticisme ou les résultats de l'expérience qu'il est malaisé d'exprimer avec précision et de plier à une méthode rigoureuse; ce sont ces vastes et hautes spéculations pour lesquelles les méthodes ne semblent pas faites, et qui n'en sont pas moins des besoins réels et nécessaires de la nature humaine, qu'on ne détruit pas en les éludant, et qui, chassés par les préjugés d'une science incomplète et par les difficultés qu'ils opposent à l'esprit systématique, reviennent toujours avec la même force, se jouent de nos préjugés et de nos arrangemens philosophiques, et renverseront les édifices les plus réguliers de la science humaine, tant qu'elle ne leur aura pas fait une place, et agrandi pour eux son enceinte et ses proportions.

La troisième époque, qui prétendit concilier tous les systèmes grecs en prenant Platon pour base, rencontra inévitablement la difficulté de l'alliance des idées transcendantes et de la méthode, et ne parvint à la résoudre, avec plus ou moins de succès, qu'après des efforts long-temps répétés; et, selon moi, ce fut seulement le second âge de cette troisième époque, l'école d'Athènes, qui eut particulièrement cet honneur. Or, Proclus est à la tête de cette école; cependant, je dois dire pour la vérité, que ce n'est pas Proclus, mais Syrien qui, chronologiquement, en est le vrai chef. Il est fâcheux que nous n'ayons conservé de Syrien qu'un seul ouvrage, car peut-être une partie de la gloire de Proclus lui reviendrait ; peut-être serait-ce à lui qu'il faudrait rapporter la fondation de la dernière école philosophique de l'antiquité : mais la gloire du disciple a éclipsé et couvert celle du maître ; et Proclus, comme Homère, a été si grand, qu'il a fait oublier ses devanciers, et concentré, pour ainsi dire, dans sa personne leurs services et leurs mérites. Quelques savans ont déjà soupçonné que plusieurs des ouvrages de Proclus, qui, au reste, ne sont pas venus jusqu'à nous, n'étaient guère que les cahiers de Syrien. Toujours est-il que l'un ou l'autre est le chef d'une école nouvelle, sinon pour la doctrine, au moins pour la forme ; car il n'y a pas d'autre différence entre les deux périodes de l'éclectisme. Tout a ses degrés et ses progrès ; il a fallu à l'éclectisme plusieurs siècles pour arriver à sa forme la plus pure. L'idée de réunir les membres épars de la philosophie grecque était si haute et si vaste, qu'Ammonius y suffit à peine, et que ce grand homme put seulement établir l'éclectisme dans l'esprit de quelques disciples, sans pouvoir le consacrer lui-même par des monumens. Ammonius n'a rien écrit. Un serment mystérieux obligeait même ses disciples à ne rien écrire et à ne point révéler les pensées du maître ; et ce ne fut qu'après l'apostasie et l'indiscrétion d'Origène, que Plotin, à la fin du second siècle, enseigna le néoplatonisme. Il l'enseigna, dis-je, mais sans le rédiger ; on n'a de lui que quelques réponses écrites aux éclaircissemens que lui demandaient ses auditeurs, et ce n'est pas lui, mais Porphyre, qui mit quelque ordre dans ses papiers, et les publia sous la forme qu'ils ont aujourd'hui. Il ne faut donc y chercher que d'admirables fragmens et des idées fondamentales. Le sublime des idées, et la tendance platonicienne, prédominent dans Plotin; l'esprit d'Aristote, c'est-à-dire le génie de la forme, ne s'est point encore assez fortement uni à l'esprit de Platon, c'est-à-dire au génie de l'idée, dans ces premiers résultats des combinaisons alexandrines. Porphyre, venu après Plotin, n'a pas laissé de longs ouvrages; ses écrits sont des morceaux intéressans sur plusieurs points de philosophie, il brille par une sagacité et une pénétration particulière, et par la manière nette et fine avec laquelle il rend les idées les plus difficiles; mais c'est plutôt un talent d'expression que de méthode. Jamblique est un prêtre, un prêtre inspiré; il semble avoir eu pour but plutôt de remettre en honneur les vieilles réputations philosophiques, les traditions égyptiennes et pythagoriciennes, que d'exposer une doctrine. Sa parole est grave, sa manière éloquente, sa vue est profonde et calme; mais, outre qu'il ne paraît pas versé dans certaines matières, et qu'il paraît plus érudit que philosophe, il avait des préventions trop défavorables au péripatétisme pour s'assujettir à la sévérité de sa marche. Syrien est le premier qui ait consacré un ouvrage particulier à Aristote, et encore c'est pour réfuter ses objections contre Platon. Cependant peu à peu l'on sentait le besoin de sortir de ce sublime un peu vague, qui accompagne les grandes idées platoniciennes, mystérieuses par leur nature et obscures en apparence, parce qu'elles sont intimes et immédiates, et de leur donner une forme qui leur imprimât le caractère de science. Or, il me semble, si je n'ai pas pour mon auteur la prédilection ordinaire aux commentateurs, il me semble que Proclus est le premier qui ait fait une combinaison heureuse des idées de Platon et de la forme d'Aristote, et qui ait uni la sévérité de la méthode à la grandeur des idées; c'est là pour moi l'idée que Proclus représente; et c'est depuis Proclus qu'elle commence à caractériser l'école d'Athènes, et les philosophes qui la soutinrent pendant quelque temps, comme Damascius, et surtout Simplicius, si remarquable par l'union savante du péripatétisme et du stoïcisme, et par le mérite d'une exposition claire et régulière, qui rappelle la manière de Proclus. Mais les idées morales du stoïcisme, et la doctrine dialectique et physique d'Aristote, se prêtaient assez facilement à la méthode scientifique; la difficulté, mais aussi la gloire, est de soumettre le platonisme à la sévérité de la méthode, sans que l'un ou l'autre souffre de cette alliance. Proclus n'en est pas certainement, et n'en pouvait être le parfait modèle; mais, enfin, il en est le moins imparfait parmi les éclectiques alexandrins.

DU FAIT DE CONSCIENCE.

La philosophie est toute faite, car la pensée de l'homme est là.

Il n'y a point et il ne peut y avoir de philosophie absolument fausse ; car l'auteur d'une pareille philosophie aurait dû se placer hors de sa propre pensée, c'est-à-dire hors de l'humanité. Cette puissance n'a été donnée à aucun homme.

Quel peut donc être le tort de la philosophie ? C'est de ne considérer qu'un côté de la pensée, et de la voir tout entière dans ce seul côté. Il n'y a pas de système faux, mais beaucoup de systèmes incomplets, vrais en eux-mêmes, mais vicieux dans leur prétention de contenir en chacun d'eux l'absolue vérité, qui ne se trouve que dans tous.

L'incomplet et par conséquent l'exclusif : voilà le vice unique de la philosophie, et encore il vaudrait mieux dire des philosophes ; car la philosophie domine tous les systèmes. Amie de la réalité, elle en compose le tableau total des traits qu'elle emprunte à chaque système. Chaque système réfléchit en effet la réalité ; mais par malheur il la réfléchit sous un seul angle.

Pour posséder la réalité tout entière, il faudrait rester au centre. Pour rétablir la vie intellectuelle mutilée par chaque système, il faudrait rentrer dans la conscience, et là, sans esprit systématique et exclusif, analyser la pensée dans ses élémens et dans tous ses élémens, et rechercher en elle les caractères et tous les caractères sous lesquels elle se manifeste aujourd'hui aux regards de la conscience.

Or, quand je descends dans la conscience et que j'y contemple paisiblement la vie intellectuelle, je suis frappé irrésistiblement de l'immédiate aperception de trois élémens, de trois élémens, dis-je, ni plus ni moins, qui s'y rencontrent tous et toujours, simultanés quoique distincts, constituant la pensée dans leur complexité nécessaire, et la détruisant par le défaut de l'un des trois. Dégageons ces trois élémens par l'analyse.

Ce que je sais le mieux, c'est-à-dire le plus immédiatement, c'est moi-même. Dans tout fait intellectuel, dans toute pensée, dans toute connaissance, je m'aperçois moi-même comme le sujet de ce fait, comme le sujet de la pensée ou de la connaissance, comme l'élément constitutif et fondamental de la conscience; car sans moi, tout est pour moi comme s'il n'était pas; sans le moi, le moi ne connaît rien, ne sent rien, ne se rappelle rien, n'abstrait rien, ne combine rien, ne raisonne sur rien. Il peut bien y avoir la matière d'une pensée, d'une sensation, d'un jugement, d'un souvenir, d'un raisonnement; mais le moi n'en sait rien et n'en peut rien savoir, s'il n'est pas. Le moi est donc l'élément nécessaire de toute pensée.

Dira-t-on que le moi c'est la pensée même, c'est-à-dire la sensation, le jugement, etc., réunis dans une unité collective qu'on appelle moi. Mais je sens et je sais, *certissimâ scientiâ et clamante conscientiâ*, que le moi n'est pas seulement un lien logique et verbal inventé pour exprimer l'union de mes pensées, mais quelque chose de réel qui les unit et en forme une chaîne continue, en tant qu'il est dans chacune d'elles. Je sens et je sais fort bien encore que le moi n'est pas plus une circonstance, un degré d'une pensée particulière, qu'il n'est le lien verbal de plusieurs pensées. Je sais qu'il n'est pas vrai que la sensation ou le souvenir, ou le désir, dans un certain degré de vivacité, deviennent moi, mais que c'est moi qui constitue la sensation ou le désir, en m'ajoutant à un certain mouvement, à de certaines affections sensibles qui ne s'intellectualisent en quelque sorte, et ne deviennent pour moi sensation ou désir qu'autant que j'en prends connaissance.

Le moi se manifeste dans deux circonstances remarquables. Pour qu'il soit à ses propres yeux, il faut qu'il agisse; son action est la condition nécessaire de son aperception, mais cette action s'accomplit d'abord sans que le moi prévoie son résultat et y consente; ou elle s'accomplit parce que le moi y consent, et qu'il en connaît les conséquences. L'action spontanée et l'action réfléchie ou volontaire sont les deux actions intérieures que me découvre la conscience; on ne peut négliger l'une ou l'autre de ces actions, sans mutiler une des deux parties de cette force intérieure qui est le moi. Le moi est l'apparition de l'esprit à lui-même, par son activité redoublée en elle-même et retournant à elle-même, c'est-à-dire dans la conscience. La conscience n'est pas une faculté qui aperçoit d'un côté ce qui se passe de l'autre; il n'y a pas une scène isolée où se passent les évènemens de la vie intellectuelle, et, vis-à-vis, quelqu'un dans le parterre qui les contemple; ici pour ainsi dire le parterre est sur la scène; la conscience de la vie est la vie même, car il n'y a vraiment de vie qu'autant qu'elle se manifeste et s'aperçoit. La réflexion est éminemment libre. La spontanéité n'est pas non plus aveugle, ni fatale; seulement elle n'est pas précédée de la réflexion. Le moi est une force continue dans son exercice, et qui tantôt marche en avant, tantôt rentre en elle-même et s'y constitue un nouveau point de départ, un point d'appui pour son développement ultérieur. La vie est une action, et la vie n'est bien à nous qu'autant que l'action nous appartient, et que nous nous l'approprions par la liberté; la liberté est le plus haut degré de la vie, et la liberté n'appartient qu'à la réflexion, car il n'y a pas de liberté sans choix, sans comparaison et délibération, c'est-à-dire sans réflexion. La réflexion, mère de la liberté et fille de la liberté, est un acte libre qui produit des actes libres. Au sein de l'activité spontanée du moi, et de cette autre activité dont nous n'avons point parlé encore, qui ne vient pas du moi, qui fait effort au contraire pour agir sur lui et l'envelopper dans son action fatale; la réflexion, au milieu de ce monde de forces qui la combattent et qui l'entraînent, s'arrête, et, selon une expression célèbre, se pose elle-même. La réflexion ou le moi libre, est un point d'arrêt dans l'infini. Fichte l'appelle un choc contre l'activité infinie. Le moi, dit ce grand homme, se pose lui-même dans une détermination libre; ce point de vue est celui de la réflexion; le moi se pose parce qu'il le veut, et c'est vraiment à lui-même, à sa détermination libre qu'il doit son existence propre. La détermination qui accompagne et caractérise la réflexion, est une détermination précédée ou mêlée d'une négation. Pour que je pose le moi, comme dit Fichte, il faut que je le distingue explicitement du non-moi; or, toute distinction implique une limitation, une négation. Mais est-il vrai que nous débutions par une négation? et n'y a-t-il rien avant la réflexion et le fait à la description duquel Fichte a pour jamais attaché son nom? Toutes nos recherches sur nous-mêmes sont réfléchies, et notre sort est de chercher le point de vue spontané, par la réflexion, c'est-à-dire de le détruire en le cherchant. Cependant, en s'examinant en paix, il n'est pas impossible de saisir le spontané sous le réfléchi. Dans l'instant même de la réflexion, on sent sous cette activité qui rentre en elle-même, une activité qui a dû se déployer d'abord sans se réfléchir. Chose fatale à la psychologie, mais inévitable! l'action primitive se redouble sans doute dans la conscience, mais elle s'y redouble faiblement et obscurément; et si nous voulons éclaircir ces ténèbres, convertir la conscience obscure en une conscience claire et distincte, nous ne le pouvons que par la réflexion, c'est-à-dire par un point de vue distinctif et des jugemens mêlés de négation, c'est-à-dire encore une fois que nous ne pouvons éclairer le point de vue spontané qu'en le détruisant. Il faudrait sentir le moi se déployant lui-même, sans aucune impulsion extérieure, agissant par sa propre vertu, mais agissant sans s'être commandé d'agir, ne se déterminant point encore, mais déterminant ses actes ou ses pensées, se trouvant sans s'être cherché, s'apercevant sans se poser, en un mot spontané, mais non pas volontaire et libre. *Hic labor.*

Le moi est l'élément de toute connaissance; mais la connaissance ne repose point uniquement sur le moi, sans quoi il faudrait dire avec Fichte qu'elle n'est qu'un développement du moi. Mais lorsqu'on se replie sur la conscience, on y trouve inévitablement un élément différent du moi, des phénomènes que le moi n'a point faits, et qui introduisent dans le monde intérieur de la conscience la multiplicité extérieure dont ils sont les représentans. Je parle de la sensation, qui ne serait pas sans un moi qui l'aperçoive, mais qui non plus n'est pas fille du moi, mais du monde extérieur : je m'explique.

Il est certain que le moi prend connaissance de certains phénomènes qui lui appartiennent, qu'il constitue, qu'il pose lui-même; ainsi les volitions, les déterminations du moi, sont l'objet du moi dans la conscience; il y a même des sensations appelées volontaires, parce qu'elles sont le produit de la liberté humaine s'affectant elle-même : alors l'objet n'est pas distinct du sujet, si le non-moi est un effet du moi. Dans ce cas il y a bien contraste dans la conscience, mais il n'y a pas opposition; car ce contraste c'est le moi lui-même qui l'établit, et la diversité n'est que le déploiement varié de l'unité individuelle. Mais non-seulement le moi produit ces phénomènes, mais il en trouve qu'il reconnaît n'avoir pas faits, par exemple ses affections involontaires. Dans ce cas le non-moi apparaît au moi non-seulement comme distinct, mais comme étranger; ce n'est plus le moi qui pose le non-moi, ce n'est pas non plus le non-moi qui pose le moi, le moi n'étant jamais posé que par lui-même, mais le non-moi pose, détermine, cause une affection du moi. Lorsqu'on me presse le bras, le moi aperçoit la sensation qu'il éprouve comme un effet indépendant de lui et de sa détermination; c'est là toute la passivité du moi. A proprement parler, le moi n'est jamais, ou du moins ne se sait jamais passif, car il ne se connaît qu'autant qu'il s'aperçoit, et apercevoir c'est déjà agir. De plus le moi agit sans cesse tant qu'il est; nous agissons et nous voulons dans la sensation même: la sensation n'est pas un acte du moi, mais la sensation n'est sentie, n'est sensation que parce que le moi qui en prend connaissance est déjà constitué, et il ne l'est que par l'action et la volition. Si le moi était passif il faudrait un autre moi actif pour prendre connaissance de la passion du premier moi : il y aurait deux moi, ce qui est absurde ; le moi est un être indivisible, et son indivisibilité est celle même de sa volonté et de son activité. Mais au milieu de cette activité continue surviennent des affections extérieures que le moi aperçoit involontairement, qu'il est contraint de subir, il est vrai, mais dans lesquelles il agit, il veut encore, puisqu'il les juge, les apprécie, les distingue de soi, y résiste, ou y cède, et même en leur cédant détermine jusqu'où il veut leur céder. Toute affection n'éteint pas la liberté, mais la limite, selon qu'elle est plus ou moins vive ; quand l'affection trop violente et trop vaste accable la liberté, alors il n'y a plus d'aperception du moi, ni même du non-moi ; car il n'y a plus de moi, ni par conséquent d'aperception possible ; et cependant ce n'est pas le non-moi qui manque à l'aperception, mais bien la force intérieure par laquelle le moi se constitue lui-même, et peut alors apercevoir ; il n'y a plus ni plaisir ni peine, parce qu'il n'y a plus aperception. Ainsi, privilège et grandeur de la liberté, où elle manque, s'éteint l'intelligence, et où meurt l'intelligence, là expire la sensibilité. Je ne dis pas que la connaissance soit libre, mais je veux dire qu'un être libre peut seul connaître ; comme je ne confonds pas l'intelligence avec la sensibilité ; mais je prétends qu'il faut être intelligent pour sentir, puisqu'à parler rigoureusement, ne pas connaître qu'on sent, c'est ne pas sentir.

Résumons-nous. Le moi est libre, c'est là son fonds; sur ce fonds se dessinent mille scènes variées que la liberté se donne à elle-même. Mais il y a aussi un ordre de phénomènes involontaires qui limitent la liberté de l'homme, la combattent, quelquefois la surmontent : c'est là le véritable non-moi, que le moi ne s'oppose pas à lui-même, c'est-à-dire ne pose pas lui-même, comme l'a prétendu Fichte, mais que le moi trouve opposé à lui-même. Le rapport du moi au non-moi est un rapport d'opposition réciproque; c'est un véritable combat. Or, comme le moi combat en même temps qu'il est combattu, et qu'aussitôt qu'il cesse de combattre il cesse d'être; et comme combattre est la condition nécessaire pour le moi de savoir qu'il est combattu, il s'ensuit que la passivité suppose la liberté, et que l'état de pure passivité n'est jamais dans la conscience. L'opposition du moi et du non-moi constitue la conscience; la conscience est le théâtre de ce combat perpétuel de la vie intellectuelle et morale, comme la vie physiologique n'est autre chose que la lutte de la force intérieure, du principe vital, contre les forces extérieures ou les principes de destruction. La santé est la victoire de la force intérieure; ses défaites sont les maladies; sa fuite et sa destruction est la mort. Notre constitution physique est telle que le principe vital ou la force intérieure, seule contre toutes les autres forces, s'épuise bientôt dans la résistance; et après avoir rendu un combat plus ou moins long, mais toujours court et plus composé de défaites que de victoires, succombe et abandonne le corps à toutes les forces ennemies qui l'envahissent, le partagent, le décomposent, et le font rentrer dans les lois de la nature universelle dont elles sont les agens. Si du monde physique nous entrons dans le monde moral, nous trouverons qu'ici la nature extérieure attaque le moi de mille manières plus redoutables les unes que les autres, par le corps intime au moi, par ses peines, surtout par ses joies, par toutes les passions, filles des circonstances et de ce vaste univers qui nous environne Pour se défendre le moi n'a que lui-même, comme Médée. Mais le moi est intelligent et libre; comme libre, il peut toujours combattre; doué d'une liberté limitée, d'une liberté plus ou moins puissante, il peut être vaincu, mais il peut toujours résister; et alors même qu'il est vaincu, il sait qu'il n'est pas détruit et qu'il peut combattre encore. Il ne dépend pas du principe vital, qu'on a voulu confondre avec le moi, d'être vainqueur: il dépend de moi de l'être; surtout il dépend de lui de ne jamais céder, et de poursuivre toujours le combat, s'il ne peut le terminer à son avantage. Mais, dans tout cela, je ne vois que le combat de deux phénomènes, je ne vois que cette dualité constante et primitive que la conscience aperçoit toujours. N'y a-t-il donc pas autre chose dans la conscience [1]?

1. Ici devrait se placer l'analyse de la raison comme distincte de la sensation et de la volonté, qui ne sont que les conditions extérieure et intérieure de l'aperception, tandis que la raison en est le fondement direct.

La raison constitue le savoir en soi, et comme il y a du savoir dans tout acte de la conscience (*conscientia seu scientia cum*), il s'ensuit que la raison constitue la conscience elle-même, et que c'est à elle que la conscience emprunte toute lumière. La raison constitue donc la conscience, et de plus elle lui apporte, outre la possibilité de toute connaissance, et en particulier de la connaissance du moi, du non-moi, et de leur rapport, elle lui apporte, dis-je, une connaissance nouvelle, *sui generis*, la connaissance ou la conception de l'infini, de la substance, de l'être, de la pensée absolue, source et principe de toute existence et de toute pensée. Or, ces trois élémens de la pensée réunis, composent la philosophie entière, qui ne peut se passer d'aucun d'eux. Mais les philosophes ont constamment mutilé l'un ou l'autre élément, réduisant sans cesse ou la substance et le moi au non-moi, érigé en fait unique et fondamental, ou la substance et le non-moi au moi, transformé en moi absolu, comme si ces deux mots n'étaient pas incompatibles, ou enfin le non-moi et le moi à la substance, devenue alors une substance tout-à-fait abstraite, une substance qui n'est pas une cause, abîme stérile où tout va s'engloutir, et d'où rien ne peut sortir, éternité sans temps, espace sans dimensions, infini sans forme, force absolue qui ne peut pas même passer à l'acte, puissance sans énergie, unité sans nombre, existence sans réalité.

PROGRAMME
DU COURS DE PHILOSOPHIE

DONNÉ A L'ÉCOLE NORMALE ET A LA FACULTÉ DES LETTRES
PENDANT L'ANNÉE 1817.

Division et Classification des questions métaphysiques.

DIVISION.

Toutes les questions métaphysiques sont renfermées dans les trois suivantes :

1° Quels sont les caractères actuels des connaissances humaines dans l'intelligence développée ?

2° Quelle est leur origine ?

3° Quelle est leur légitimité ?

Les questions de l'état *actuel* et de l'état *primitif* des connaissances humaines les considèrent dans l'esprit humain, dans le *sujet* où elles résident, c'est-à-dire sous un point de vue *subjectif*.

La question de la *légitimité* des connaissances humaines les considère relativement à leur *objet*, c'est-à-dire sous un point de vue *objectif*.

CLASSIFICATION.

1° Il faut traiter l'actuel avant le primitif, car en commençant par le primitif, on pourrait bien n'obtenir qu'un faux primitif, qui ne rendrait qu'un actuel hypothétique, dont la légitimité serait seulement celle d'une hypothèse.

2° Il faut traiter la question de l'état actuel et primitif de nos connaissances avant celle de leur légitimité ; car les premières questions appartiennent au système subjectif, et la seconde au système objectif, et l'on ne peut connaître l'objectif avant le subjectif.

Toutes nos connaissances subjectives étant des faits de conscience, des phénomènes, on appelle *psychologie* ou *phénoménologie*, la science du subjectif, primitif et actuel.

L'étude de nos connaissances objectives les considérant relativement à leur objet, c'est-à-dire à des existences réelles externes, s'appelle *ontologie*. Tout objectif est *transcendant* par rapport à la conscience, et l'appréciation de la légitimité des principes par lesquels nous atteignons l'objectif, s'appelle *logique transcendante*.

La science entière porte le nom de *Métaphysique*.

IDÉE D'UNE MÉTAPHYSIQUE

D'APRÈS LES PRINCIPES PRÉCÉDENS.

SYSTÈME SUBJECTIF. — PSYCHOLOGIE OU PHÉNOMÉNOLOGIE.

De l'actuel et du primitif.

DE L'ACTUEL.

De la méthode *psychologique*, ou de l'observation intérieure.

De la division et de la classification des connaissances humaines d'après la distinction de leurs caractères actuels.

Vices de plusieurs classifications.

Vraie classification : distinction des connaissances humaines d'après leurs caractères de contingence et de nécessité.

Théorie des principes contingens. Il faut ranger dans la classe des principes contingens ces principes qui forcent la croyance sans impliquer contradiction, et qui ne sont pas nécessaires mais irrésistibles, croyances naturelles dont parle la philosophie écossaise, telles que la perception de l'étendue, etc.

Théorie des principes vraiment contingens, ni nécessaires ni irrésistibles, mais seulement généraux.

Système de l'empirisme. Réfutation de l'empirisme hors des limites du contingent.

Théorie des principes nécessaires.

Des caractères qui accompagnent celui de nécessité.

Que tout principe nécessaire est une synthèse. De la synthèse opposée à l'analyse et distincte de l'identité.

Question de l'énumération des connaissances nécessaires. Difficultés de cette énumération.

Qu'elle n'a été essayée dans la philosophie moderne par aucun philosophe avant le dix-huitième siècle. Descartes, Malebranche, Leibnitz, distinguent les vérités nécessaires des vérités contingentes, mais sans les décrire ni les compter.

Exposition de la doctrine de Reid sur les vérités nécessaires, ou premiers principes : *Lois constitutives de l'esprit humain.*

De son propre aveu, Reid ne les a point épuisées.

Kant. Exposition des principes nécessaires kantiens : *formes de la sensibilité, catégories de l'entendement, idées de la raison.*

Le professeur n'a point donné la liste complète des vérités nécessaires, et s'est contenté de décrire avec exactitude les caractères actuels des principes suivans :

Principe des substances ainsi énoncé : toute qualité suppose un sujet, un être réel.

Principe d'unité : toute pluralité suppose unité.

Principe de causalité : tout ce qui commence d'exister a une cause.

Principe des causes finales : tout moyen suppose une fin.

DU PRIMITIF.

De l'ordre de déduction des connaissances humaines, et de leur ordre d'acquisition ; de l'ordre rationnel ou logique, et de l'ordre chronologique ou psychologique.

Une connaissance est antérieure à une autre dans l'ordre logique, en tant qu'elle l'autorise ; elle est alors son antécédent logique.

Une connaissance est antérieure à une autre dans

l'ordre psychologique, en tant qu'elle se produit avant elle dans l'esprit humain; elle est alors son antécédent psychologique.

De là le double sens du mot primitif : une connaissance peut être primitive, ou logiquement ou psychologiquement.

Cela posé, il faut examiner si nos connaissances actuelles contingentes et nécessaires sont primitives, soit logiquement, soit psychologiquement; et si elles ne le sont pas, reconnaître les antécédens logiques ou psychologiques qu'elles supposent.

PRIMITIF LOGIQUE.

Les connaissances contingentes empiriques ont un primitif logique; la certitude du principe général repose sur celle des faits particuliers dont il est la somme.

Au contraire, les connaissances nécessaires n'ont point et ne peuvent avoir d'antécédent logique, nul fait particulier ne pouvant fonder le nécessaire.

PRIMITIF PSYCHOLOGIQUE.

Les connaissances générales contingentes ont leur primitif psychologique dans un fait individuel et déterminé.

Les connaissances nécessaires ont aussi leur primitif psychologique individuel et déterminé; car rien ne nous est donné primitivement sous un type universel et abstrait ; mais tout primitif est individuel et déterminé ; or, tout primitif psychologique étant un fait individuel et déterminé, et tout fait individuel étant un fait du moi, c'est dans le moi, c'est-à-dire dans les modifications et les déterminations individuelles du moi, aperçues par la conscience, que se trouve l'origine psychologique de toutes nos connaissances.

Mais il y a cette différence entre le primitif d'un principe contingent empirique, et celui d'un principe nécessaire, que l'un a besoin de nouveaux faits plus ou moins semblables, et jamais identiques, puisqu'ils sont tous individuels et déterminés, pour engendrer le principe général contingent, qui n'est autre chose que le résultat comparatif d'un certain nombre de diversités individuelles, tandis que, pour engendrer le principe nécessaire, le fait individuel et déterminé qui lui sert d'antécédent psychologique n'a pas besoin de nouveaux faits, et le contient déjà tout entier. En un mot, les principes contingens ont un primitif psychologique multiple dans une succession de faits individuels comparés. Les principes nécessaires ont un primitif psychologique dans un fait unique.

Le nœud de la difficulté et de la contradiction apparente qui se rencontre ici est dans cette vérité, base du système intellectuel ; savoir, qu'il y a des faits individuels composés de deux parties, dont la première est individuelle et déterminée ; et la seconde, individuelle et déterminée dans son rapport avec la première, n'est cependant, considérée en elle-même, ni individuelle ni déterminée.

EXEMPLE :

L'énergie de ma volonté produit un mouvement interne qu'il ne s'agit point ici de décrire avec précision.

Ce fait individuel et déterminé dans sa totalité se résout finalement en deux élémens très-distincts : d'abord, une volonté individuelle, celle du moi ; un mouvement individuel, dont l'intensité se mesure par celle de la volonté et en dépend ; plus un rapport du mouvement produit à la volonté productrice.

La première partie de ce fait, qui embrasse le déterminé de l'effet et de la cause, est personnelle et relative au moi ; elle varie avec ses deux termes. Elle est la partie empirique du fait. Quand l'abstraction rassemble sous un même point de vue les diversités successives de cette partie empirique, elle en compose une idée générale, et la possibilité où nous sommes aujourd'hui d'appliquer cette idée générale à un certain nombre de cas particuliers, constitue la connaissance contingente actuelle que nous appelons principe général contingent.

Mais la seconde partie du fait, c'est-à-dire le rapport de telle cause déterminée à tel effet déterminé, quoique individualisée dans la première, en est distincte. Faites varier les termes, le rapport reste le même ; faites abstraction de l'individualité de la cause et de l'effet, le rapport de cause à effet reste dans l'esprit. Cette seconde partie du fait en est la partie absolue.

Or, dès que le fait complexe en question tombe sous ma conscience, je ne suis pas libre de faire ou de ne pas faire abstraction de sa partie individuelle; cette abstraction s'opère nécessairement et indépendamment de ma volonté, et j'ai la notion du rapport de cause à effet.

Ce rapport, qui était contingent dans le fait complexe et concret parce qu'il était attaché à une cause et à un effet déterminés, et par-là contingens, n'est pas plus tôt séparé du concret, qu'il m'apparaît absolu et nécessaire.

Aussitôt que j'ai la notion de rapport nécessaire de cause à effet, j'ai la connaissance nécessaire actuelle : tout fait qui commence d'exister a une cause; j'ai le principe de causalité qui n'est autre chose que l'impossibilité de ne pas appliquer à tous les cas possibles la notion obtenue par l'abstraction de l'individualité dans le concret.

Cette abstraction n'est pas la même que celle qui, dans la formation des connaissances contingentes, me donne l'idée générale; celle-ci procède à l'aide de la comparaison et de la généralisation; nous l'appelons abstraction *comparative* : celle-là procède par simple séparation, et c'est pourquoi nous l'appelons *abstraction immédiate*.

Le procédé abstractif immédiat n'opère que sur un seul fait (ou du moins on ne voit pas que le second puisse rendre plus que le premier), et agit inévitablement, tandis que l'autre a besoin de plusieurs faits pour agir, qu'il a ses conditions d'agir, ses limites, son développement progressif, qu'enfin il est volontaire. Qui voudrait ne pas comparer ne généraliserait jamais. Cette synthèse est arbitraire; l'autre est forcée.

Telle est l'origine et le mode de développement de toutes les connaissances actuelles.

TABLEAU DU CONTINGENT ET DU NÉCESSAIRE.

CONTINGENT.	NÉCESSAIRE.
1° *Primitif psychologique.*	1° *Primitif psychologique.*
Fait individuel simple.	Fait individuel composé d'une partie empirique individuelle et d'une partie absolue.
Succession de plusieurs faits individuels.	Point de succession.
Procédés : Abstraction, comparaison, généralisation.	Procédés : Abstraction immédiate. Elimination de la partie empirique, et dégagement de l'absolue.
Résultat : Idée générale.	Résultat : idée nécessaire de l'absolu.
2° *Actuel.*	2° *Actuel.*
Possibilité d'appliquer l'idée générale à un certain nombre de cas ou principe général.	Impossibilité de ne pas appliquer cette idée à tous les cas ou principe absolu nécessaire.

Les principes contingens non empiriques s'obtiennent par les mêmes procédés que les principes nécessaires; il n'y a de différence que dans les résultats. Nous n'obtenons pas l'absolu ni le nécessaire en soi, mais l'irrésistible.

De même que le professeur n'a pas cherché à déterminer rigoureusement le nombre et l'ordre des principes nécessaires, il ne cherche pas à déterminer ni l'origine de tous ces principes, ni leur dépendance, ni les diverses facultés à l'exercice desquelles ils sont attachés.

Il ne cherche pas non plus à décrire les faits primitifs internes avec toutes les circonstances qui les accompagnent.

Cependant il a reconnu l'origine des principes nécessaires de substance, d'unité, de causalité, et des causes finales, parce qu'on avait décrit spécialement les caractères actuels de ces principes, et parce qu'ils embrassent et constituent toute la vie intellectuelle.

FAITS PRIMITIFS INTERNES.

CONTINGENT.	NÉCESSAIRE.
1° Affection ou volition et en général modification déterminée ; rapport ; moi.	Élimination de la modification et du moi ; dégagement du rapport nécessaire d'attribut à sujet.
2° Succession de passions ou de volitions et en général pluralité déterminée ; rapport ; moi identique et un.	Élimination de la pluralité déterminée et du moi identique et un ; dégagement du rapport nécessaire de pluralité à unité, de succession à durée.
3° Fait volontaire et en général effet voulu déterminé ; rapport ; pouvoir et vouloir du moi.	Élimination de l'effet voulu déterminé et du moi ; dégagement du rapport nécessaire de cause à effet.
4° Volition intentionnelle et en général direction déterminée du pouvoir volontaire, c'est-à-dire moyen déterminé ; rapport ; fin déterminée.	Élimination du moyen et de la fin déterminée ; dégagement du rapport nécessaire de moyen à fin.

Le principe d'identité se rattache au principe des substances, comme le principe d'intentionnalité se rattache à celui de causalité. Caractères de cette dépendance.

L'absolu étant avant nous, nous domine primitivement, sans nous apparaître primitivement dans sa forme pure, et nous force d'abord de concevoir, sous une qualité déterminée, un être déterminé, qui est le moi; hypothèse naturelle. Mais aussitôt que le rapport nous a été suggéré par la force de l'absolu dans un concret primitif déterminé, dont le moi est un des termes, il se dégage du moi, nous apparaît sous sa forme pure et dans son évidence universelle qui explique et légitime l'hypothèse primitive. Il en est de même de la manifestation de l'identité du moi par le principe d'unité dans la mémoire.

La manifestation primitive de l'existence du moi et de sa durée dans la conscience et la mémoire par les principes absolus de substance et d'unité, est le lien primitif qui joint l'ontologie à la psychologie, et la première lumière qui éclaire l'objectif dans le subjectif.

SYSTÈME OBJECTIF.

ONTOLOGIE ET LOGIQUE.

Objets externes de nos connaissances ; moyens par lesquels nous y arrivons ; légitimité de ces moyens.

AME, MATIÈRE ET DIEU.

Ame.

L'ame, ou le moi réel et substantiel, est objective : car elle ne tombe pas sous l'œil de la conscience. Examen de l'opinion qui fait du moi un phénomène ou une succession de phénomènes.

La connaissance de l'ame ou du moi réel et substantiel est le résultat de l'application du principe des substances.

Application primitive et non pas logique, qui donne un être déterminé, réel, moi; fait primitif composé d'une modification individuelle, d'un moi, et d'un rapport individualisé dans ses deux termes, mais qui enveloppe un rapport fondamental et essentiel entre toute modification et tout être.

Distinction du jugement primitif conforme aux lois naturelles de tout jugement, et du jugement logique partant d'un principe logique, c'est-à-dire indéterminé, pour arriver à une conséquence logique et indéterminée.

Le moi identique et un nous est manifesté par un jugement qui intervient dans la mémoire, comme le moi par un jugement qui intervient dans la conscience.

Examen de l'opinion qui fait apercevoir le moi identique et un par la conscience.

Le jugement primitif d'identité enveloppe le rapport absolu de pluralité à unité, de succession à durée.

Matière.

Le principe de causalité, recueilli dans un fait primitif de conscience et devenu principe absolu, nous fait concevoir dans certains cas des causes extérieures. L'intervention de la perception nous manifeste, pour ainsi dire, le comment de ces causes, savoir l'étendue. Le principe des substances, recueilli dans le fait primitif du moi, et devenu principe absolu, nous suggère nécessairement la conception d'un être réel mais indéterminé sous l'étendue, qui nous apparaît alors comme la qualité première d'une substance que nous appelons matière.

Les causes externes, c'est-à-dire les qualités de la matière, varient; mais le principe d'identité et d'unité recueilli dans le jugement de la mémoire, et devenu principe absolu, nous suggère nécessairement la conception d'un être identique au milieu des variations de ces qualités.

La perception a été supposée et non démontrée comme principe intermédiaire nécessaire.

Dieu.

L'expérience ne permettant pas d'attribuer à la matière la causalité intentionnelle, et ne lui laissant que des pouvoirs ou forces physiques, les principes de causalité et d'intentionnalité persistent, et, aidés par le principe d'unité, nous font placer la causalité et l'intentionnalité véritable dans une seule cause suprême que le principe des substances nous fait concevoir comme un être réel et substantiel, lequel est Dieu.

LÉGITIMITÉ DES MOYENS DE CONNAITRE.

Pour infirmer la certitude de l'existence des objets de nos connaissances, on dit que les principes qui nous les donnent étant des principes subjectifs ne peuvent avoir une autorité objective.

Entend-on par subjectif ce qui est relatif à tel sujet, et par objectif ce qui est absolu, alors il est faux que nous obtenions l'objectif par des principes subjectifs. Qu'est-ce, en effet, que le principe de causalité, par exemple? le principe de causalité est l'impossibilité de ne pas appliquer à tous les cas possibles la notion de rapport nécessaire d'effet à cause; mais ce rapport nécessaire, nous l'avons obtenu en faisant abstraction du moi. Le principe de causalité n'est donc point subjectif, dans ce sens qu'il n'est point relatif à tel ou tel sujet individuel. Quand donc ce principe nous fait concevoir l'existence de Dieu, par exemple, nous ne croyons pas à l'absolu sur la foi du relatif, à l'objectif sur la foi du subjectif ; mais nous croyons à l'absolu sur la foi de l'absolu, à l'objectif sur la foi de l'objectif.

Les principes qui nous donnent les existences externes nous les donnent donc légitimement; car l'absolu nous donne légitimement l'absolu.

Si l'on entend avec nous par subjectif tout ce qui est interne, et par objectif tout ce qui est externe, il est vrai de dire que nous croyons à l'objectif sur la foi du subjectif. Mais comment serait-il possible que nous connussions l'externe par un principe qui ne fût pas interne? C'est nous qui connaissons : or nous sommes un être déterminé qui ne connaît qu'en lui, parce que sa faculté de connaître est sienne. Nul principe ne peut lui faire concevoir une existence, s'il n'apparaît à sa faculté de concevoir, c'est-à-dire s'il n'est en lui, s'il n'est interne.

Mais ce principe ne perd pas son autorité parce qu'il apparaît dans un sujet. De ce qu'un principe absolu tombe sous la conscience d'un être déterminé, il ne s'ensuit pas qu'il devienne par là relatif à cet être. L'absolu apparaît dans le déterminé, l'universel dans l'individuel, le nécessaire dans le contingent, la personne intelligente dans le moi, l'homme dans l'individu, la raison dans la conscience, l'objectif dans le subjectif. Le premier acte de foi est la croyance à l'ame, et le dernier la croyance à Dieu. La vie intellectuelle est une suite continuelle de croyances, d'actes de foi à l'invisible révélé par le visible, à l'externe révélé par l'interne.

MORALE.

Division et Classification de nos recherches morales.

DIVISION.

Toutes les questions morales sont renfermées dans les trois questions suivantes :

1° Quels sont les caractères actuels des principes moraux ?

2° Quelle est leur origine?

3° Quelle est leur légitimité ?

Les deux premières questions considèrent les principes moraux en eux-mêmes dans le sujet où ils résident, c'est-à-dire sous un point de vue subjectif. C'est la Morale proprement dite.

La troisième question les considère relativement aux conséquences qui en dérivent et aux objets extérieurs qu'ils nous découvrent, c'est-à-dire sous un point de vue objectif. C'est la Religion proprement dite.

CLASSIFICATION.

1° Il faut traiter l'actuel avant le primitif; car en commençant par le primitif, on pourrait bien n'obtenir qu'un faux primitif, qui ne rendrait qu'un actuel hypothétique, dont la légitimité serait seulement la légitimité d'une hypothèse.

2° Il faut traiter la question de l'état actuel et primitif de nos connaissances avant celle de leur légitimité ; car les deux premières questions appartiennent au système subjectif, et la troisième au système objectif, et l'on ne connaît l'objectif que par le subjectif.

On ne va donc point de la religion à la morale, mais de la morale à la religion ; car si la religion est le complément et la conséquence nécessaire de la morale, la morale est la base, le principe nécessaire de la religion.

La science du subjectif moral actuel et primitif est la psychologie morale, qui s'appelle aussi phénoménologie morale, parce qu'elle se borne à constater et à décrire des faits de conscience, des phénomènes intérieurs.

La science de l'objectif moral, s'occupant d'existences réelles, est la partie morale de l'ontologie. Tout objectif surpassant l'observation est appelé transcendant, et l'appréciation de la légitimité des principes moraux avec lesquels nous atteignons l'objectif moral, est la logique transcendante de la morale.

La science entière porte le nom de philosophie morale.

SYSTÈME MORAL SUBJECTIF.

PSYCHOLOGIE, OU PHÉNOMÉNOLOGIE MORALE.

ACTUEL ET PRIMITIF.

ACTUEL.

Question de la classification de nos principes moraux.

Classification de nos principes moraux d'après la distinction de leur contingence ou de leur nécessité.

Théorie des principes moraux contingens.

Dans la classe des principes moraux contingens on peut ranger des faits qui ne sont point des principes, mais des sentimens, des mouvemens, des instincts, que leur contingence, leur variabilité, rapprochent des principes moraux contingens.

Instincts moraux.

Expansion : Pitié, sympathie, etc.
Concentration : Horreur du malaise, amour du plaisir, amour de soi.

Principes moraux contingens.

Les principes moraux contingens, les maximes générales relatives à la morale, ne sont que la passion généralisée, l'instinct érigé en principe rationnel.

Les principes généraux qui se rapportent à l'instinct d'expansion forment ce qu'on peut appeler la morale du sentiment, morale mobile et non obligatoire. — Morale de la pitié, de la sympathie, de la bienveillance considérée comme sentiment.

Les principes généraux qui se rapportent à l'amour de soi, constituent le système de l'amour-propre, la morale de l'intérêt, morale mobile et non obligatoire.

Énonciation du principe fondamental de la morale de l'intérêt : Ne considérer une action à faire que dans ses conséquences relatives au bonheur personnel.

Énumération des principes généraux les plus importans qui composent la morale de l'intérêt : Faire le bien, éviter le mal dans l'espoir ou la crainte des récompenses ou des châtimens humains : faire le bien, éviter le mal dans l'espoir ou la crainte des récompenses ou des châtimens célestes : faire le bien, éviter le mal dans la crainte du mépris, même des remords, pour recueillir les plaisirs d'une bonne conscience et le bonheur intérieur.

Que tous les principes généraux contingens se rapportent à la sensibilité, et ne regardent que l'individu, ou le moi.

Théorie des principes nécessaires.

Qu'il y a en nous un principe moral nécessaire, universel, qui embrasse tous les temps, tous les lieux.

le possible comme le réel. — Principe du juste et de l'injuste, du bien et du mal. — Ce principe éclaire les actions et les qualifie. Raison morale.

Caractère spécial de ce principe : l'obligation. De-là la loi morale.

Énonciation de la loi morale : fais le bien pour le bien ; ou plutôt : veux le bien pour le bien. La loi morale s'applique aux intentions.

Le principe moral étant universel, le signe, le type extérieur auquel on reconnaît qu'une résolution est conforme à ce principe, est l'impossibilité de ne pas ériger le motif immédiat de cette résolution en une maxime de législation universelle. Casuistique morale.

Des différentes applications de la raison morale, c'est-à-dire des différens devoirs. Devoirs envers Dieu, quand son existence est connue ; envers les autres, envers nous-mêmes. Égalité des devoirs.

Les devoirs envers nous-mêmes sont aussi vrais que les autres, parce qu'ils ne se rapportent point au moi sensible, individuel, mais à l'homme, à la dignité de la personne morale, qui seule a des devoirs ; et dans ce sens, tous les devoirs sont des devoirs envers nous-mêmes.

De la liberté.

La loi morale implique logiquement une volonté libre. Le devoir suppose le pouvoir. Placé entre la passion qui l'entraîne et la loi morale qui lui co mande, l'homme devait être pourvu d'une force de résolution volontaire qui pût résister à l'une et obéir à l'autre. Corrélation de la liberté et de la loi dans l'économie morale.

De plus la liberté est un fait psychologique.

Analyse de l'action libre. L'énergie volontaire et libre ne tombe pas sous le rapport de causalité, mais en est le sujet, le fondement, la dernière raison.

Distinction de la volonté et du désir. Désir, modification passive du moi; liberté, force propre de l'homme.

La liberté regarde la vertu, comme le désir regarde le bonheur : sphère du bonheur, sphère de la vertu.

Principe du mérite et du démérite.

Non-seulement nous aspirons sans cesse au bonheur, comme êtres sensibles, mais quand nous avons bien fait, nous jugeons, comme êtres intelligens et moraux, que nous sommes dignes du bonheur. — Principe nécessaire du mérite et du démérite, origine et fondement de toutes nos idées de châtiment et de récompense; principe sans cesse confondu ou avec le désir du bonheur ou avec la loi morale.

Voilà pourquoi la question du souverain bien n'a pas encore été résolue. On a cherché à une question complexe une solution unique, parce qu'on n'avait point les deux principes capables de la résoudre complètement.

Solution épicurienne : Satisfaction du désir du bonheur.

Solution stoïque : Accomplissement de la loi morale.

La véritable solution est dans l'harmonie de la vertu et du bonheur mérité par elle ; car les deux élémens de la dualité ne sont pas égaux. Le bonheur est la conséquence ; la vertu est le principe. Elle n'est pas le bien unique, mais elle est toujours le bien suprême.

Question du bien et du mal moral et physique.

La somme du bien moral l'emporte incontestablement sur celle du mal, car la société subsiste; mais de grands philosophes, Kant, par exemple, ont pensé que la somme du mal physique l'emporte sur celle du bien, surtout dans la destinée de l'homme d'honneur.

En effet, la vertu n'existe qu'à ce titre que les passions seront combattues et surmontées.

Quand la sympathie nous entraîne à soulager un infortuné, cette action a quelque chose de délicieux, car loin d'être le sacrifice d'une passion, elle est l'ouvrage d'une passion. Beau moral. Mais nous n'avons pas toujours une passion naturelle au service de la loi morale; presque toujours il faut sacrifier nos affections naturelles. Combat moral. Tristesse de l'homme. Sublime moral

Mais quand le mal physique serait encore plus

considérable, et quand il faudrait continuellement se déchirer les entrailles, il faudrait continuellement obéir à la loi morale ; car la loi morale est indépendante de la sensibilité.

De même, en présence de la vertu malheureuse, le principe du mérite et du démérite prononce encore que le bonheur est dû à la vertu.

Situation morale de l'homme sur la terre.

PRIMITIF.

La question du primitif en morale est la même qu'en métaphysique, et elle a la même solution.

Il faut aussi y distinguer le primitif logique du primitif psychologique.

Principes contingens.

Les principes contingens instinctifs n'ont pas de primitif logique, comme certains principes contingens de la métaphysique, tels que la croyance naturelle à la stabilité des lois de la nature. Les principes contingens intéressés ont un primitif logique dans la succession des faits individuels et déterminés dont ils sont la somme.

Tous les principes contingens ont un primitif psychologique dans un fait individuel et déterminé, savoir une modification passive du moi.

Principes nécessaires.

Point de primitif logique. — Primitif psychologique dans un fait individuel complexe.

Description du fait complexe individuel. Une partie éminemment individuelle, empirique ; une autre partie absolue ; l'une relative au moi, l'autre à la personne morale.

Elimination de la partie empirique ou du moi. Dégagement de la partie absolue ou de la personne morale.

Abstraction immédiate qui dégage l'absolu du variable, distincte de l'abstraction comparative qui engendre le principe général contingent.

L'absolu ne regarde point le moi, l'individu, quoiqu'il apparaisse dans l'individu, dans le moi. Aussitôt que l'absolu moral a été dégagé du variable passionné, il apparaît sous un type universel et pur, embrassant tous les temps, tous les lieux, tous les êtres, le possible comme le réel.

SYSTÈME OBJECTIF MORAL,

OU SYSTÈME RELIGIEUX.

Logique transcendante.

L'absolu apparaît à ma conscience, mais il lui apparaît indépendant de la conscience et du moi, et c'est à ce titre qu'il oblige la personne morale, qui est en nous un fragment de la nature morale universelle.

L'absolu, n'étant pas relatif au moi, a une valeur légitime hors du moi qui l'aperçoit, mais qui ne le constitue pas.

Examen de la distinction de la raison spéculative et de la raison pratique. Unité de la raison et de l'absolu. L'absolu ne se divise que relativement à ses objets, soit mathématiques, soit métaphysiques, soit moraux.

Nulle considération pratique ne peut transformer le relatif en absolu. Réfutation de la doctrine de Kant.

En métaphysique, les principes absolus de causalité, d'intentionnalité, de substance et d'unité, nous ont conduit à la connaissance de Dieu comme cause intentionnelle, unique et substantielle; quatre principes absolus nous ont donné l'être absolu, Dieu.

En morale, nous avons reconnu deux principes absolus, le principe moral obligatoire, et le principe nécessaire du mérite et du démérite : or, ces deux principes qui apparaissent à ma conscience comme absolus, ont une portée transcendante, et me révèlent des existences placées hors de moi. Rien de plus naturel et de plus légitime, puisqu'ils n'appartiennent pas au moi. Or, comme on a admis en métaphysique la légitimité des principes absolus, il faut admettre de même en morale la légitimité de ces principes.

Examinons quelles sont les conséquences rigoureuses qui découlent des principes absolus de la morale; voyons quelles existences nouvelles ils nous manifestent, ou quels caractères nouveaux ils ajoutent à celles que nous avons déjà obtenues. Antérieurement à la morale, nous avons obtenu Dieu, cause unique, intentionnelle et substantielle, à l'aide de quatre principes qui avaient leur fondement psychologique dans la causalité intentionnelle, l'unité et la substance de la personne. Mais non-seulement je suis une cause intentionnelle et substantielle, je suis encore un être moral : ce nouveau caractère, aperçu par moi, me force de transporter dans l'auteur suprême de mon être un nouveau caractère que je n'avais pu encore y découvrir. Dieu n'est plus seulement pour moi le créateur du monde physique, mais le père du monde moral. L'auteur d'un être juste ne peut être injuste; ce n'est donc pas la volonté divine qui révèle la loi du devoir, mais la loi du devoir qui me révèle la justice de la volonté divine.

Nouvelle application du principe de causalité, d'intentionnalité et de substance. Dieu substance et raison de la justice, idéal de la sainteté, Saint des saints.

Retour sur l'univers. De l'univers sans la supposition antérieure d'un Dieu juste.

Quand détournant les yeux du spectacle de l'univers, je les reporte sur moi-même, la justice divine m'apparaît dans le principe de justice au fond de ma conscience. Je me dis que Dieu, ayant fait le monde, a dû le faire d'après les lois de la justice suprême ; de sorte que le monde extérieur, fût-il encore plus obscur, et livré à plus de désordres apparens, dans cette nuit profonde, en présence même de ces désordres, le principe absolu de la justice, dirigé par celui de la causalité, me ferait dire encore avec confiance : ce que je vois et ce que je ne vois pas, tout est non-seulement pour le mieux, mais tout est bien, parfaitement bien, car tout est ordonné ou permis par une cause juste et toute-puissante.

Le principe de justice, transporté de moi à Dieu, fait luire la justice sur le monde extérieur; le jugement du mérite et du démérite, transporté de moi à Dieu, me fournit de nouvelles lumières. Le jugement du mérite porté par la personne morale prononce que la vertu est digne du bonheur. Ce jugement, étant absolu, a une valeur absolue et transcendante. Or, une fois que Dieu est conçu par moi comme un être moral souverainement juste, je ne puis pas ne pas concevoir que le principe absolu du mérite et du démérite ne soumette Dieu lui-même à son empire; car Dieu est une nature morale, et le jugement du mérite et du démérite atteint toutes les natures morales.

Le principe du mérite et du démérite ainsi transporté de moi au Dieu juste, j'impose à ce Dieu juste et tout-puissant l'obligation de rétablir l'harmonie légitime du bonheur et de la vertu, troublée ici-bas par la causalité externe. Dieu peut la rétablir s'il le veut, et il ne peut pas ne pas le vouloir, puisqu'il est souverainement juste, et que lui aussi juge absolument que la vertu mérite le bonheur. Conception de l'autre vie.

La conception de l'autre vie est aussi absolue que la conception de l'existence de Dieu, que celle de l'existence des objets externes, que celle de notre propre existence. Si l'absolu est absolu, il l'est dans tous les cas; si on l'accepte pour une chose, il faut l'accepter pour toutes; si nous croyons à notre propre existence, nous pouvons croire au même titre à la réalité d'une autre vie, à l'immortalité de l'ame.

Examen de l'opinion qui fonde l'immortalité de l'ame sur sa simplicité. — Simple ou non, l'ame pourrait être détruite par un acte spécial de Dieu. La simplicité n'est qu'une condition et une présomption d'immortalité. Le jugement du mérite et du démérite prononce seul, d'une manière absolue, que l'ame est immortelle.

Ainsi la loi du mérite et du démérite nous donne l'immortalité de l'ame, comme le principe moral me donne la justice divine; et de même que la conception de la justice de Dieu rétablit à nos yeux l'ordre et la lumière dans le monde externe, de même la conception d'une autre vie, et de la réalisation future de l'harmonie légitime de la vertu et du bonheur, me fait consentir sans murmure aux misères de cette vie. Je conçois que cet ordre de choses est un état passager, et que l'ordre éternel que me révèlent les principes absolus de la justice et du mérite sera rétabli dans un autre monde.

Examen de la question : Pourquoi y a-t-il tant de souffrances dans cette vie ?

Réfutation de la solution de l'optimisme ordinaire tirée des lois générales du monde, et de l'impossibilité où Dieu était de faire mieux.

Vraie solution. La fin de l'homme et le but de l'existence humaine n'étant pas seulement le bonheur, mais le bonheur dans la vertu et par la vertu, la vertu, en ce monde, est la condition du bonheur dans l'autre vie; et la condition inévitable de la vertu, dans ce monde, est la souffrance. Otez la souffrance, plus de résignation, d'humanité, plus de vertus pénibles, plus de sublime moral. Nous sommes sensibles, c'est-à-dire soumis à la souffrance, parce que nous devons être vertueux, et parce que nous ne pouvons être vertueux que par le sacrifice de la sensibilité à la raison morale. S'il n'y avait pas de mal physique, il n'y aurait plus de dévouement moral, et ce monde serait mal adapté à la destination de l'homme. Les désordres accidentels du monde physique et les maux imprévus qui en résultent ne sont pas des désordres et des maux échappés à la puissance et à la bonté de Dieu. Dieu non-seulement les permet, mais il les veut. Il veut qu'il y ait dans le monde physique, pour l'homme, un grand nombre de sujets de peine, afin qu'il y ait pour lui des occasions de résignation et de courage.

Rapport des lois de la nature extérieure et de notre nature physique et passionnée, qui nous imposent la souffrance, avec la loi morale qui nous impose le courage, dans le dessin général d'un Dieu moral qui a fait l'homme dans un but moral.

Règle générale : Tout ce qui tourne au profit de la vertu, tout ce qui donne à la liberté morale plus d'énergie, tout ce qui peut servir au plus grand développement moral de l'espèce humaine, est bon. La souffrance n'est pas la pire condition de l'homme sur la terre, la pire condition est l'abrutissement moral qu'engendrerait l'absence du mal physique. Fin des misères de la vie.

Le mal physique externe ou interne se rattache à l'objet de l'existence qui est d'accomplir ici-bas la loi morale, quelles que soient ses conséquences, avec la ferme espérance que la récompense ne manquera pas dans une autre vie à la vertu malheureuse. La loi morale a sa sanction et sa raison en elle-même ; elle ne doit rien à celle du mérite et du démérite qui l'accompagne et ne la fonde point. Mais si le principe du mérite et du démérite n'est point un motif immédiat d'action, il est un motif de consolation et d'espérance. Part de la religion, part de la morale.

Qu'est-ce que la morale ? La connaissance du devoir en tant que devoir, quelles que soient les suites.

Qu'est-ce que la religion ? La connaissance du devoir dans son harmonie nécessaire avec le bonheur, harmonie qui doit avoir sa réalisation dans une autre vie par la justice et la toute-puissance de Dieu.

La religion est de croyance ; la morale d'observation. La morale est psychologique, la religion est transcendante ; la morale est d'aperception, la religion est de révélation. J'ai foi aux existences qui me sont révélées par les principes moraux, j'aperçois les principes eux-mêmes.

La religion est aussi vraie que la morale : car une fois l'absolu moral admis, il faut en admettre les conséquences.

L'existence morale toute entière est dans ces deux mots harmoniques entre eux : *devoir* et *espérance*.

PROGRAMME

DES LEÇONS DONNÉES A L'ÉCOLE NORMALE

ET A LA FACULTÉ DES LETTRES

PENDANT LE PREMIER SEMESTRE DE 1818,

SUR LES VÉRITÉS ABSOLUES.

Je livre au public philosophique le programme des leçons que j'ai données pendant quelques mois de cette année à la Faculté des lettres de l'Académie de Paris et à l'École normale, sur le point le plus élevé de la science, savoir l'idée même de la science. Selon moi, comme toute vérité est sans doute telle ou telle vérité, mais qu'elle a de plus quelque chose en elle qui la constitue vérité; de même toute science se compose et d'un élément individuel qui la fait elle et non pas une autre, et d'un élément supérieur, non individuel, qui lui imprime le caractère de science. Qu'est-ce donc qui constitue la vérité et la science en elles-mêmes, comme vérité et comme science, indépendamment de leurs élémens individuels, et de leurs applications particulières, dont l'intérêt philosophique est tout entier dans leur rapport avec leur élément supérieur ou leur principe?

Cette question fondamentale, décomposée dans

toutes celles auxquelles elle donne lieu nécessairement, engendre une science entière qui, sans doute, n'apprend aucune science particulière, mais qui, se retrouvant dans chacune, plane sur toutes, et peut être appelée la science par excellence, la science première, et à parler rigoureusement la science de la science, puisqu'elle est la science de ce qui, dans toute science, appartient exclusivement à la science.

S'il est démontré qu'il y a des vérités sans vérité, qu'il y a des sciences et point de science, je conviens que tout ce travail est inutile et porte à faux. Mais si le contraire est évident, il faut bien chercher à résoudre le problème que j'ai posé.

Introduction à toute science, ou science de la science.

Idée de la science en général, ou de la science comme science, considérée dans sa forme, c'est-à-dire en elle-même, dans son élément constitutif, abstraction faite de sa matière, c'est-à-dire de toutes les sciences particulières.

Axiome fondamental de la science de la science : point de science de ce qui passe. L'absolu, élément scientifique.

De l'esprit scientifique.

Transporter sans cesse l'absolu dans le relatif, et ramener sans cesse le relatif à l'absolu, pour être toujours dans l'absolu, c'est-à-dire dans la science.

Méthode scientifique

Chercher l'absolu sans lequel il n'y a point de vraie science, et le chercher par l'observation sans laquelle il n'y a point de science réelle. De la spéculation et de l'observation, et de leur importance relative.

Problème scientifique.

Trouver l'accord de la spéculation et de l'observation, ou trouver *a posteriori* quelque chose qui soit *a priori*.

Sphères d'observation.

1° Du *moi*, ou de la liberté.
2° Du *non-moi*, ou de la sensibilité et de ses deux modes, la sensation et le sentiment.

Que l'observation, soit qu'elle s'adresse au monde extérieur ou au *moi*, est dans une égale impuissance d'y trouver aucun point de vue spéculatif, aucune base scientifique. En effet, si le caractère du *non-moi* est le multiple ou le variable, et celui du *moi* l'individuel, l'absolu ne peut se trouver ni dans l'un ni dans l'autre, isolés ou réunis. Ni le sujet ni l'objet, ni l'humanité ni la nature, considérés dans ce qui leur est propre, ne peuvent fournir aucune donnée scientifique.

3° De la raison, comme distincte de la sensibilité et de la liberté. Elle tombe sous l'observation aussi bien que la sensibilité et la liberté. C'est dans cette sphère que l'observation saisit immédiatement des principes qui, aussitôt qu'ils apparaissent à l'observation, lui apparaissent antérieurs, postérieurs, supérieurs à elle-même, indépendans d'elle-même, vrais en tout temps et en tout lieu, parce qu'ils sont vrais en eux-mêmes, c'est-à-dire vrais d'une vérité absolue. Là est la solution du problème scientifique.

Division de toute recherche scientifique.

1° De l'absolu, comme idée, ou dans son rapport avec la raison. — *Psychologie rationnelle.*

2° De l'absolu, hors de la raison, dans son rapport avec l'existence. — *Ontologie.*

Les deux extrémités de la science ainsi posées, trouver leur rapport : ou —

3° De la légitimité du passage de l'idée à l'être, de la psychologie rationnelle à l'ontologie. — *Logique.*

Classification de toute recherche scientifique, ou de l'ordre dans lequel les problèmes scientifiques doivent être traités.

La psychologie rationnelle doit être traitée la première, la première chose à faire étant de constater ce sur quoi on veut opérer. La logique doit être traitée avant l'ontologie, l'ontologie n'étant qu'une hypothèse si la légitimité des principes sur lesquels elle repose n'a pas été antérieurement démontrée. Ainsi :

1° Psychologie rationnelle.
2° Logique.
3° Ontologie.

PSYCHOLOGIE RATIONNELLE,

OU DE L'ABSOLU CONSIDÉRÉ DANS SON RAPPORT AVEC LA RAISON.

Division de toute recherche psychologique.

Qu'il faut rechercher :
1° Les caractères actuels de l'idée de l'absolu, les principes rationnels tels qu'ils apparaissent aujourd'hui à l'observation ;
2° Et les caractères primitifs de l'idée d'absolu, ou les principes rationnels tels qu'ils purent apparaître à leur origine.
Les deux extrémités de toute recherche psychologique ainsi posées, trouver leur rapport, ou —
3° Le passage des caractères primitifs aux caractères actuels.
Ainsi : nature, origine, génération des principes rationnels; actuel, primitif, rapport du primitif à l'actuel, telles sont toutes les questions dans lesquelles se divise la psychologie rationnelle.

Classification de toute recherche psychologique.

Comme il faut constater d'abord ce dont on veut chercher l'origine, sous peine de ne rencontrer peut-être qu'une fausse origine ou une origine hypothétique, il faut traiter l'actuel avant le primitif; et comme on ne peut revenir du primitif à l'actuel qu'autant qu'on connaît l'un et l'autre, il s'ensuit qu'il faut traiter l'actuel et le primitif avant de rechercher le rapport du primitif à l'actuel. Ainsi traiter :

1° L'actuel, ou la nature des principes rationnels tels qu'ils se manifestent aujourd'hui.

2° Le primitif.

3° Le rapport du primitif à l'actuel.

PREMIÈRE PARTIE DE LA PSYCHOLOGIE RATIONNELLE.

ACTUEL.

De la méthode psychologique.

De l'instrument de la méthode, ou de la réflexion et de la conscience dans leur différence et dans leur rapport.

Des différens degrés à travers lesquels l'observation arrive à l'absolu.

Premier degré.

Distinction des principes rationnels contingens, et des principes nécessaires.

Que l'observation découvre, dans la sphère rationnelle, des principes auxquels il nous est impossible de refuser notre assentiment, et dont le contraire implique contradiction.

Exemples mathématiques, métaphysiques, moraux, etc.

L'absolu est à ce degré une loi de l'esprit humain, une croyance, une forme, une catégorie, un principe nécessaire.

Objection de Kant : la nécessité détruit l'absolu qu'elle prétend fonder, en lui imprimant un caractère de réflexivité, et par conséquent de subjectivité, de relativité et de personnalité, par le rapport qu'elle lui impose avec le moi, siège de la personnalité et de la réflexivité, de la subjectivité et de la relativité.

Deuxième degré.

Non-seulement nous sommes dans l'impossibilité de ne pas croire aux divers principes rationnels énoncés plus haut; mais nous sommes dans l'impossibilité de ne pas croire qu'ils sont vrais en eux-mêmes, indépendamment de l'impossibilité où nous sommes de ne pas croire à leur vérité.

Mais ici même nous ne sortons de la nécessité que par la nécessité; l'absolu est encore réflexif, c'est-à-dire rapporté au *moi*, c'est-à-dire subjectif, c'est-à-dire relatif.

Troisième degré.

Le relatif suppose l'absolu.

Mais cet axiome est subjectif lui-même, étant encore un principe nécessaire, une loi, une forme, une catégorie. Ce n'est encore qu'une démonstration subjective de l'absolu : cercle du subjectif.

Quatrième et dernier degré.

Point de vue de la raison pure; ici enfin toute relativité, toute subjectivité, toute réflexivité expire dans l'intuition spontanée de la vérité absolue.

Analyse du fait de l'aperception pure.

Caractère distinctif de ce point de vue; qu'il est impossible de s'y placer à volonté : caractère contraire du point de vue réflexif.

Obscurité nécessaire du point de vue spontané, non-réfléchi, et par conséquent indistinct et obscur; clarté nécessaire du point de vue réflexif et distinctif.

Tout réflexif étant distinctif est négatif; tout spontané est positif; or, comme la clarté du négatif est une clarté négative, un simple reflet, une lumière dénaturée par la réflexion, il s'ensuit que la lumière réfléchie est fausse relativement à la lumière spontanée, qui est la vraie; de là obscurité nécessaire du point de vue négatif, distinctif, réflexif; clarté nécessaire et réelle de la vue pure et spontanée.

Que les deux termes du fait de l'aperception pure, termes immédiats et intimes l'un à l'autre, sont la raison et la vérité, placées évidemment hors du moi et hors du non-moi, qui peuvent bien concevoir ou contenir l'absolu, mais sans le constituer.

C'est précisément dans cette égale indépendance du moi et du non-moi, du sujet et de l'objet, des formes, des catégories, des croyances, toutes nécessairement subjectives, que consiste l'absolu.

L'absolu plane sur l'humanité et sur la nature, les domine et les gouverne éternellement, avec cette seule différence que l'une le sait et que l'autre l'ignore.

C'est là le plus haut point de vue d'où l'on puisse découvrir l'absolu en restant dans les limites de l'actuel. Il s'agit maintenant, toujours dans l'actuel, de revenir de ce degré aux degrés inférieurs et antérieurs qui nous y ont conduits.

L'absolu dans son indépendance absolue, dans sa pureté absolue, n'a d'autre caractère, d'autre *criterium* que lui-même, il contient en soi sa propre définition; mais aussitôt qu'il entre en rapport avec l'humanité et la nature, il prend un nouveau caractère, un *criterium* relatif, non à lui-même, mais à ce à quoi il se communique.

Premier degré. Le premier degré de l'absolu en rapport avec l'homme ou comme idée, est l'aperception pure; l'absolu ne perd encore de sa pureté que ce que lui enlève l'idée même de rapport. Lumière et obscurité première de ce point de vue, le plus pur qui puisse être pour l'homme.

Deuxième degré. L'aperception pure se réfléchit, s'obscurcit comme aperception pure, s'éclaircit en se subjectivant, en entrant en rapport plus intime avec le moi, siège de toute réflexion et de toute lumière.

Troisième degré. L'aperception pure passe de l'aperception réfléchie à la conception nécessaire, se subjectivant, s'éclaircissant et s'obscurcissant de plus en plus.

Quatrième degré. L'aperception devient croyance; par l'habitude elle cesse d'être réfléchie, acquiert une fausse spontanéité d'application, et passe dans la logique sous le titre à la fois trompeur et véridique de lois inhérentes à l'intelligence, de principes constitutifs, de concepts nécessaires, de formes, de catégories intellectuelles : dernier degré de la subjectivité de l'absolu.

Tous ces degrés se rencontrent souvent dans le même fait, enveloppés les uns dans les autres; ils sortent perpétuellement les uns des autres et y rentrent perpétuellement, se dégagent et se confondent sans cesse. C'est ce mouvement perpétuel qui constitue la vie intellectuelle.

Distinction du sens commun et de la science.

La science veut savoir jusqu'où l'on peut savoir, épuiser tous les degrés intellectuels, arriver jusqu'au premier, et de là dominer tous les autres et se dominer soi-même. Le sens commun s'arrête aux degrés subjectifs; sa borne est le nécessaire; c'est là le point de départ de la science, mais non son terme.

PARTIE HISTORIQUE.

Philosophie moderne.

Idée scientifique de l'histoire de la philosophie, ou appréciation de toutes les écoles contemporaines considérées comme types de toutes les solutions possibles de la question de l'absolu.

Solutions
- par le non-moi . . . . CONDILLAC.
- par la raison
  - subjective à son premier degré, ou par le sens commun . . . . . REID.
  - subjective à son degré le plus élevé . . . . KANT.
- par le moi . . . . FICHTE.

SECONDE PARTIE DE LA PSYCHOLOGIE RATIONNELLE.

Du primitif, ou *de l'origine des principes rationnels.*

Écarter la question contradictoire de l'origine de l'absolu en lui-même; l'absolu étant ce qui ne peut pas ne pas être, ne peut avoir en soi ni fin ni commencement.

La seule question est celle-ci : Sous quels caractères l'absolu, immuable dans son essence, nous a-t-il apparu d'abord? Question psychologique et non logique.

Réduction de la question à sa plus simple expression : quelle a été la première situation de l'esprit humain relativement à l'absolu?

Commencer par déterminer avec précision toutes les diverses manières d'être possibles de l'esprit, relativement à l'absolu, ou les diverses positions intellectuelles.

L'absolu ne peut apparaître à l'esprit que dans le concret ou dans l'abstrait[1].

Ces deux positions en contiennent encore deux autres : soit dans l'abstrait, soit dans le concret, l'esprit aperçoit l'absolu d'une aperception pure et spontanée, ou il le conçoit nécessairement et réflexivement.

1. Voir le précédent programme.

Tableau des positions intellectuelles.

Aperception de l'absolu dans l'abstrait.... { Aperception pure. / Conception nécessaire.

Aperception de l'absolu dans le concret... { Aperception pure. / Conception nécessaire.

Reste à déterminer l'ordre chronologique de ces positions.

Déterminer d'abord la priorité chronologique du concret et de l'abstrait. Le concret est antérieur à l'abstrait.

Déterminer ensuite la priorité chronologique du réflexif et du spontané. Le spontané est antérieur au réflexif.

Ordre chronologique des diverses positions intellectuelles :

1° Aperception pure de l'absolu dans le concret ;

2° Conception nécessaire de l'absolu dans l'abstrait.

Ce n'est là que la première partie du primitif. Les principes rationnels dont l'origine vient d'être déterminée se composent ou paraissent se composer de notions. Par exemple, le principe de causalité se compose des notions de *cause* et d'*effet*, le principe des substances des notions de *substance* et de *qualité*. Les notions sont dans les principes, mais ne les constituent pas. Il s'agit de savoir si ces notions sont antérieures aux principes, ou si elles résultent de l'application des principes.

Distinction des principes dont les notions sont directes, puisées dans la perception directe d'un objet quelconque; ou indirectes, relatives à un objet qui échappe à toute perception directe.

Les notions directes peuvent être antérieures aux principes.

Les notions indirectes ne le peuvent pas.

D'où il suit que les principes composés de notions directes y peuvent avoir leur origine; que les principes composés de notions indirectes ne peuvent trouver leur origine dans des notions qui les présupposent.

Or, il ne peut y avoir de notion directe que des phénomènes, du fini, du visible : l'être, l'infini, l'invisible, fuient toute prise immédiate.

Donc il n'y a que les principes relatifs aux phénomènes dont on puisse chercher l'origine dans des notions antérieures, et tout principe relatif à l'être est indécomposable.

Donc, ou le jugement (car un principe ne se manifeste que dans et par un jugement) comprend deux termes finis et visibles, et alors la connaissance de leur rapport, ou le jugement, suppose la comparaison des deux termes ; ou il comprend dans ses deux termes un terme qui est dans l'infini et dans l'invisible, et alors la supposition d'une comparaison antérieure des deux termes est absurde, et la connaissance de leur rapport ou le jugement repose sur la vertu d'un principe qui, un des deux termes donné, donne l'autre et le rapport de tous les deux.

TROISIÈME PARTIE DE LA PSYCHOLOGIE RATIONNELLE,

Ou *Rapport du primitif à l'actuel.*

L'absolu apparaît d'abord dans un concret ; le plus grand changement qu'il puisse subir est de passer à l'abstrait : la question du rapport du primitif à l'actuel est donc celle du rapport du concret à l'abstrait.

On tire l'abstrait du concret par l'abstraction.

Théorie de l'abstraction.

Deux sortes d'abstraction.

1° Abstraction comparative, s'exerçant sur plusieurs objets réels dont elle saisit les ressemblances, pour en former une idée abstraite collective, médiate ; collective, parce que divers individus concourent à sa formation ; médiate, parce qu'elle exige plusieurs opérations intermédiaires.

2° Abstraction immédiate, non comparative, s'exerçant, non sur plusieurs *concrets*, mais sur un seul dont elle néglige et élimine la partie individuelle et variable, et dégage la partie absolue qu'elle élève d'abord à sa forme pure.

Parties à éliminer dans un concret : 1° la qualité de l'objet, de la circonstance où l'absolu se développe ; 2° la qualité du sujet qui l'aperçoit sans le constituer. Élimination du moi et du non-moi. Reste l'absolu.

Différence et rapport primitif de l'absolu et du variable, opposés, mais corrélatifs et contemporains.

LOGIQUE,

OU LÉGITIMITÉ DU PASSAGE DE L'IDÉE A L'ÊTRE.

Après avoir considéré l'absolu comme idée, c'est-à-dire dans son rapport d'aperceptibilité avec la raison, et l'avoir considéré hors de ce rapport, il faut le tirer de cet état d'abstraction pour le rattacher à la substance qui le constitue et du sein de laquelle il apparaît à la raison. Mais pour aller de l'idée à l'être, de la vérité à la substance, il faut s'être bien assuré de posséder la vérité, et la logique seule peut conduire à l'ontologie. Or, comme on ne peut savoir de la vérité que ce que la raison en apprend, il s'ensuit que la logique ne peut être qu'un retour sur la psychologie rationnelle.

Le juge unique du vrai est la raison; car le raisonnement en dernière analyse repose sur la raison, qui lui fournit ses principes.

La raison établie juge unique du vrai, reste à savoir de combien de manières, sous combien de formes, la raison le connaît; c'est-à-dire quelles sont les différentes espèces de certitude.

Or, la raison a quatre degrés, comme nous l'avons vu; de ces quatre degrés, les trois premiers rentrent les uns dans les autres et se rencontrent tous dans le caractère commun de réflexivité et de subjectivité.

Restent donc deux degrés, celui de la réflexivité, c'est-à-dire de la croyance, et celui de la spontanéité ou de l'aperception absolue.

Or, la croyance comme croyance est subjective, et alors elle n'implique qu'une certitude renfermée dans les limites du sujet croyant ; ou, bien que croyance, elle a un côté non subjectif.

En effet, la croyance n'est qu'un degré ; dégagée du rapport au moi réflexif qui la constitue, elle se résout dans l'aperception pure qui la précède et la fonde nécessairement et réellement. *Savoir* est antérieur et supérieur à *croire*.

Là est la certitude absolue, non pas aux yeux du raisonnement, ni aux yeux de la croyance, mais à ceux de l'aperception pure, se légitimant elle-même de sa propre lumière. Accord de la psychologie et de la logique.

Examen logique du fait psychologique de l'aperception pure. Ce fait n'a de subjectif que ce qu'il est impossible qu'il n'ait pas, savoir, le *je* ou *moi* aperceptif qui se mêle au fait sans le constituer. Le moi entre nécessairement dans toute connaissance ; le moi, étant le sujet de tout savoir humain, entre dans la connaissance, mais non pas dans la vérité.

La raison, impersonnelle de sa nature, est en rapport direct avec la vérité ; là est l'absolu pur ; mais la raison se redouble dans la conscience, et voilà la connaissance. Le moi ou la conscience y est comme témoin, non comme juge ; le juge unique est la raison, faculté pure, impersonnelle, bien qu'elle ne puisse entrer en exercice si la personnalité ou le moi n'est posé et ne s'ajoute à elle.

L'aperception pure constitue la logique naturelle.

L'aperception pure devenue croyance nécessaire, constitue la logique proprement dite.

La première repose sur elle-même : *verum index sui*.

La deuxième repose sur l'impossibilité où est la raison de ne pas croire à la vérité.

La forme de la première est l'affirmation pure, spontanée, irréfléchie, où l'esprit se repose avec une sécurité absolue, c'est-à-dire sans soupçon d'une négation possible.

La forme de la deuxième est l'affirmation réflexive, c'est-à-dire l'impossibilité de nier ou la nécessité d'affirmer, l'affirmation négative et la négation affirmative. L'idée de négation domine la logique ordinaire, ses affirmations n'étant que le fruit plus ou moins laborieux de deux négations. Théorie de l'affirmation pure et de l'affirmation logique.

DIALECTIQUE,

Ou *Deuxième partie de la logique*.

La logique s'occupe uniquement de l'absolu : la dialectique s'occupe du rapport du contingent à l'absolu.

Simultanéité actuelle et primitive, et en même temps perpétuelle discordance du contingent et de l'absolu, du particulier et de l'universel, du fini et de l'infini. La dialectique les met en harmonie ; et, là comme ailleurs, l'emploi de la science est de lever l'apparente contradiction qui éclate partout et accable l'intelligence.

Ramener le contingent et le particulier à l'universel et à l'absolu, tout en les distinguant sévèrement, c'est raisonner.

Forme du raisonnement : le syllogisme. — Sa beauté comme figure.

ONTOLOGIE,

OU RAPPORT DE LA VÉRITÉ A L'ÊTRE.

Les vérités absolues, obtenues par la psychologie et légitimées par la logique, peuvent servir de fondement solide à l'ontologie.

Il est clair qu'il n'y a qu'une vérité absolue qui puisse rattacher d'une manière absolue les vérités absolues à l'être. En fait d'absolu, on ne peut employer que l'absolu, sans quoi tout retombe dans le relatif.

Or, la vérité absolue qui nous élève immédiatement de l'idée à l'être, des vérités à leur substance, est cette vérité ; *que toute vérité suppose un être en qui elle réside;* proposition qui se rapporte à cette proposition plus générale : *toute qualité suppose un être en qui elle réside, un sujet, une substance.*

Cette proposition, supérieure à la précédente,

est le vrai fondement de l'ontologie. La psychologie et la logique ont dû l'exposer de manière à ce qu'elle présente ici une entière évidence.

Résumé des recherches psychologiques et logiques relativement au principe de la substance.

OBJECTIONS.

1° Ce principe doit nous conduire à l'être que nous sommes supposés ne pas connaître : or ce principe contient la notion d'être ; il suppose donc ce qui est en question. Cercle vicieux du principe des substances relativement à son résultat.

2° De plus ce principe présente en lui-même un cercle vicieux aussi évident que le premier ; car, comme il n'y a qualité qu'autant qu'il y a sujet, et sujet qu'autant qu'il y a qualité, se fonder sur la qualité pour aller à l'être, c'est supposer implicitement l'être et conclure du même au même.

3° Enfin ce principe, à le considérer dans l'état actuel et à ses degrés subjectifs et sous un point de vue réfléchi, détruit ce qu'il prétend établir, en subjectivant l'être, la substance.

A quoi l'on peut répondre que :

1° La raison pure apercevant spontanément cette vérité sans regard au moi, ne subjective ni cette vérité ni ses résultats ;

2° La raison pure n'allant ni de la qualité au sujet, ni du sujet à la qualité, n'est point condamnée à un cercle vicieux.

Exposition du fait de la raison pure.

En même temps que les sens perçoivent leur objet, la raison aperçoit le sien, lequel alors n'est pas plus une substance que l'objet des sens n'est une qualité; seulement la raison les rapporte l'un à l'autre, avec cette différence que l'un lui paraît supposer l'autre au-delà de soi relativement à l'existence, tandis qu'elle se repose dans l'autre sans rien apercevoir au-delà. Ce n'est pas parce que l'un est une qualité qu'elle conçoit que l'autre est une substance, parce que l'un est un phénomène qu'elle conçoit que l'autre est un être : elle ne connaît distinctement ni phénomène ni être, ni qualité ni sujet; elle ne connaît rien distinctement; mais ses aperceptions obscures embrassent déjà dans leur complexité primitive deux choses que la réflexion distinguera, éclaircira, et marquera plus tard de ce caractère d'harmonie à la fois et de discordance qui se réfléchit ultérieurement dans la logique et la grammaire sous les dénominations subjonctives et disjonctives à la fois de sujet et de qualité, de phénomène et d'être, d'accident et de substance, de fini et d'infini, etc.

3° La raison pure n'implique pas un cercle vicieux relativement à son résultat, elle ne suppose point ce qui est en question; elle ne fait point l'être avec l'être : car la raison pure dans son aperception primitive aperçoit ce qu'un jour on appellera qualité et être, non pas en vertu du principe que toute qualité suppose un être, mais par sa propre vertu qui lui découvre d'abord ce qu'auparavant elle ignorait. Nous confondons toujours le point de départ de la science avec sa base. Le point de départ ontologique est ce fait : La raison pure aperçoit d'abord une qualité et la substance de cette qualité. Voilà le fait primitif, fait obscur, sur lequel par conséquent la science ne peut opérer immédiatement, mais qu'elle doit reconnaître.

Vient ensuite l'abstraction, qui sépare la forme de la connaissance de sa matière, négligeant le déterminé du phénomène et de l'être qu'elle élève à cette formule générale : *tout phénomène suppose l'être*; vérité qui, à parler rigoureusement, n'est autre chose que l'expression générale du fait primitif. Loin donc de nous donner l'être primitivement, le principe de la substance résulte de l'aperception primitive et pure de l'être, aperception primitive sans laquelle il n'eût jamais été conçu. Mais une fois cette formule générale, *toute qualité suppose l'être*, obtenue, la science, qui ne procède pas comme la nature, s'en empare et s'en sert, non comme de point de départ primitif, mais comme de fondement pour ses développemens ultérieurs. La science repose sur la nature : si elle ne confesse pas que l'existence dont elle s'occupe est connue antérieurement à elle, elle agit sans matière et se perd dans des formes vides. Si au contraire elle reconnaît aux connaissances humaines un point de départ qui la précède et la surpasse, et sur lequel elle établit ses développemens, elle leur donne une base légitime et la réalité de la nature.

Ainsi, si l'on prend le principe des substances

pour autre chose que l'expression scientifique de l'aperception primitive, il est faux et vain. Frappé de subjectivité, enchaîné dans un cercle vicieux, il ne produira que des illusions ; s'il se soumet à l'aperception primitive, il la réfléchit légitimement et sert de fondement solide à l'ontologie.

Ce que j'ai dit du principe des substances, je le dis de cette proposition qui s'y rapporte, savoir : que toute vérité suppose un être en qui elle réside. Si nous croyons que ce soit à l'aide de ce principe que la raison conçoit d'abord l'être, nous condamnons la raison à un paralogisme ; nous lui faisons construire l'être avec une maxime qui le contient déjà, et l'être obtenu par la science est un être à la fois illogique et vain. Si nous reconnaissons au contraire qu'antérieurement à cette proposition abstraite, toute vérité suppose l'être, la raison pure avait obtenu l'être avec la vérité, sans le secours de la science, la science en se subordonnant à la nature, en devient une répétition et une généralisation légitime.

Fait primitif de la raison pure relativement à la vérité et à l'être : La raison aperçoit spontanément et sans regard au moi une vérité absolue, plus quelque chose d'existant réellement en soi à quoi elle rapporte la vérité absolue.

Caractères de ce fait primitif : 1° pureté de l'aperception ; 2° fait concret dans ses deux termes.

La raison dans son développement aperçoit encore spontanément de nouvelles vérités qu'elle rapporte spontanément encore à une substance; de telle sorte que, aussitôt qu'elle réfléchit et se replie sur elle-même, et contemple ce qu'elle a fait, non-seulement elle s'y repose naturellement, mais elle s'y sent enchaînée : le rapport de la vérité à l'être cesse d'être une aperception naturelle : il devient une conception nécessaire, qui bientôt fonde cette croyance, cette catégorie, ce principe : toute vérité suppose un être en qui elle réside.

Ce principe rattache absolument les vérités absolues à leur substance.

Ontologie.

La substance des vérités absolues est nécessairement absolue.

Or, si cette substance est absolue, elle est unique : car si elle n'est pas la substance unique, on peut chercher encore quelque chose au-delà relativement à l'existence; et alors il s'ensuit qu'elle n'est plus qu'un phénomène relativement à ce nouvel être qui, s'il laissait encore soupçonner quelque chose au-delà de soi relativement à l'existence, perdrait aussi par-là sa nature d'être et ne serait plus qu'un phénomène : le cercle est infini. Point de substance, ou une seule.

Définition de la substance : *ce qui ne suppose rien au-delà de soi relativement à l'existence.*

De plus cette vérité absolue, point de vérité sans être, serait fausse si, dans son application, elle ne nous eût donné d'abord qu'un phénomène au lieu d'un être, et dans ses autres applications elle ne pourrait jamais nous donner davantage. Donc point de substance, ou dès sa première application, cette vérité, point de vérité sans être, donne un être véritable, une vraie substance, c'est-à-dire la substance unique.

L'unité de la substance dérive donc de l'idée d'une substance absolue, laquelle est renfermée dans l'idée même de substance.

Or, l'unité absolue, en tant qu'unité absolue, ne supposant en elle-même aucune succession, repousse les idées de premier et de dernier, lesquelles sont des idées de relation ; l'unité en soi n'est ni première ni dernière : elle est indivisible.

Mais quand on la tire de son essence absolue, quand on la met en regard avec la succession des phénomènes, l'unité les précède évidemment et leur survit. L'idée d'unité comprend alors celle de premier et de dernier, c'est-à-dire de premier absolu, laquelle comprend celle de dernier absolu, le dernier absolu n'étant que le premier absolu redoublé en lui-même.

L'être est donc premier et dernier relativement aux phénomènes ; si l'être précède les phénomènes et leur survit, il embrasse leur durée et leur espace dans sa durée et dans son espace. De là l'idée de totalité.

La totalité est le développement de l'unité : l'unité est le fondement de la totalité : l'une est la forme visible de l'autre. Confusion de l'unité et de la totalité, erreur fondamentale du panthéisme.

Unité, universalité, infinité, éternité, toutes expressions synonymes.

Mais quand la nature de l'être considéré dans son essence, c'est-à-dire dans son unité, ne prouverait point qu'il est infini, universel, éternel, la nature de ses qualités ou des vérités dont il est le sujet attesterait en lui ces caractères : l'universalité, l'éternité de la vérité absolue témoignerait de l'universalité et de l'éternité de la substance.

En effet, en mettant à part l'unité de l'être qui dérive nécessairement de l'idée même de l'être, l'être en lui-même est impénétrable et ne se manifeste que par ses qualités ; la raison même n'a d'autre pouvoir que celui de réunir la vérité à la substance ; elle ne sait autre chose de la substance que ce que ses qualités lui en apprennent.

Ainsi l'être ne se manifeste que par ses attributs ; ses attributs sont les vérités absolues ; d'où il suit que la science de l'être n'est autre que celle de la vérité, et que l'ontologie n'est que la psychologie, plus la connaissance du rapport de la vérité à l'être.

L'être unique, c'est Dieu.

La première partie de la science de Dieu, est comprise toute entière dans ce mot : Dieu est celui qui est.

La seconde partie de la science de Dieu traite des attributs divins, et se réduit à la psychologie rationnelle.

Comme la vérité se rapporte nécessairement et réellement à l'être, toute connaissance de l'une est une connaissance de l'autre; la seule différence qui les sépare est celle du direct à l'indirect, de l'immédiat au médiat, de l'explicite à l'implicite; d'où il suit que toute connaissance de la vérité est une connaissance de Dieu, et que l'aperception directe de la vérité absolue enveloppe une aperception indirecte et obscure de Dieu même.

Théorie de la conception de Dieu comme inhérente à la conception de la vérité, et de l'intuition divine, obscure et indirecte, comme inhérente à l'intuition pure de la vérité, ou nouvelle théorie de la vision en Dieu.

Ainsi, à proprement parler, la science de la vérité est celle de Dieu ou de l'être; la science comme science est divine de sa nature; plus on sait en général, plus on sait de Dieu; la science et la religion sont identiques l'une à l'autre; elles décroissent et s'élèvent dans le même rapport.

La religion dans son point de vue le plus élevé étant le rapport de la vérité à l'être, et ce rapport étant lui-même une vérité absolue, subjectivement nécessaire, il s'ensuit que la religion est essentielle à la raison; comme il y a de l'être dans toute pensée, toute pensée est essentiellement religieuse, que l'être pensant le sache ou l'ignore; l'irréligion, l'athéisme, impossibles pour le peuple qui ne se méfie point de sa raison, ne sont possibles que pour le savant qui seul peut opposer sa liberté à son intelligence, mais qui, alors même qu'il renie l'être, ne peut pas ne pas y croire, y pense nécessairement toutes les fois qu'il pense, en parle toutes les fois qu'il parle, et proclame Dieu perpétuellement.

Toute pensée, toute parole, est un acte de foi, un hymne, une religion toute entière.

Dieu est connu par tous les hommes, en tant qu'hommes, depuis l'instant de leur naissance jusqu'à celui de leur mort : connu de tous également, mais avec plus ou moins de clarté; le plus ou le moins de clarté est la différence unique qui puisse être entre les conceptions des hommes.

Après avoir montré la différence de la vérité et de l'être, et en même temps leur rapport intime, il faut établir le rapport de l'être avec l'homme, c'est-à-dire avec la raison, seule partie véridique et religieuse de la nature humaine.

La raison par elle-même n'atteint pas l'être directement; elle ne l'atteint qu'indirectement par l'entremise de la vérité.

La vérité est le médiateur nécessaire entre la raison et Dieu; dans l'impuissance de contempler Dieu face à face, la raison l'adore dans la vérité qui le lui représente, qui sert de verbe à Dieu et de précepteur à l'homme.

Or, ce n'est pas l'homme qui se crée à lui-même un médiateur entre lui et Dieu, l'homme ne pouvant constituer la vérité absolue. C'est donc Dieu lui-même qui l'interpose entre l'homme et lui, la vérité absolue ne pouvant venir que de l'être absolu, de Dieu.

La vérité absolue est donc une révélation même

de Dieu à l'homme par Dieu lui-même; et comme la vérité absolue est perpétuellement aperçue par l'homme et éclaire tout homme à son entrée dans la vie, il suit que la vérité absolue est une révélation perpétuelle et universelle de Dieu à l'homme. — Théorie de la révélation.

Or, la vérité absolue étant l'unique moyen de rapprocher l'homme de Dieu, mais en étant le moyen infaillible, puisqu'on ne peut participer à la qualité sans participer à la substance, il s'ensuit que la raison humaine, en s'unissant à la vérité absolue, s'unit à Dieu dans la vérité, et vit, par elle et dans elle, c'est-à-dire par lui et dans lui, d'une vie absolument opposée à la vie terrestre renfermée dans les limites du contingent.

Loi suprême de l'humanité : s'unir à Dieu le plus intimement qu'il est possible par la vérité, en la cherchant et en la pratiquant.

Résumé ou enchaînement de toutes les parties de la science de la science.

Rapport de l'ontologie et de la psychologie rationnelle. Harmonie de la psychologie et de la logique, et des trois grandes divisions de la psychologie. L'unité systématique est l'expression de l'unité de la vie intellectuelle.

Je finis en répétant que la science de la science ne s'applique spécialement à aucune science, mais à toutes généralement. Elle est toute entière dans chacune d'elles, et chacune d'elles n'est science qu'autant qu'elle la contient. L'arithmétique la possède tout comme la théologie proprement dite, et la morale comme la géométrie. Là est le centre, le terme et le point de départ de toute recherche scientifique.

ESSAI

D'UNE CLASSIFICATION DES QUESTIONS

ET DES ÉCOLES PHILOSOPHIQUES.

Au lieu de se précipiter aveuglément, et d'égarer ses forces dans le dédale de ces milliers de questions particulières, dont l'infinie variété éblouit et déconcerte l'attention la plus ferme et la plus opiniâtre, peut-être faudrait-il essayer, par un premier effort, de ramener toutes ces questions qui s'enfuient et s'éparpillent pour ainsi dire, à un certain nombre de problèmes éminens, sur lesquels se porteraient les forces réunies de l'intelligence : la question préliminaire de toute philosophie est celle de la classification des questions philosophiques.

La première loi d'une classification est d'être complète, d'embrasser toutes les questions générales et particulières, et celles qui se présentent d'elles-mêmes, et celles qu'il faut aller chercher dans les profondeurs de la science, toutes les questions connues et toutes les questions possibles.

La seconde loi d'une classification est d'établir le rapport de toutes les questions qu'elle énumère, et de marquer avec précision l'ordre dans lequel chaque question doit être traitée.

Or, quand je songe à toutes les questions qui ont occupé mon esprit, quand je les compare à celles qui ont occupé tous les philosophes, quand j'interroge et les livres et moi-même, surtout quand je consulte la nature de l'esprit humain, la raison comme l'expérience réduisent à mes yeux tous les problèmes philosophiques à un très-petit nombre de problèmes généraux, dont le caractère est déterminé par l'aspect général sous lequel se présente à moi la philosophie, et dans la philosophie la métaphysique, de laquelle il s'agit ici spécialement.

La philosophie n'est, à mes yeux, que la science de la nature humaine considérée dans les faits qu'elle livre à notre observation; parmi ces faits, il y en a qui se rapportent plus spécialement à l'intelligence, et que, pour cette raison, on appelle communément *métaphysiques*. Les faits métaphysiques, les phénomènes par lesquels se produit l'intelligence humaine, ramenés à des formules générales, constituent les principes intellectuels; la métaphysique n'est donc que l'étude de l'intelligence, dans celle de nos principes intellectuels.

Les principes intellectuels se présentent sous deux aspects; ou relativement à l'intelligence dans laquelle ils existent, au sujet qui les possède, à la conscience et à la réflexion qui les considère; ou relativement à leurs objets, c'est-à-dire non plus en eux-mêmes et en nous-mêmes, mais dans leurs conséquences et leurs applications externes. Qu'on y pense, tout principe intellectuel se rapporte à l'esprit humain ; et en même temps qu'il se rapporte à l'esprit humain, sujet de toute connaissance et de toute conscience, il regarde des objets placés en dehors de l'esprit qui les conçoit ; et pour me servir d'expressions fameuses, si commodes par leur concision et leur énergie, tout principe intellectuel est ou *subjectif*, ou *objectif*, ou *subjectif* et *objectif* à la fois. Il n'y a aucun principe, aucune connaissance, aucune idée, aucune perception, aucune sensation que n'atteigne cette division générale, laquelle partage d'abord tous les problèmes philosophiques en deux grandes classes; problèmes relatifs au *sujet*, problèmes relatifs à l'*objet*.

Ouvrons cette division générale, et tirons-en les divisions particulières qu'elle contient; examinons d'abord les principes intellectuels, indépendamment des conséquences externes qu'on en peut déduire ; développons la science du *sujet*.

Cette science est celle du monde intérieur; c'est la science du *moi*, science entièrement distincte de celle de l'*objet*, qui est, à proprement parler, la science du *non-moi*. Et cette science du moi n'est point un roman sur la nature de l'ame, sur son origine et sur sa fin; c'est l'histoire véritable de l'ame, écrite par la réflexion, sous la dictée de la conscience et de la mémoire; c'est la pensée se repliant sur elle-même, et se donnant en spectacle à elle-même : elle s'occupe uniquement de faits intérieurs, de phénomènes aperceptibles et appréciables par la conscience ; je l'appelle *psychologie*, ou encore, *phé-*

noménologie, pour marquer la nature de ses objets. Or, malgré les difficultés qu'elle oppose à la réflexion, toujours incertaine, d'un être jeté d'abord, et constamment retenu hors de lui-même par les besoins de sa sensibilité et de sa raison, cette science, toute subjective, n'est point au-dessus de l'homme; elle est certaine, car elle est immédiate; le moi et ce dont il s'occupe y sont renfermés dans la même sphère, dans l'unité de conscience; là, l'objet de la science est tout-à-fait intérieur, il est aperçu intuitivement par le sujet; le sujet et l'objet y sont intimes l'un à l'autre. Tous les faits de conscience sont évidens par eux-mêmes, aussitôt que la conscience les atteint; mais souvent ils se dérobent à ses prises par leur extrême délicatesse, ou sous les enveloppes étrangères qui les environnent: la psychologie donne la certitude la plus entière; mais on ne trouve cette certitude qu'à des profondeurs où il n'appartient pas à tous les yeux de pénétrer : pour y parvenir, il faut se séparer de ce monde étendu et figuré dans lequel nous habitons depuis si long-temps, et dont les couleurs teignent aujourd'hui toutes nos pensées et toutes nos langues, sans lesquelles nous pensons si peu; il faut se séparer de ce monde extérieur, tout autrement difficile à écarter que le précédent, de ce monde que constitue toute notion d'être et d'absolu; c'est-à-dire qu'il faut se séparer d'une partie intégrante de la pensée, car dans toute pensée il y a de l'être et de l'absolu; et encore il faudrait séparer la pensée sans la mutiler, et dégager les phénomènes de conscience des notions ontologiques qui les enveloppent naturellement, et des formes logiques qui les étouffent aujourd'hui, sans tomber dans des abstractions. Enfin, après s'être établi dans ce monde de la conscience, si délicat et si glissant, il faut faire une revue vaste et profonde de tous les phénomènes qu'il comprend, car ici les phénomènes sont les élémens de la science; il faut s'assurer de n'avoir omis aucun élément, sans quoi la science est incomplète; il faut s'assurer qu'on n'a supposé aucun fait, qu'on n'a pas pris les fantômes de l'imagination pour des phénomènes de conscience; il faut s'assurer que non-seulement on n'a omis aucun élément réel, qu'on n'a introduit aucun élément étranger, mais encore qu'on a vu les élémens réels, et tous les élémens réels, sous leur vraie face, et sous toutes les faces qu'ils peuvent présenter. Quand ce travail préliminaire nous a mis en possession de tous les élémens de la science, il reste à composer la science en rapprochant tous ses élémens, et en les combinant entre eux de manière à les voir tous dans les classes différentes qu'affectent leurs différens caractères, comme le naturaliste aperçoit ses végétaux ou ses minéraux dans un certain nombre de divisions qui les comprennent tous.

Cela fait, tout n'est pas fait encore; la science du *sujet* est loin d'être épuisée; les plus grandes difficultés ne sont pas vaincues. Nous avons reconnu le monde intérieur, les phénomènes de conscience, tels que la conscience nous les présente aujourd'hui;

nous connaissons l'homme actuel ; nous ignorons encore l'homme primitif. Ce n'est point assez pour l'homme de contempler l'inventaire analytique de ses connaissances, rangées sous des titres et pour ainsi dire sous des étiquettes méthodiques; l'infatigable curiosité humaine ne peut se reposer dans ces classifications circonspectes; elle aspire à des problèmes supérieurs qui l'effraient et qui l'attirent, qui la charment et qui l'accablent. Il semble que nous ne possédions pas légitimement la réalité présente, tant que nous n'avons pas obtenu la vérité primitive, et nous remontons sans cesse à l'origine de nos connaissances, comme à la source de toute lumière. Or, la question de l'origine des connaissances en fait naître une nouvelle, aussi difficile, plus difficile peut-être ; c'est celle du rapport du primitif à l'actuel. Il ne suffit pas en effet de savoir où nous en sommes et d'où nous sommes partis; il faut connaître tous les chemins par lesquels nous sommes arrivés au point où nous nous trouvons aujourd'hui. Cette troisième connaissance achève les deux autres; ici finit toute question : la science du sujet est vraiment épuisée, car quand on possède les deux points extrêmes et les intermédiaires, il ne reste rien à demander.

Considérons maintenant les principes intellectuels, relativement à leurs objets externes.

Chose étrange ! un être sait et connaît hors de sa sphère ; il n'est que lui-même, et il connaît autre chose que lui ; son existence n'est pour lui que son individualité même, et du sein de ce monde individuel qu'il habite et qu'il constitue, il atteint un monde étranger au sien ; et cela par des forces qui, tout intérieures et personnelles qu'elles sont par leur rapport d'inhérence à leur sujet, s'étendent au-delà de son enceinte, et lui découvrent des choses placées au-delà de sa réflexion et de sa conscience. Que l'esprit de l'homme soit pourvu de ces forces merveilleuses, nul ne peut en douter ; mais leur portée est-elle légitime, et ce qu'elle révèle existe-t-il réellement ? Les principes intellectuels qui ont une autorité incontestable dans le monde intérieur de leur sujet, sont-ils également valables relativement à leurs objets externes ?

C'est là le problème objectif par excellence ; or comme tout ce qui est placé au-dessus de la conscience est objectif, et comme toutes les existences réelles et substantielles sont extérieures à la conscience, laquelle ne s'exerce que sur des phénomènes internes, il s'ensuit que tout problème qui se rapporte à quelque être particulier, ou qui, en général, implique la question de l'existence, est un problème objectif. Enfin, comme le problème de la légitimité des moyens que nous avons de connaître tout objectif, quel qu'il soit, est le problème de la légitimité des moyens que nous avons de connaître d'une manière *absolue* (l'*absolu* étant ce qui n'est pas relatif au moi, mais ce qui se rapporte à l'être), il s'ensuit que le problème de la légitimité de toute connaissance externe, objective, ontologique, est le problème de la connaissance absolue. Le problème de l'absolu constitue la haute logique.

Quand nous nous sommes assurés de la légitimité de nos moyens de connaître d'une manière absolue, nous appliquons ces moyens démontrés légitimes à quelque objet, c'est-à-dire à quelque être particulier; et nous agitons la réalité de l'existence du *moi* substantiel, l'*ame* qui se conçoit et ne s'aperçoit pas ; de cet être étendu et figuré que nous appelons *matière;* et de cet Être suprême, raison dernière de tous les êtres, de tous les objets extérieurs, et du sujet lui-même qui s'élève jusqu'à lui, *Dieu*.

Enfin après ces problèmes, relatifs à l'existence des divers objets particuliers, se rencontrent ceux des modes et des caractères de cette existence; problèmes supérieurs à tous les autres, puisque, s'il est étrange que la personne intellectuelle sache qu'il y a des existences hors de sa sphère, il est bien autrement étrange qu'elle sache ce qui se passe dans ces sphères extérieures à la sienne.

Ces recherches spéciales constituent la haute métaphysique, la science de l'objectif, de l'être, de l'invisible ; car tout être, tout objectif est invisible à la conscience.

Résumons-nous : les problèmes objectifs se divisent en deux grands problèmes, l'un logique, l'autre métaphysique, savoir : 1° le problème de l'absolu, la question de la réalité de l'existence de tout objectif; 2° la question de la réalité de l'existence des divers objets particuliers. Ajoutez à ces deux questions objectives les trois questions contenues dans la question générale du sujet, et vous avez toutes les questions métaphysiques ; il n'en est aucune qui ne rentre dans ces cadres généraux : nous avons donc satisfait à la première loi d'une classification ; tâchons de satisfaire à la seconde, et reconnaissons l'ordre dans lequel il convient d'examiner chaque question.

Examinons d'abord les deux problèmes qui contiennent tous les autres, celui du sujet et celui de l'objet.

Soit que l'objet existe ou qu'il n'existe pas, il est évident qu'il n'existe pour nous qu'autant qu'il nous est manifesté par le sujet; et quand on prétendrait que le sujet et l'objet, actuellement et primitivement, nous sont donnés l'un avec l'autre, toujours faut-il admettre que, dans ce rapport naturel, le terme qui connaît doit être considéré, ainsi qu'il l'est véritablement, comme l'élément fondamental du rapport. C'est donc par le sujet qu'il faut commencer ; c'est d'abord nous-mêmes qu'il faut connaître, car nous ne connaissons rien que dans nous et par nous; ce n'est pas nous qui tournons autour du monde extérieur; c'est bien plutôt le monde extérieur qui tourne autour de nous; ou si ces deux sphères ont chacune des mouvemens propres et individuels, et seulement corrélatifs, nous ne le savons que parce que l'une nous l'apprend : c'est toujours de celle-là qu'il nous faut tout apprendre, même l'existence de l'autre, et son existence indépendante.

Il faudra donc commencer par le sujet : par le moi, par la conscience.

Mais la question du sujet en renferme elle-même trois autres; par laquelle faudra-t-il commencer ? D'abord, il en est une qui consiste à déterminer le rapport des deux autres, le rapport du primitif à l'actuel; il est clair qu'on ne peut traiter celle-là qu'après avoir traité les deux autres; reste à déterminer l'ordre de ces deux dernières. Or, une méthode sévère n'hésitera point à placer l'actuel avant le primitif; car, en commençant par le primitif, on pourrait bien n'obtenir qu'un faux primitif, lequel ne rendrait, dans la déduction, qu'un actuel hypothétique dont le rapport au primitif ne serait que le rapport de deux hypothèses plus ou moins conséquentes. En commençant par le primitif, si l'on se trompe, tout est perdu; la science du sujet est fausse, et alors que devient l'objet? D'ailleurs, débuter par le primitif, c'est commencer par un des problèmes les plus enbarrassans et les plus obscurs, sans guide et sans lumière; au lieu qu'en commençant par l'actuel on commence par la question la plus facile, par celle qui sert d'introduction à toutes les autres. De toutes parts on célèbre l'expérience et les méthodes expérimentales comme la conquête du siècle et le génie de notre époque; la méthode expérimentale en psychologie sera de commencer par l'actuel, de l'épuiser, s'il est possible, et de tenir un compte sévère de tous les principes qui gouvernent aujourd'hui l'intelligence; on n'admettra que ceux qui se présenteront, mais on n'en repoussera aucun; on ne demandera à aucun d'eux ni d'où il vient ni où il va; il est, cela suffit; il doit avoir une place dans la science, puisqu'il en a une dans la nature : on n'exercera sur les faits aucune censure arbitraire, aucun contrôle systématique ; on se contentera de les enregistrer l'un avec l'autre; on ne se hâtera pas non plus de les tourmenter pour leur arracher une théorie prématurée; on attendra patiemment que, leur nombre s'augmentant, leurs rapports se dégagent, et que la théorie se présente d'elle-même.

Si nous passons maintenant du sujet à l'objet, et si nous cherchons l'ordre des deux questions dont l'objet se compose, il est aisé de voir qu'il faut traiter la logique avant la métaphysique, le problème de l'absolu et de l'existence en général avant celui des existences particulières; car la solution, quelle qu'elle soit, du premier problème, est le principe du second.

Voilà donc les lois d'une classification satisfaites ; voilà les cadres philosophiques divisés et ordonnés : maintenant qui les remplira ?

Et, d'abord, y a-t-il eu jusqu'ici un philosophe qui les ait remplis? Si cela était, il y aurait une science métaphysique, comme il y a une géométrie et une chimie. Les philosophes ont-ils du moins distingué ces différens cadres, s'ils n'ont pu les remplir ? ont-ils dessiné les contours et les proportions de l'édifice, s'ils n'ont encore pu le réaliser? Si cela était, il y aurait une science commencée, une route ouverte, une méthode arrêtée. Mais si les philosophes n'ont su ni remplir les cadres philosophiques, ni même les apercevoir et les distinguer, qu'ont-ils donc fait? Le voici en peu de mots.

Les premiers philosophes ont tout traité et tout résolu, mais confusément; ils ont tout traité, mais sans méthode ou avec des méthodes arbitraires et artificielles : il n'y a pas un problème métaphysique qui n'ait été agité en tout sens et analysé de mille manières par les philosophes de la Grèce, et par les métaphysiciens italiens du seizième siècle; cependant, ni les premiers avec leur vaste génie, ni les derniers avec toute leur sagacité, ne purent ni découvrir ni fixer les vraies limites de chaque problème, leurs rapports et leur portée. Nul philosophe avant Descartes n'avait posé nettement le premier problème philosophique, la distinction du sujet et de l'objet; cette distinction n'avait guère été qu'une distinction scolastique et grammaticale, que les successeurs d'Aristote agitèrent vainement sans pouvoir en tirer autre chose que des conséquences de la même nature que leur principe, des conséquences grammaticales qui, passant de la grammaire dans la logique, et de là dans la métaphysique, corrompirent la science intellectuelle et la remplirent de vaines argumentations verbales. Descartes lui-même, malgré toute la vigueur de son esprit, ne pénétra point toute la portée de cette distinction; sa gloire est de l'avoir faite et d'avoir placé le vrai point de départ des recherches philosophiques dans la pensée ou le moi ; mais il ne fut pas frappé, comme il devait l'être, de l'abîme qui sépare le sujet de l'objet ; et, après avoir posé le problème, ce grand homme le résolut trop facilement. Il était réservé au dix-huitième siècle d'appliquer et de répandre l'esprit de la philosophie cartésienne, et de produire trois écoles qui, au lieu de s'égarer dans des recherches extérieures et objectives, commencèrent par un examen plus ou moins sévère, plus ou moins profond de l'esprit humain et de ses facultés. Il appartenait au plus grand philosophe du dernier siècle de marquer le caractère de la philosophie moderne dans le titre même de sa propre philosophie. Le système de Kant est appelé une *critique*. Les deux autres écoles européennes, l'école de Locke et l'école de Reid, toutes deux fort au-dessous de l'école de Kant, et par l'infériorité du génie de leurs chefs et par l'infériorité des doctrines, toutes deux bien différentes entre elles et par les principes et par les conséquences, se lient à celle de Kant, et tiennent l'une à l'autre par l'esprit de critique et d'analyse qui les recommande.

Mais autant ces trois grandes écoles se rapprochent par l'esprit général qui les anime, autant elles diffèrent par leurs principes positifs ; et la raison de cette différence est le point de vue particulier sous lequel chacune d'elles a considéré la philosophie. Toutes les questions philosophiques pouvant se réduire à trois grandes questions, pour l'objet, à la question de l'absolu et de la réalité des existences, pour le sujet, à celles de l'actuel et du primitif, la faiblesse de l'esprit humain, qui se retrouve dans les esprits les plus forts, ne permit point à Locke, à Reid et à Kant de porter également leur attention sur ces trois questions, et la dirigea sur une seule; or, Locke, Reid et Kant prirent tous trois une question différente; de sorte que, par une fatalité assez étrange, chacune des trois grandes questions qui partagent la métaphysique devint l'objet spécial et la possession exclusive de chacune des trois grandes écoles du dix-huitième siècle; l'école de Locke aspire à l'origine des connaissances; l'école écossaise recherche plutôt les caractères actuels que présentent les connaissances humaines dans l'intelligence développée; et l'école de Kant s'occupe surtout de la légitimité du passage du sujet à l'objet. Je ne veux point dire que chacune de ces trois écoles n'ait agité qu'un seul problème; je veux dire que chacune d'elles s'est occupée plus spécialement d'un problème particulier, et que c'est la manière dont elle a résolu ce problème qui la caractérise éminemment. Tout le monde convient que Locke a méconnu plusieurs des caractères actuels des connaissances humaines; Reid ne dissimule point que la question de leur origine lui importe assez peu; et Kant se contente d'indiquer en général la source de la connaissance humaine sans rechercher l'origine spéciale de chacun des principes intellectuels, des célèbres catégories qu'il établit et dont il mesure la portée. Or, il me semble qu'en suivant cette division parallèle des questions et des écoles philosophiques, on envisagerait l'histoire de la philosophie sous un aspect nouveau ; dans les trois grandes écoles modernes on pourrait étudier et approfondir les trois grandes questions philosophiques; chacune de ces trois écoles, bornée et incomplète en elle-même, s'étendrait et s'agrandirait par le voisinage des deux autres ; opposées, elles nous révèleraient leurs imperfections relatives ; rapprochées, elles se communiqueraient ce qui manque à chacune d'elles. Ce serait une étude intéressante et instructive de pénétrer les vices des écoles modernes en les mettant aux prises l'une avec l'autre, et de recueillir leurs divers mérites dans le centre d'un vaste éclectisme qui les contiendrait et les complèterait toutes les trois. La philosophie écossaise nous démontrerait les vices de la philosophie de Locke ; Locke servirait à interroger Reid sur des questions qu'il a trop négligées ; et l'examen du système de Kant nous introduirait dans les profondeurs d'un problème qui a échappé aux deux autres écoles.

SUR LE VRAI SENS
DU
COGITO, ERGO SUM.

Après l'axiome péripatéticien : *nihil est in intellectu quod non priùs fuerit in sensu*, je ne connais point de sentence philosophique qui ait fait autant de bruit dans le monde savant que le fameux *cogito, ergò sum,* de Descartes. Il a régné sans contestation sur toutes les écoles pendant près d'un siècle, puis il a subi de fâcheux retours, et on a fini par lui prodiguer autant de mépris qu'on lui avait d'abord prodigué d'éloges. Après l'avoir célébré comme une démonstration invincible de l'existence personnelle, on l'a couvert de ridicule comme ne démontrant rien et renfermant une pétition de principes. Il serait curieux de prouver que cet argument, tour à tour si vanté et si décrié comme argument, n'en est pas un, et que Descartes n'a mis aucun lien logique entre la pensée et l'existence.

Je dois cette justice à M. Dugald-Stewart de déclarer qu'il est le seul philosophe, depuis Gassendi jusqu'à nos jours, qui ait osé élever quelque doute sur la nature de l'enthymème cartésien. « Le célèbre enthymème de Descartes, dit M. Stewart[1], ne mé-

---

[1]. *Essays philosophic.* Édimbourg. 1810.

rite pas le mépris avec lequel l'ont traité plusieurs philosophes qui accusent Descartes d'avoir voulu prouver l'existence par le raisonnement; il me semble plus probable qu'il a voulu seulement diriger l'attention de ses lecteurs sur un fait très-remarquable dans l'histoire de l'esprit humain, savoir : que nous ne connaissons notre propre existence qu'après avoir eu la conscience d'une pensée. » Et il ajoute dans une note : « Après avoir relu de nouveau les Méditations de Descartes, je ne sais si je ne porte pas trop loin l'apologie, et si les paroles de Descartes se prêtent assez au sens que je leur attribue. »

Et moi aussi j'ai relu souvent les Méditations, mais sans y pouvoir trouver ni la justification de Descartes ni celle du soupçon de M. Stewart. D'abord l'*ergò sum* n'indique-t-il pas par lui-même un lien logique? Ensuite comme Descartes emploie toujours ce mot quand il raisonne, n'est-il pas naturel de croire qu'il a ici le même sens que partout ailleurs, et ce rapport des termes ne marque-t-il pas le rapport des procédés intellectuels? Si l'*ergò* n'a pas un sens logique, pourquoi Descartes ne l'a-t-il pas dit? De plus, si Descartes n'a pas voulu prouver l'existence par le raisonnement, quel procédé la lui révèle donc? où Descartes parle-t-il de cet autre procédé? où le décrit-il? qu'on cherche dans tout le livre des Méditations un seul passage qui s'y rapporte. Enfin, dans les *Principes de philosophie*, ouvrage parfaitement composé et qui se recommande par une clarté et une rigueur admirable d'expression, je lis ces lignes précieuses pour la question qui nous occupe : *Facilè substantiam agnoscimus ex quolibet ejus attributo per communem illius notionem, quòd nihili nulla sunt attributa, nullæve proprietates aut qualitates. Ex hoc enim quòd aliquod attributum adesse percipimus, concludimus aliquam rem existentem sive substantiam, cui illud tribui possit necessariò etiam adesse*[1]. *Concludimus* n'appartient-il pas à la langue du raisonnement ? Voilà, ce semble, plus de difficultés qu'il n'en faut pour détruire l'autorité du simple doute de M. Stewart.

Cependant M. Stewart a raison ; Descartes ne raisonne point dans l'*ergò*, et il sait qu'il ne raisonne point, et il le déclare hautement ; il connaît le procédé intellectuel qui nous découvre l'existence personnelle, et il le décrit avec autant et plus de précision qu'aucun de ses adversaires ne l'a fait. Ce procédé n'est pas, selon Descartes, le raisonnement, mais une de ces conceptions nécessaires qu'un siècle après Descartes, Reid et Kant ont rendues célèbres sous les titres de *Principes constitutifs* de l'esprit humain, et de *Catégories intellectuelles.*

Où se trouve donc cette théorie qui a échappé à tous les regards ? Ni dans les Méditations où Dugald-Stewart l'a vainement cherchée, ni dans les Principes ; mais dans la Polémique sur les Méditations, où elle est comme ensevelie. C'est là qu'il faut aller la chercher.

---

[1]. *Princip. philosophiæ*, pars prim., cap. 52. — Édition française (Paris, 1824), t. 3, p. 96.

En relisant ce long recueil d'objections et de réponses, j'en ai extrait une foule de passages décisifs où Descartes se défend de raisonner pour arriver à l'idée de l'existence personnelle, et où il établit nettement le vrai procédé qui nous y conduit. Je ne citerai que les passages les plus importans.

Avant Spinosa et Reid, Gassendi avait attaqué l'enthymème de Descartes. «Cette proposition, *je pense, donc je suis*, suppose, dit Gassendi, cette majeure : ce qui pense existe, et par conséquent implique une pétition de principes.» A quoi Descartes répond : Je ne fais point de pétition de principes, car je ne suppose point de majeure. Je soutiens que cette proposition, je pense, donc j'existe, est une vérité particulière qui s'introduit dans l'esprit sans le secours d'une autre plus générale, et indépendamment de toute déduction logique. Ce n'est pas un préjugé, mais une vérité naturelle qui frappe d'abord et irrésistiblement l'intelligence. Pour vous, ajoute Descartes, vous pensez que toute vérité particulière repose sur une vérité générale dont il faut la déduire par des syllogismes, selon les règles de la dialectique. Imbu de cette erreur, vous me l'attribuez gratuitement; votre méthode constante est de supposer de fausses majeures, de faire des paralogismes et de me les imputer [1]. »

---

1. Voici le passage latin, qui est curieux sous plus d'un rapport :

« Ex eo quod dico cogito, ergò sum, auctor Instantiarum colligit me hanc majorem supponere, qui cogitat, est, atque ita me jam aliquod præjudicium induisse. Quâ in re præjudicii voce iterum abutitur. Etsi enim

Si ce passage ne paraissait pas assez clair, le suivant ne laisserait aucun doute sur l'opinion de Descartes. « La notion de l'existence, dit-il dans sa réponse à d'autres objections, est une notion primitive qui n'est obtenue par aucun syllogisme; elle est évidente par elle-même, et notre esprit la découvre par intuition. Si elle était le fruit d'un syllogisme, elle supposerait la majeure, tout ce qui pense, existe; tandis que c'est par elle que nous parvenons à ce principe [1].

enunciatio illa ita nuncupari queat cùm sine attentione profertur, aut ideò tantùm vera esse creditur quia talis anteà judicata fuit; præjudicium tamen cùm expenditur appellari non debet, proptereà quòd animo tam evidens appareat ut ab eà credendà sibi temperare nequeat; cùm fortè de illa tum primum cogitare incipiat, ac proinde mentem præjudicio imbutam nondùm habeat. Sed præcipuus istius auctoris in hâc materiâ error hic est, quòd enunciationum particularium cognitionem semper ex universalibus, secundùm syllogismorum dialecticæ ordinem, deducendam esse supponat. Quâ in re se quomodo veritas indaganda sit ignorare prodit. Constat enim inter omnes philosophos, ad eam inveniendam initium semper à notionibus particularibus fieri debere, ut posteà ad universale accedatur; quamvis etiam reciprocè, universalibus inventis, aliæ particulares indè deduci queant. Ita si puer in geometriæ elementis instituendus sit, hoc primum generale, si ab æqualibus æqualia demas, quæ remanent erunt æqualia, aut totum singulis suis partibus majus est, non capiet, nisi particularibus exemplis illustretur. Ad quod cùm non attenderet iste auctor, in tot paralogismos incidit, quibus libri sui molem auxit. Passim enim majores finxit, eas mihi tribuit, quasi veritates quas explicui indè deduxissem. (*Epistola in quâ ad epitomen præcipuarum Petri Gassendi Instantiarum responditur.*—Édit. française, t. 2, p. 303.)

(1) Cùm advertimus nos esse res cogitantes, prima quædam notio est quæ ex nullo syllogismo concluditur; neque etiam cùm quis dicit, ego cogito, ergò sum, sive existo, existentiam ex cogitatione per syllogismum deducit, sed tanquam rem per se notam simplici mentis intuitu agnoscit, ut patet ex eo quòd si eam per syllogismum deduceret, novisse priùs de-

Descartes s'exprime partout dans le recueil de ses réponses avec la même précision ; « la lumière naturelle fait voir que rien n'a pas d'attributs, que toute qualité suppose un sujet [1]. »

On dirait qu'il a peur de n'être pas compris, tant il met de scrupule à s'exprimer avec clarté. Ce qu'il a dit jusqu'ici ne lui paraît pas suffisant; il craint qu'on ne soit pas encore bien convaincu qu'il admet l'idée de la substance comme une idée première ; après avoir montré qu'elle ne peut être l'ouvrage du raisonnement, il ajoute qu'il ne faut pas non plus l'attribuer à la réflexion, mais à une opération antérieure à la réflexion, opération dont on peut bien renier des lèvres le résultat, mais sans pouvoir l'arracher de son entendement et de sa croyance [2].

Reste à savoir maintenant pourquoi Descartes n'a point exposé, dans ses *Méditations*, cette théorie intéressante, et si elle est en harmonie avec l'ensemble

---

buisset istam majorem, illud omne quod cogitat, est, sive existit, atqui profectò ipsam potiùs discit ex eo quòd apud se experiatur fieri non posse ut cogitet nisi existat ; ea enim est natura nostræ mentis ut generales propositiones ex particularium cognitione efformet. (*Responsio ad secundas objectiones.*— Édit. franç., tom. 1. pag. 427.)

(1) Omnis res cui inest aliqua proprietas, sive qualitas, sive attributum, cujus realis idea in nobis est, vocatur substantia. Neque enim ipsius substantiæ præcisè sumptæ aliam habemus ideam quam quòd sit res, in quâ formaliter vel eminenter existit illud aliquid quod percipimus, sive quòd est objectivè in aliquâ ex nostris ideis, quia naturali lumine notum est nullum esse posse nihili attributum. (*Rationes Dei existentiam et animæ à corpore distinctionem probantes, more geometrico dispositæ.* — Édit. franç., tom. 1, pag. 433.)

(2) Verum quidem est neminem posse esse certum se cogitare, nec se

de la philosophie cartésienne. Une connaissance approfondie du véritable objet des *Méditations* et de la philosophie de Descrates résout facilement cette question.

Le vrai but des efforts de Descartes fut de donner à la philosophie un point de départ scientifique, en l'appuyant sur un principe ferme et inébranlable : et comme l'existence personnelle échappait seule à l'hypothèse du doute universel où Descartes s'était placé, l'existence personnelle fut pour Descartes ce principe indubitable sur lequel il éleva sa philosophie. Cette philosophie est une chaîne immense dont le premier anneau repose sur l'existence de l'ame, qui de là atteint l'Être des êtres, et dans ses amples circuits embrasse l'universalité des phénomènes et des lois de la matière. De l'existence personnelle, ou de l'humanité, Descartes monte à Dieu, et descend à l'univers. L'existence personnelle est pour lui la base de toutes les

---

existere, nisi sciat quid sit cogitatio, non quòd ad hoc requiratur scientia reflexa, vel per demonstrationem acquisita, et multò minùs scientia scientiæ reflexæ per quam sciat se scire, iterumque se scire, atque ita in infinitum, qualis de nullâ unquam re haberi potest. Sed omninò sufficit ut id sciat cogitatione illâ internâ, quæ reflexam semper antecedit ; et quæ omnibus hominibus de cogitatione atque existentiâ ita innata est, ut quamvis fortè præjudiciis obruti, et ad verba magis quàm ad verborum significationes attenti, fingere possimus nos illam non habere, non possimus tamen reverâ non habere. Cùm itaque quis advertit se cogitare, atque indè sequi se existere, quamvis fortè nunquàm anteà quæsiverit quid sit cogitatio nec quid existentia, non potest tamen non utramque satis nosse, ut sibi in hac parte satisfaciat. (*Responsio ad sextas objectiones.*— Édit. franç., tom. 2. pag. 333.)

autres certitudes; cette première certitude obtenue, le raisonnement en déduit toutes les autres, mais il ne fonde pas celle sur laquelle il s'appuie. Elle est la pierre de l'édifice; tout porte sur elle : elle ne porte que sur elle-même. L'ame démontre Dieu et par contre-coup l'univers; mais nul principe antérieur ne démontre l'ame; sa certitude est primitive; elle nous est révélée dans le rapport de la pensée à l'être pensant. Si l'ame ne pensait point, elle ne pourrait se connaître; mais sa nature étant de penser, elle se connaît nécessairement. Le raisonnement ne fait pas sortir logiquement l'existence de la pensée; mais l'ame ne peut penser sans se connaître, parce que l'être nous est donné sous la pensée : *cogito, ergò sum.* La certitude de la pensée ne précède pas la certitude de l'existence, elle la contient, elle l'enveloppe; ce sont deux certitudes contemporaines, qui se confondent dans une seule, qui est la certitude fondamentale; cette certitude fondamentale complexe est le principe unique de la philosophie cartésienne. Cette forte doctrine est renfermée dans le livre des *Méditations*, l'un des plus beaux et des plus solides monumens du génie philosophique. Descartes prétend démontrer par le raisonnement, avec la rigueur de la géométrie, que l'existence de la nature et l'existence de Dieu sont des vérités incontestables, puisqu'elles reposent sur notre existence personnelle, laquelle est au-dessus de tous les efforts du scepticisme. Tel était le dessein de Descartes, et non pas d'établir l'existence personnelle que personne ne pouvait nier de bonne foi; il l'établit pourtant dans la première et la seconde Méditation, et d'une manière très-solide, en montrant la simultanéité de la conception de l'existence et de l'aperception de la pensée. Et ce rapport de simultanéité, il le marque par *ergò;* mais il ne s'arrête point à nous avertir que la connaissance de ce rapport n'est pas l'ouvrage du raisonnement, ce n'était pas là son objet; il se contente d'établir la certitude de l'existence personnelle, et il s'en sert pour établir toutes les grandes vérités : il ne devait pas instituer une discussion particulière pour prouver que nous ne tirons pas l'existence de la pensée; il devait seulement établir la certitude de l'existence personnelle, et il le fait. Il affirme que très-certainement nous existons, puisque nous pensons; le lecteur n'est pas trompé par-là sur la nature du lien qui unit la pensée et l'existence. Descartes ne dit point que ce soit le raisonnement, il dit même implicitement que ce n'est point le raisonnement, puisqu'il va de suite et nécessairement de l'une à l'autre. Mais encore une fois, il ne s'arrête pas, et ne devait pas s'arrêter là-dessus. Le livre des *Méditations* est donc irréprochable; il présente ce qu'il devait présenter, la doctrine cartésienne dans toute son étendue, mais aussi dans ses limites. Si l'on voulait y faire entrer la théorie détaillée de l'existence personnelle, elle ne dérangerait aucunement le système général, car elle n'en ferait pas partie. Elle est en dehors de ce système, et voilà pourquoi Descartes ne l'a point développée dans un ouvrage consacré uniquement à l'exposition de sa philosophie, c'est-à-dire à la démonstration de l'existence de Dieu et de l'existence des corps. Que si ses contemporains ne l'entendent pas et l'accusent de déduire à tort l'existence de la pensée, Descartes s'expliquera ; mais il ne changera pas les proportions du monument immortel où il a déposé ses pensées et sa méthode ; il s'expliquera, mais dans des réponses, *responsiones*, et il prouvera alors que tous les reproches qu'on lui adresse portent à faux, puisqu'ils tombent sur le principe de son système qu'on l'accuse d'avoir établi par le raisonnement ; comme si, dit-il, le principe d'un système pouvait être un principe logique, et comme si la connaissance des principes en général était du ressort de la dialectique : *notitia principiorum non fit dialecticè*.

DU BEAU RÉEL

ET DU BEAU IDÉAL.

Je veux rechercher dans cet article ce que c'est que le beau, le beau réel et le beau idéal, en quoi ils se rassemblent et en quoi ils diffèrent ; comment nous saisissons l'un et l'autre, et comment nous allons de l'un à l'autre.

D'abord, que faut-il entendre par le beau réel ?

Il faut entendre par le beau réel ce que chacun entend par-là ; savoir : toutes les beautés que présentent l'homme et la nature, toutes les beautés physiques, morales, intellectuelles, en tant qu'elles se rencontrent dans un objet réel, déterminé.

Or, on peut considérer le beau en général et le beau réel dont il s'agit ici, soit dans l'ame, dans les actes intérieurs par lesquels on le saisit, soit dans les caractères des objets extérieurs qui le contiennent, objets qui ne sont extérieurs que relativement au sujet qui les aperçoit, et qui peuvent être les idées, les sentimens les plus intimes à l'ame, pourvu qu'ils soient beaux et deviennent par-là des objets d'admiration.

Considérons successivement le beau réel sous ces

deux points de vue ; considérons-le premièrement dans l'ame, dans les opérations qui nous le découvrent.

Ces opérations ne sont à mes yeux qu'une opération unique, mais complexe, composée d'un jugement et d'un sentiment, enveloppés l'un dans l'autre.

En fait, il est indubitable qu'à l'aspect d'un certain objet, vous prononcez qu'il est beau ; si quelqu'un prétend le contraire, vous prononcez qu'il se trompe, que l'objet que vous jugez beau l'est véritablement, et que tout le monde doit en juger ainsi que vous. Le jugement que vous portez est bien individuel par son rapport à vous qui le portez et qui êtes un individu ; mais quoique vous le portiez, vous savez que vous ne le constituez pas, et la vérité qu'il exprime vous apparaît à vous-même universelle, invariable, absolue, infinie. Ce jugement est un acte de la raison, de cette faculté merveilleuse qui aperçoit l'infini du sein du fini, atteint l'absolu dans l'individuel, et participe de deux mondes dont elle forme la réunion.

En fait, il est encore indubitable qu'au jugement que vous portez sur la beauté de l'objet, se joint un sentiment exquis d'amour pur et désintéressé, égal et semblable à celui qu'excitent en nous le bien et le vrai. Ce sentiment se rencontre dans tous les hommes, mais dans tous les hommes il est différent en degré ; et loin de lui attribuer une autorité universelle, vous ne pouvez réclamer en sa faveur que la liberté et l'indulgence que vous accordez vous-même à tous les sentimens individuels. Confondre le jugement dans le sentiment, c'est réduire le beau à l'agréable, et lui ôter toute vérité absolue, si on ne donne le sentiment que pour ce qu'il est, c'est-à-dire individuel, variable, relatif; et si on lui suppose une force d'universalité qu'il n'a pas, qu'il ne peut avoir, et qu'un examen un peu sévère lui enlève facilement, c'est substituer au scepticisme une sorte de mysticisme intellectuel. Une analyse éclairée se préserve de ces deux inconvéniens en reconnaissant et en distinguant le sentiment et le jugement, la raison et l'amour dont l'heureuse harmonie constitue ce qu'on appelle le goût, la faculté de discerner et de sentir le beau. L'admiration et l'enthousiasme qui composent le cortège du goût, sont aussi deux phénomènes complexes mêlés d'amour et de raison, avec cette différence peut-être, que l'intelligence entre plus dans l'admiration, et le sentiment dans l'enthousiasme.

Le jugement, absolu de sa nature, est un et exclut toute nuance. Le sentiment, relatif de sa nature, admet et présente des variétés qu'une analyse savante a recueillies et constatées dans la distinction célèbre du beau et du sublime. On peut encore disputer sur le mot, non sur le fait. Il est reconnu que le sentiment du beau, selon les objets qui l'excitent et les circonstances qui le développent, émeut l'ame très-diversement, la charme et l'épanouit, ou l'étonne et la resserre, la jette dans une gaieté légère, ou la plonge dans la mélancolie. Ici mille détails pleins d'intérêt se présentent en foule. Les limites de cet article me forçant de les rejeter, je renvoie le lecteur aux ouvrages de Burke et de Kant qui, sur ce point, me paraissent laisser peu de chose à désirer, et je passe à l'examen des caractères externes de la beauté.

Selon moi, le caractère de la beauté extérieure est double, comme l'opération qui s'y rapporte. Ce caractère est composé de deux élémens toujours mêlés ensemble, quoique entièrement distincts, l'élément individuel et l'élément général.

Toute figure humaine, en même temps qu'elle est composée d'un certain nombre de traits de détail qui constituent son individualité ou la physionomie, présente des traits généraux qui constituent sa nature, la figure en tant que figure. La figure d'un certain homme n'est pas celle d'un autre homme ; elle a ses traits individuels qui la distinguent ; et en même temps cette figure est une figure humaine par sa constitution primordiale, par ses linéamens généraux. Cette distinction s'applique à tout objet, quel qu'il soit, quel qu'il puisse être ; car s'il est, il faut bien qu'il possède quelque chose de constitutif qui le fasse être : et quelque chose aussi qui le distingue, et par quoi il soit lui et non pas un autre.

Or, la partie constitutive d'un objet est sa partie absolue ; sa partie individuelle est sa partie variable. En effet, l'individuel varie sans cesse ; il se détruit et se reproduit pour se détruire et se reproduire encore, sans que la nature de l'objet, sa partie absolue, les grands et invariables linéamens qui constituent son essence, en soient altérés. L'essence ne change pas; changer, pour elle, ce serait périr. Retranchez d'une ligne droite naturelle le plus ou moins de longueur de la ligne, tout ce qu'il vous plaira, moins cette circonstance, visible ou intelligible, qu'elle est le plus court chemin d'un point à un autre, vous aurez détruit l'individuel, le variable de cette ligne; la ligne droite absolue demeure toute entière dans le caractère essentiel que vous avez conservé; mais touchez à ce caractère, vous ne modifiez plus une certaine ligne droite, vous détruisez la ligne droite. La ligne droite est ou n'est pas; elle est ligne droite, ou elle cesse d'être; son existence est dans son essence. Il en est de même du triangle et du cercle.

Général et particulier, variable et absolu, essentiel et non essentiel; toutes ces idées, se généralisant successivement sans changer de nature, m'élèvent enfin à l'idée qui comprend et soutient toutes les autres, celle de substance et de phénomène.

Dans tout objet il y a du phénomène, si dans tout objet il y a de l'individuel, du variable, du non essentiel, car toutes ces idées équivalent à celle de phénomène; et dans tout objet il y a de la substance, s'il y a de l'essentiel et de l'absolu, l'absolu étant ce qui se suffit à soi-même, c'est-à-dire équivalant à la substance. Je ne veux pas dire que tout objet ait sa substance propre, individuelle; car je dirais une absurdité; substantialité et individualité étant des notions contradictoires. L'idée d'attacher une substance à chaque objet, conduisant à une multitude infinie de substances, détruit l'idée même de substance; car la substance étant ce au-delà de quoi il est impossible de rien concevoir relativement à l'existence, doit être unique, pour être substance. Il est trop clair que des milliers de substances qui se limitent nécessairement l'une l'autre, ne se suffisent point à elles-mêmes et n'ont rien d'absolu et de substantiel. Or, ce qui est vrai de mille, est vrai de deux. Je sais que l'on distingue les substances finies de la substance infinie; mais des substances finies me paraissent fort ressembler à des phénomènes, le phénomène étant ce qui suppose nécessairement quelque chose au-delà de soi, relativement à l'existence. Chaque objet n'est donc pas une substance; mais il y a de la substance dans tout objet, car tout ce qui est ne peut être que par son rapport à *celui qui est celui qui est*, à celui qui est l'existence, la substance absolue. C'est là que chaque chose trouve sa substance; c'est par-là que chaque chose est substantiellement; c'est ce rapport à la substance qui constitue l'essence de chaque chose. Voilà pourquoi l'essence de chaque chose ne peut être détruite par aucun effort humain, ni même supposée détruite par la pensée de l'homme; car pour la détruire, ou la supposer détruite, il faudrait détruire ou supposer détruit l'indestructible, l'être absolu qui la constitue. Mais si chaque chose a de l'absolu et de l'éternel par son rapport à la substance éternelle et absolue, elle est périssable et changeante, elle change et périt à tout moment par son individualité, c'est-à-dire par sa partie phénoménale, laquelle est dans un flux et un reflux perpétuel. D'où il suit que l'essence des choses ou leur partie générale est ce qu'il y a de plus réel et de plus caché, et que leur partie individuelle, où paraît triompher leur réalité, est ce qu'il y a véritablement de plus apparent et de moins réel. C'est du haut de cette théorie qu'il faudrait juger Platon.

Appliquons tout ceci à la beauté, traduisons les expressions de général et de particulier, d'individuel et d'absolu, d'essentiel et de non essentiel, de substance et de phénomène, dans celles d'unité et de variété ; nous aurons les caractères externes de la beauté, ses caractères avoués et reconnus. Ainsi, après bien des circuits, la philosophie aboutit au trivial; et ce qu'on avait d'abord admiré ou rejeté avec dédain comme une spéculation extraordinaire ou absurde, se réduit avec quelques changemens de mots, à ces idées communes où se repose le bons sens du vulgaire : *Simplex veri index.*

Le beau réel se compose donc de deux élémens, le général et l'individuel, réunis dans un objet réel, déterminé. Maintenant si l'on demande quel est l'élément qui paraît d'abord, le général ou l'individuel, le variable ou l'absolu, je répondrai comme pour la substance et le phénomène, que le général et le particulier, l'absolu et le variable, nous sont donnés simultanément l'un dans l'autre, et l'un avec l'autre. Il n'y a point de phénomène sans substance, ni de substance sans phénomène; d'absolu sans relatif, ni de relatif sans absolu ; de général sans particulier, ni de particulier sans général; nous ne commençons ni par celui-ci, ni par celui-là; mais par tous les deux à la fois. Voilà ce qu'il faut bien comprendre. La philosophie roule sur cette question fondamentale qui se reproduit partout sous des formes innombrables. Débutons-nous par l'individuel ou par le général? toutes les écoles répondent exclusivement. De là des idées générales dont on ne peut dire ni ce qu'elles sont, ni d'où elles viennent, et pour l'explication desquelles on est obligé de recourir à des idées innées ; ou bien des idées particulières dont on ne sait trop comment tirer certaines idées générales qu'on est alors obligé d'exiler de l'entendement. On ne résout bien la question que par une solution complexe, en posant l'individuel et le général comme deux termes corrélatifs et simultanés. Ce n'est pas que nous distinguions d'abord nettement ces deux termes; car la réflexion seule éclaire et distingue; et nous ne débutons pas par la réflexion, mais par la spontanéité, par une aperception complexe et obscure. Ceci résout encore la question célèbre : commençons-nous et devons-nous commencer par l'analyse ou par la synthèse? Sans doute la philosophie qui doit partir de la lumière, doit partir de la réflexion, et la réflexion décompose et doit nécessairement décomposer avant de composer. Mais antérieurement à la philosophie, est la nature qui lui sert de base, et qui, ne commençant pas par se réfléchir elle-même, ne peut commencer ni par l'analyse, ni à plus forte raison par cette synthèse qui présuppose l'analyse; mais par des intuitions complexes, irréfléchies, indistinctes, par une synthèse primitive spontanée, qui ne diffère pas moins de l'autre synthèse que de l'analyse.

Ainsi, dans l'objet comme dans l'esprit, les caractères extérieurs de la beauté et les actes intellectuels qui s'y rapportent sont primitivement composés. Les actes intellectuels sont la raison et l'amour, actes d'abord irréfléchis et confus, parce qu'ils sont spontanés, et spontanés parce qu'ils sont primitifs. La raison et l'amour n'offrent primitivement aux yeux de la conscience qu'une espèce d'unité confuse, où elle ne distingue rien, et dont elle exprime seulement un reflet vague et obscur. De même pour l'objet, le général et le particulier se rencontrent primitivement, mais implicitement. Ils sont déjà dans l'esprit, que l'esprit n'en sait rien encore; bien qu'il les aperçoive l'un et l'autre, il ne les distingue pas. Il n'y a pour lui ni général ni particulier distincts, mais une totalité confuse et qui ne manifeste encore ni la variété, ni l'unité, quoiqu'elle les contienne. Voilà le beau réel, le beau primitif dans la nature et dans l'esprit.

Maintenant qu'est-ce que l'idéal? En quoi diffère-t-il, en quoi se rapproche-t-il du beau réel? Comment saisissons-nous l'idéal; comment passons-nous du beau réel au beau idéal? Telle est la seconde partie de la question que nous nous sommes proposée.

L'idéal dans le beau, comme en tout, est la négation du réel, et la négation du réel n'est pas une chimère, mais une idée. Ici l'idée est le général pur, l'absolu dégagé de la partie individuelle. L'idéal, c'est le réel moins l'individuel; voilà la différence qui les sépare; leur rapport consiste en ce que l'idéal, sans être tout le réel, est dans le réel, dans cette partie du réel qui, pour paraître dans sa généralité pure, n'a besoin que d'être abstraite de la partie qui l'accompagne. Comment donc se fait cette abstraction ?

Je distingue deux sortes d'abstraction; l'une, que j'appelle abstraction comparative, procède, comme son nom le marque, par la comparaison de plusieurs individus, écarte leurs différences pour saisir leurs ressemblances, et de ces ressemblances ainsi abstraites et comparées, elle forme une idée générale, que j'appelle idée générale, collective, médiate; collective, parce que tous les individus comparés y entrent pour quelque chose; médiate, parce que sa formation exige plusieurs opérations intermédiaires. L'autre abstraction a cela de particulier qu'elle s'exerce, non sur plusieurs individus, mais sur un objet unique, complexe, dont elle néglige la partie individuelle, dégage la partie générale, et l'élève de suite à sa forme pure. Ces deux abstractions aspirent toutes deux à l'idée générale. Mais l'une qui, dans un objet, considère seulement la partie individuelle, est nécessairement contrainte pour arriver à l'idée générale qu'elle cherche, d'examiner plusieurs autres objets dont elle abstrait encore les parties individuelles qu'elle compare

Cependant si tout objet est essentiellement composé d'une partie générale et d'une partie individuelle, pour obtenir une idée générale il n'est pas besoin de recourir à l'examen et à la composition de plusieurs objets; il suffit, dans tout objet, de négliger la partie individuelle, et d'abstraire la partie générale, et on arrive ainsi immédiatement à cette idée que j'appelle idée générale, abstraite, immédiate; générale, puisqu'elle n'est pas individuelle; abstraite, puisque pour l'obtenir il faut abstraire dans un objet l'élément général de l'élément individuel, auquel il est mêlé actuellement; enfin immédiate, puisque nous l'obtenons, ou du moins nous pouvons l'obtenir sans avoir recours à la comparaison de plusieurs objets. Telle est la théorie de la génération et de l'origine de l'idée de cause, de l'idée de triangle et de cercle; et il me semble que c'est dans le centre de cette théorie que les deux théories extrêmes des idées générales innées, et des idées générales comparatives, perdent ce qu'elles ont de faux, en conservant ce qu'elles ont de vrai. Les idées innées viennent de l'impossibilité d'expliquer certaines idées générales par la collection et la comparaison; les idées générales comparatives viennent de l'impossibilité de concevoir les idées innées. On ne pouvait rendre compte du beau idéal par la combinaison des diverses beautés individuelles éparses dans la nature; on a donc eu recours à l'hypothèse désespérée du beau idéal inné; et l'absurdité d'un idéal primitif sur lequel nous jugeons tous les objets individuels, a poussé et retient encore plusieurs bons esprit dans la théorie incomplète et fausse de l'idéal comparatif. L'idéal n'est ni antérieur à l'expérience, ni le fruit tardif d'une comparaison laborieuse. Dans le premier bel objet que nous offre la nature, nous découvrons les traits généraux et constitutifs de la beauté, ou physique ou intellectuelle ou morale, et c'est avec ce premier objet que nous construisons immédiatement le type général qui nous sert ensuite à apprécier tous les autres objets, comme c'est à l'aide du premier triangle imparfait que la nature lui fournit, que le géomètre construit le triangle idéal, règle et modèle de tous les triangles. Le beau idéal est aussi absolu que l'idéal géométrique; mais il n'a pas été formé autrement. La nature nous le cache à la fois et nous le révèle; elle ne réfléchit la beauté éternelle que sous des formes qui s'évanouissent sans cesse; mais enfin elle la réfléchit, et pour la voir, il suffit d'ouvrir les yeux. Il y a de l'absolu dans la nature comme dans l'esprit de l'homme, au dehors comme au dedans; et c'est dans le rapport, plus intime qu'on ne pense, de l'absolu qui contemple, et de l'absolu qui est contemplé, que gît l'aperception de la vérité.

DU PREMIER ET DU DERNIER

FAIT DE CONSCIENCE,

ou

DE LA SPONTANÉITÉ ET DE LA RÉFLEXION.

———

Les connaissances humaines peuvent se considérer, soit à leur origine et dans leurs caractères primitifs ; soit dans leur développement et dans leurs caractères actuels.

Or, je dis que toute connaissance primitive est spontanée, et toute connaissance développée réfléchie.

D'où il suit que toute connaissance primitive est positive, indistincte, obscure, et que toute connaissance développée est négative, distincte et claire.

D'où il suit encore qu'autre chose est le point de départ, autre chose est la base de la philosophie ; car si la philosophie ne veut point s'abjurer elle-même, elle doit partir de la réflexion pour partir de la lumière ; et si la philosophie veut porter sur quelque chose, elle doit se présupposer une base à elle-même dans un fait nécessairement obscur, parce qu'il est antérieur à toute réflexion.

Quel est-il donc ce fait primitif, enseveli sous les ténèbres qui environnent le berceau de la pensée ?

Mais qu'est-ce d'abord que la réflexion, et que contient-elle ?

La réflexion est la pensée libre, suspendant le mouvement naturel qui la développe pour ainsi dire en ligne droite, et se repliant sur elle-même dans l'intérieur même de la pensée qu'elle aperçoit nettement, parce qu'elle la considère distinctement, c'est-à-dire divisée en deux parties, savoir : la pensée en tant qu'elle se replie sur elle-même et se contemple, et la pensée en tant qu'elle est contemplée.

La pensée qui contemple est le sujet de la réflexion; la pensée contemplée en est l'objet.

Ainsi point de réflexion sans un sujet et un objet ; de là l'axiome, point d'objet sans sujet, point de sujet sans objet.

Dans la réflexion, le sujet et l'objet sont distincts l'un de l'autre, parce qu'ils sont opposés l'un à l'autre.

Le sujet ne se distingue de l'objet qu'en se l'opposant ; c'est-à-dire qu'en s'affirmant et en se niant à la fois.

Le sujet s'affirme, se pose lui-même, et dit je ou moi; mais en même temps qu'il se pose, il s'oppose l'objet, lequel, dans son opposition au sujet moi, est appelé non-moi. Le sujet ne se pose donc qu'en s'opposant quelque chose, et il ne s'oppose quelque chose qu'en se posant.

Le moi se nie en affirmant le non-moi ; il nie le non-moi en s'affirmant lui-même, et c'est à cette négation réciproque qu'est due la lumière qui éclaire l'acte réfléchi.

Le moi et le non-moi nous sont donnés simultanément et distinctement dans une opposition, dans une limitation réciproque.

Les deux termes de cette opposition sont deux phénomènes qui paraissent et qui s'éclipsent l'un avec l'autre et l'un par l'autre.

Phénomène, relatif, variable, contingent, fini, toutes expressions synonymes.

Or, en même temps que nous apercevons le phénomène, le relatif, le variable, le fini, nous concevons et ne pouvons pas ne pas concevoir son contraire, l'infini, l'immuable, l'éternel; de là l'axiome, point d'infini sans fini, point de fini sans infini.

L'infini par rapport au fini est l'être absolu, théâtre immobile de ce phénomène agité, de cette lutte du moi et du non-moi qu'on appelle la vie.

Le moi c'est l'individualité, le non-moi c'est la multiplicité ou la pluralité, l'être c'est l'unité absolue.

L'infini, l'être par excellence, l'unité absolue, contient dans son sein le moi et le non-moi, la dualité primitive, et de son reflet lui communique l'unité qui la rend possible, unité de conscience qui devient l'unité de connaissance, laquelle devient l'unité de proposition.

Or, comme dans les développemens les plus élevés de la science humaine, nous ne dépassons pas les limites du fini et de l'infini, du phénomène et de l'être, il s'ensuit que tous les développemens ultérieurs de la science humaine sont déjà contenus dans le premier acte de réflexion; mais le premier acte réfléchi n'est pas le fait primitif.

Que le point de vue réflexif présuppose un point de vue antérieur, c'est ce que la nature de la réflexion et la logique démontrent suffisamment ; la réflexion est une opération esentiellement rétrograde ; nous ne débutons pas par la réflexion, car réfléchir c'est distinguer, et distinguer c'est nier; pour nier il faut avoir affirmé; donc tout jugement négatif, distinctif, réflexif, présuppose un jugement antérieur affirmatif, positif, complexe et indistinct.

La réflexion ou la liberté est sans doute le plus haut degré de la vie intellectuelle; la libre réflexion constitue seule notre véritable existence personnelle; ce n'est que par la libre réflexion que nous nous appartenons à nous-même, car c'est par elle seule que nous nous posons nous-même; mais avant de nous poser, nous nous trouvons; avant de vouloir apercevoir nous apercevons ; avant d'agir librement, nous agissons spontanément. L'action libre suppose la connaissance plus ou moins nette du résultat qu'on veut obtenir. Dans ce cas, la liberté ne peut être le fait primitif.

Le mot liberté peut se prendre dans deux sens différens. Un acte libre peut se dire de celui qu'un être produit parce qu'il a voulu le produire; parce que, se le représentant d'abord, sachant par expérience qu'il peut le produire, il lui a plu vouloir exercer, relativement à cet acte conçu d'avance, la puissance productive dont il se sait doué. Telle est la liberté proprement dite ou la volonté.

Un être est encore appelé libre, lorsque le principe de ses actes est en lui-même et non dans un autre être, lorsque l'acte qu'il produit est le développement d'une force qui lui appartient et qui n'agit que par ses propres lois. Par exemple, lorsqu'une force extérieure pousse mon bras à mon insu ou malgré moi, ce mouvement de mon bras ne m'appartient pas; et si l'on veut appeler ce mouvement un acte, ce n'est point un acte libre dans aucun sens; le mouvement de mon bras tombe alors sous les lois de la mécanique extérieure : ce n'est point par mes propres lois individuelles que j'agis, ce n'est pas moi qui agis, c'est l'univers qui agit par moi. Mais lorsqu'à l'occasion d'une affection organique l'esprit entre d'abord en exercice par son énergie native, et produit un acte quelconque, je puis dire que l'esprit est libre en tant que l'affection organique est l'occasion extérieure et non le principe de son action, dont la raison est la puissance naturelle de l'esprit. C'est dans ce sens et non dans l'autre que toute action de l'esprit peut être appelée libre; mais si, confondant les deux sens du mot liberté, confondant deux faits très-distincts, on soutient que l'esprit est toujours libre de la liberté réfléchie, la réflexion supposant nécessairement une opération antérieure, il faut accorder que cette opération est réfléchie ou qu'elle ne l'est pas; si elle ne l'est pas, voilà l'acte non réfléchi que l'on veut éviter ; et si elle est réfléchie, elle en présuppose une autre, laquelle, si on la suppose réfléchie, en suppose encore une autre toujours réfléchie ; et nous voilà dans un cercle insoluble, errant de réflexions en réflexions, appuyant la réflexion sur elle seule, c'est-à-dire la laissant flotter sans base.

La raison et la nature des choses démontrent donc la nécessité de présupposer à la réflexion une opération antérieure, différente d'elle, et c'est cette opération que j'appelle *spontanéité*.

Une chose encore très-importante que démontre la raison, c'est que la réflexion, étant une opération rétrograde, éclaire ce qui était avant elle ; développe, mais ne crée pas ; et que par conséquent tout ce qui paraît dans le point de vue réflexif préexiste enveloppé dans le point de vue *spontané*.

Mais ce ne sont là que des inductions logiques. Quel est-il ce point de vue spontané? Comment le saisir et comment le décrire? Si nous cherchons à le saisir, il nous échappe, car alors nous réfléchissons; c'est-à-dire nous le détruisons; l'écueil est inévitable, toutes les précautions sont vaines ; parce qu'elles s'adressent à la volonté et à la réflexion, qu'il s'agit d'écarter. Comment exprimer un point de vue spontané dans des langues dont tous les termes sont fortement déterminés, c'est-à-dire profondément réflexifs?

Selon moi, on ne peut saisir le point de vue spontané qu'en le prenant pour ainsi dire sur le fait, sous le point de vue réflexif, à l'aurore de la réflexion, au moment presque indivisible où le primitif fait place à l'actuel, où la spontanéité expire dans la réflexion. Ne pouvant le considérer à plein et tout à notre aise, il faut le saisir d'un coup-d'œil rapide, et pour ainsi dire, de profil dans ces actes de la vie ordinaire qui se redoublent naturellement dans la conscience et se laissent apercevoir sans qu'on cherche à les apercevoir. C'est cette conscience naturelle qu'il faut surprendre en soi et décrire fidèlement. Or, je pense que la conscience primitive présente les mêmes élémens, les mêmes faits que la réflexion, avec cette seule différence que dans la seconde ils sont précis et distincts, et que dans la première ils sont obscurs et indéterminés.

Ainsi la conscience primitive aperçoit le moi et le non-moi, sans pouvoir dire que ce sont deux phénomènes et deux phénomènes corrélatifs. Elle ne les saisit pas dans l'opposition qui les limite nécessairement ; mais elle les aperçoit l'un avec l'autre et dans une limitation naturelle; quant à l'être infini, la conscience primitive ne nous manifeste pas l'action de la raison réfléchie qui le pose comme infini, absolu, nécessaire ; mais elle nous manifeste l'action spontanée de la raison qui l'aperçoit d'abord d'une aperception pure et simple, sans y voir de limites, et s'y repose sans rien chercher ni concevoir au-delà. Le fait primitif ne contient explicitement aucune idée de limité et d'illimité, de relatif et d'absolu, de fini et d'infini, mais il contient implicitement tout cela dans ses aperceptions confuses que la réflexion vient éclairer et convertir en vérités distinctes et nécessaires. Où la conscience naturelle avait aperçu vaguement des limites naturelles, la réflexion met des limites essentielles : où la raison primitive s'était reposée sans apercevoir de limites, la raison développée affirme qu'il n'y a point de limites possibles, et c'est à l'aide de cette double lumière ultérieure répandue sur le phénomène et sur l'être, que se produisent successivement les idées distinctes de fini et d'infini, de relatif et d'absolu, lesquelles préexistent confusément dans le premier fait. Plus la réflexion s'applique à ce premier fait, plus les faits qu'il contient s'éclaircissent, plus l'intelligence s'agrandit, plus les limites du savoir humain reculent devant la liberté de l'homme. Le fait primitif qui n'offrait que la complexité obscure du moi, du non-moi et de l'être, se brise et s'éclaircit en se brisant dans la réflexion qui, distinguant alors nettement le moi et le non-moi, le multiple et l'individuel, les oppose nettement l'un à l'autre dans le sein de l'être unique qui les explique et les contient tous les deux. C'est encore la réflexion qui, déterminant chaque jour avec plus de précision les qualités propres du moi et du non-moi, et leurs qualités relatives ou leurs rapports, détermine par-là avec plus de précision les rapports du phénomène à l'être, c'est-à-dire les qualités de l'être relativement au phénomène; c'est elle qui, découvrant successivement les caractères du moi et du non-moi, de l'homme et de la nature, qu'elle résume tous dans le caractère général du fini et du contingent, nous révèle, par l'opposition nécessaire que l'être soutient avec le phénomène, les divers caractères de l'être qu'elle résume sous le caractère général de nécessaire et d'infini, distinction féconde et profonde qui partage nécessairement toutes les connaissances humaines en deux classes : les connaissances relatives au fini, les connaissances relatives à l'infini, principes contingens, principes absolus. Aristote et Kant, les deux esprits les plus méthodiques de l'antiquité et des temps modernes, épuisèrent leur génie dans l'inventaire et la classification des élémens de la pensée : Aristote eut beau les subdiviser, il n'atteignit jamais la vraie démarcation qui les sépare, et Kant, qui fut plus heureux, distingua toutes les idées en deux grandes classes : les idées contingentes et les idées nécessaires ; mais il plaça souvent dans le nécessaire ce qui appartient au contingent, et ne put ramener ni les principes contingens ni les principes nécessaires à leurs élémens primitifs. La théorie que j'expose achève celle de Kant en réduisant ses volumineuses catégories à leur nombre élémentaire, simplification non tentée jusqu'à présent, et qui laissait une grande lacune dans la science. Les principes contingens et nécessaires ne sont à mes yeux que des principes relatifs au phénomène, et relatifs à l'être. Or, le phénomène étant double et ne nous apparaissant dans sa dualité que par l'opposition du moi et du non-moi qui se manifestent, l'un par une action aveugle, l'autre par une action volontaire, mais toujours par l'action ; il s'ensuit que le caractère du phénomène est l'activité, la causalité, et que tous les principes contingens se réduisent à celui de la causalité avec ses diverses nuances qui embrassent tout le monde fini. D'un autre côté, comme l'être nous est donné dans son opposition avec le phénomène dont il est la substance, et comme tous ses caractères ne sont que le développement de celui-là, et que tous les principes nécessaires ne sont que différens points de vue du nécessaire, de l'infini, qui lui-même est l'être, il s'ensuit que tous les principes nécessaires se réduisent au principe de la substance; le principe de la causalité et celui de la substance sont donc les deux principes qui sont à la tête, l'un des principes contingens, l'autre des principes nécessaires; le principe de causalité règne sur les phénomènes, il gouverne toutes les natures contingentes et finies, mais il s'arrête devant l'être nécessaire et infini, devant celui qui est par lui-même; il ne peut atteindre la substance, c'est-à-dire ce au-delà de quoi il est impossible de rien concevoir relativement à l'existence. Les idées de substance et de cause sont les deux idées fondamentales sur lesquelles roule toute la philosophie. La recherche de leur nature, de leur origine et de leur certitude, est la philosophie toute entière. La grande question philosophique est de savoir si l'esprit humain commence par l'une ou par l'autre. Selon moi, l'esprit humain commence par toutes les deux. Dans le premier acte réfléchi sont déjà le phénomène et l'être, le fini et l'infini, le relatif et l'absolu. Poser l'une sans l'autre, c'est faire abstraction de l'une des deux parties intégrantes de sa pensée; poser le phénomène sans la substance, ou la substance sans le phénomène, c'est se séparer ou de l'intuition immédiate ou de sa raison. L'intuition intérieure et extérieure aperçoivent le moi et le non-moi, le phénomène, le fini, la cause; la raison révèle l'être, l'infini, la substance, et c'est leur action simultanée qui constitue l'intelligence. La réflexion distingue les diverses parties du simultané, et en les distinguant elle les met en opposition; mais quoique distinctes, elles sont simultanées : elles le sont dans le premier acte réflexif qui contient, tout en les opposant, les idées de fini et d'infini, de cause et de substance. Bien plus, il n'y a rien dans la réflexion qui n'ait préexisté dans la spontanéité. Ainsi, chose admirable, les deux idées qui sont les bornes infranchissables de la pensée, se rencontrent à son origine et pour ainsi dire à son berceau. L'homme commence par où il finit, et finit par où il commence; il développe et il applique, il abstrait et il combine, dans une impuissance invincible d'ajouter un seul élément à ceux qui lui sont donnés dans le premier fait, dans ce fait obscur et complexe qu'il passe sa vie à développer et à éclaircir. La vie est un passage perpétuel, une tendance de l'obscurité à la lumière; et la science humaine, dans toute son étendue, n'est qu'un cercle dont les deux extrémités sont deux points essentiellement similaires.

APPENDICE.

APPENDICE.

Puisque je me suis hasardé à publier les deux programmes de mes leçons à l'École Normale pendant les années 1817 et 1818, j'irai jusqu'au bout, et je demande la permission de donner ici une idée des travaux intérieurs de l'École Normale en philosophie depuis 1815 jusqu'en 1820, pendant cette trop courte période où, dans une obscurité profonde, maître et élèves, également faibles, mais pleins de zèle, nous nous occupâmes sans relâche de la réforme des études philosophiques.

L'enseignement de l'École Normale comprenait trois années, après lesquelles les élèves étaient envoyés en province pour occuper les chaires vacantes. Maître des conférences philosophiques de la troisième année, j'avais à les préparer à l'importante mission qui les attendait. Tous les élèves de troisième année suivaient mon cours, mais il était particulièrement destiné au petit nombre de ceux qui se vouaient à la carrière philosophique. C'étaient ceux-là qui portaient le poids des travaux de la conférence; c'étaient eux aussi qui en faisaient tout l'intérêt. Ils assistaient à mes leçons de la Faculté des Lettres où ils pouvaient recueillir des idées plus générales, respirer le grand air de la publicité et y puiser le mouvement et la vie. Dans l'intérieur de l'École, l'enseignement était plus didactique et plus serré ; le cours portait le nom de conférences et le méritait, car chaque leçon donnait matière à une rédaction sur laquelle s'ouvrait une polémique à laquelle tout le monde prenait part. Formés à la méthode philosophique, les élèves s'en servaient avec le professeur comme avec eux-mêmes ; ils doutaient, résistaient, argumentaient avec une entière liberté, et par-là s'exerçaient à cet esprit d'indépendance et de critique qui, j'espère, portera ses fruits. Une confiance vraiment fraternelle unissant le professeur et les élèves : si les élèves se permettaient de discuter l'enseignement qu'ils recevaient, le professeur aussi s'autorisait de ses devoirs, de ses intentions et de son amitié pour être sévère. Nous aimons tous aujourd'hui à nous rappeler ce temps de mémoire chérie où, ignorant le monde et ignorés de lui, ensevelis dans la méditation des problèmes éternels de l'esprit humain, nous passions notre vie à en essayer des solutions qui depuis se sont bien modifiées, mais qui nous intéressent encore par les efforts qu'elles nous ont coûtés, et les recherches sincères, animées et persévérantes dont elles sont le résultat. C'est sous cette discipline austère et en même temps exempte de tout mécanisme étroit, que nous nous sommes tous formés ; et, en vérité, si je ne m'abuse, plusieurs de mes amis me doivent quelque affection pour mes sévérités d'alors, pour leur avoir si souvent fait recommencer leurs compositions imparfaites, exigé plus de précision dans les détails ou plus de liaison dans l'ensemble, surtout pour avoir essayé de leur inculquer profondément l'esprit de la méthode philosophique, ce sens psychologique, cet art de l'observation intérieure sans lequel l'homme reste inconnu à l'homme, et la philosophie n'est qu'un assemblage de conceptions mortes et de formules arbitraires plus ou moins ingénieuses, hardies, étendues, mais toujours sans réalité. Pour moi, je reconnais de mon côté que l'exigeante ardeur de la conférence m'a été souvent utile, et j'aime à consigner ici l'expression de mes regrets pour cette époque si tranquille et si studieuse de ma vie.

Chaque année, vers Pâques, le Conseil royal de l'Instruction publique envoyait quelques-uns de ses membres pour examiner les études des différentes années de l'Ecole. Les examens de la conférence de philosophie de troisième année étaient ordinairement présidés par le chef de l'instruction publique, à cette époque, M. Royer-Collard, qui, comme philosophe et comme homme d'Etat, prenait un double intérêt à nos travaux, et ne dédaignait point d'amener ses plus illustres amis dans la salle modeste de nos conférences. Plus d'une fois notre humble enceinte a vu réunies autour de M. Royer-Collard toutes les lumières du Conseil royal de l'Instruction publique, du Conseil d'Etat et de l'Institut, MM. de Serre, Camille Jordan, Cuvier, Maine de Biran, Degérando, Ampère, et M. l'abbé Frayssinous, qui nous honorait aussi de ses objections et de ses conseils. Ces examens encourageaient puissamment le professeur et les élèves, et leur fournissaient des inspirations et des directions utiles. Ils se faisaient sur un programme donné par le professeur.

A la fin de l'année les meilleurs élèves présentaient pour le doctorat des thèses philosophiques empruntées ordinairement à l'enseignement de l'année. Ces thèses étaient le complément et le couronnement de nos travaux. Soutenues publiquement à la Faculté des Lettres, elles portaient au grand jour l'enseignement de l'Ecole, et provoquaient une polémique où plusieurs élèves de l'École Normale parurent avec le plus grand succès.

Le recueil de ces programmes, et des thèses qui s'y rattachent, ne serait peut-être pas sans quelque intérêt pour l'histoire de la philosophie en France, de 1815 à 1820.

En repassant dans ma mémoire les travaux de ces cinq années, et pour ainsi dire les différentes générations d'élèves que chaque année amenait à mes leçons, je rencontre d'abord cette première conférence de 1815 et 1816 où furent jetés dans l'École les fondemens de la réforme philosophique et les semences des idées nouvelles. C'était la première année de notre enseignement, la plus faible par le professeur, la plus forte par les élèves. Au premier rang, soit aux examens, soit aux thèses, se distinguèrent trois jeunes gens qui dès lors excitèrent la plus vive attente; plus tard, comme professeurs, ils la remplirent dignement, et ils la rempliront encore comme écrivains. Ce sont MM. Beautain, Jouffroy et Damiron.

M. Beautain présenta pour le doctorat une thèse sur le *Phénoménisme* et le *Réalisme;* car alors nous étions singulièrement tourmentés de la difficulté et du besoin d'arriver légitimement à quelque chose de réel et de substantiel, au milieu de ce monde mobile de phénomènes extérieurs et intérieurs. M. Jouffroy choisit pour sujet de thèse *le principe de causalité*, et M. Damiron *le principe des substances*. On voit que ce n'étaient pas les graves problèmes qui nous manquaient. Nos solutions n'avaient peut-être pas une grande portée ; mais elles se distinguaient, je crois, par une assez grande rigueur de méthode : mon enseignement était alors plus critique que dogmatique. Exclusivement occupé d'introduire dans la métaphysique la méthode des sciences naturelles, je ne dépassais guère les limites de la psychologie ; et aujourd'hui même je suis loin de me repentir de cette circonspection ; car avant tout, c'est l'esprit qu'il faut féconder, et ce qui féconde l'esprit c'est la méthode. Avec la méthode on ne fait point de secte, mais on peut communiquer un mouvement utile.

L'année 1817 amena dans mon auditoire une foule de jeunes gens pleins d'ardeur et de mérite excités par les succès de leurs devanciers ; il se fit un assez grand nombre de thèses sur *la notion du temps*, sur la *faculté morale*, sur le *principe du mérite et du démérite*, sur *l'intérêt personnel, comme principe de morale*. La meilleure de toutes fut celle de M. Fribault, sur la *métaphysique de la géométrie*. M. Fribault était sans contredit le premier élève de cette conférence. Très instruit en physique et en mathématiques, il songeait surtout à appliquer la méthode philosophique à tout ce qui regarde le monde extérieur; mais il ne fit que les premiers pas dans cette route difficile, et mourut au bout de quelques années, à la fleur de l'âge, au milieu des succès toujours croissans de son enseignement: s'il eût vécu, il eût été un des plus utiles défenseurs de la vraie méthode philosophique. Sa thèse étant la seule chose qu'il ait laissée, nous la donnerons ici pour qu'il reste au moins un souvenir, quelque faible qu'il soit, d'un des élèves les plus distingués de l'École Normale.

A côté de l'École Normale, dans l'auditoire de la Faculté étaient aussi des jeunes gens qui, au-dessous des élèves de l'École par leur âge et leur instruction, et suivant encore les cours de philosophie des collèges, essayaient en même temps de profiter de l'enseignement plus élevé et plus difficile de la Faculté. Depuis, ces jeunes gens ont fait des hommes qui rivalisent avec les meilleurs élèves de l'Ecole, par l'étendue de leurs connaissances et de leur intelligence en toutes choses et par leur excellente direction. Tout jeunes alors, mais déjà passionnés pour la philosophie, ils se distinguaient dans les concours des collèges et remportaient toutes les palmes académiques. Ce sont MM. Ampère, Ch. Paravey, Fr. Carré, J. Bastide, Aug. Sautelet, Alb. Stapfer, E. Burnouf, G. Farcy, Alletz, et plusieurs autres qui déjà se font honorablement connaître.

Je m'aperçois que j'ai été plus long que je ne l'avais voulu, et que je me suis laissé aller avec le public à des confidences et à des détails de famille dont il m'aurait volontiers dispensé. Mais qui n'aime à parler des temps heureux de sa vie? et pour nous, élèves ou maîtres de conférences à l'Ecole Normale, nos jours heureux sont ceux de nos obscurs travaux à notre Ecole bien-aimée. Là se faisait un peu de bien en silence. Puisse-t-il n'avoir pas péri avec l'Ecole, et la rappeler quelquefois aux amis des lettres et de la philosophie !

DISSERTATION

SUR

LA MÉTAPHYSIQUE DE LA GÉOMÉTRIE.

Par M. Vincent-Augustin FRIBAULT.

Toutes les sciences sont l'ouvrage de l'esprit humain travaillant sur certaines données, à l'aide de certains principes, suivant certaines méthodes, avec telle ou telle de ses facultés et de leurs lois ; examiner les données que peut supposer une science, les principes sur lesquels elle repose, les méthodes qu'elle suit, les facultés et les lois de l'esprit qui peuvent concourir à sa formation, c'est faire sa métaphysique.

Cela posé, il me sera facile de déterminer tout ce que peut et doit comprendre une dissertation sur la métaphysique de la géométrie.

Qu'est-ce que la géométrie? C'est une science qui a pour objet la mesure de l'étendue. Chaque proposition géométrique n'est autre chose que l'expression d'une propriété de l'étendue; la géométrie suppose donc d'abord la conception de l'étendue. Mais ce n'est point seulement telle ou telle étendue que le géomètre considère, c'est toutes les étendues réelles et possibles qu'il est donné à l'intelligence de concevoir dans l'espace ; le géomètre doit donc admettre non-seulement l'étendue, mais encore l'espace ; il doit admettre non-seulement un espace déterminé qui renferme un corps donné, mais encore un espace infini qui contienne tous les corps réels et possibles. Otez la conception de l'étendue, toute la géométrie est renversée ; ôtez la conception de l'espace, toute la géométrie n'est plus que la réunion des propriétés de certaines grandeurs renfermées dans des espaces déterminés, et non ce qu'elle est réellement, c'est-à-dire, l'ensemble des propriétés de toutes les grandeurs réelles et possibles ; les conceptions d'étendue et d'espace peuvent donc être regardées comme les données géométriques ; données sans lesquelles la géométrie ne saurait exister, et l'examen de ces données doit être la première partie de cette dissertation.

Après l'examen de ces données, vient naturellement celui des principes sur lesquels repose la géométrie. Il faut distinguer deux sortes de principes géométriques qui ont été trop souvent confondus, les uns improductifs, les autres productifs ; les uns desquels on ne tire aucun résultat, mais sans lesquels tout résultat serait impossible à obtenir ; les autres au contraire, qui renferment en eux toute la géométrie ; les premiers sont les axiomes ; les seconds sont les définitions. Qu'on passe en revue tous les théorèmes de la géométrie, on se convaincra facilement que les axiomes et les définitions jouent toujours le rôle que nous venons d'indiquer ici ; on verra que la géométrie, quoique sans les axiomes elle ne puisse exister, n'est pas cependant bornée aux axiomes ; on verra en même temps que le géomètre, quoiqu'il ne puisse rien tirer des axiomes, ne pourrait, sans eux, obtenir aucun résultat; on verra enfin que la géométrie toute entière sort des définitions avec le secours des axiomes.

Après avoir examiné les principes d'une science, il est naturel de passer aux méthodes avec lesquelles l'intelligence humaine tire cette science des principes qui la renferment. Il existe diverses méthodes suivies par les géomètres, soit pour la solution des problèmes, soit pour la démonstration des théorèmes, et l'examen des définitions et des axiomes doit être suivi de l'énumération et de la description de ces méthodes.

Enfin, une fois les méthodes géométriques énumérées et décrites, il restera à reconnaître toutes les facultés et les lois de l'intelligence qui peuvent concourir à la formation de la géométrie, tant celles qui peuvent être nécessaires pour l'établissement des principes que celles dont les méthodes ne sont, en quelque sorte, que les divers modes d'exercice.

Ainsi :

1° L'examen des conceptions d'étendue et d'espace, données géométriques ;

2° L'examen des axiomes, principes sans lesquels ne peut exister la géométrie;

3° L'examen des définitions, principes desquels se tire toute la géométrie ;

4° L'examen des méthodes que suivent les géomètres ;

5° L'examen des facultés et des lois de l'esprit qui peuvent concourir à la formation de la géométrie.

Tels sont, à ce qu'il me semble, tous les objets que peut et doit embrasser une dissertation sur la métaphysique de la géométrie.

Je n'entreprendrai point de passer tous ces objets en revue; ni mon temps, ni mes forces, ni les bornes de cette thèse ne me le permettent : je laisserai entièrement de côté la quatrième et la cinquième partie, et je ne résoudrai point toutes les questions que peuvent offrir les trois premières.

On a souvent agité et l'on agite encore cette question : quelle est la part de l'expérience dans les connaissances humaines? Suivant les uns, toutes nos connaissances dérivent de l'expérience sensible; toutes nos connaissances ont été primitivement des notions individuelles sensibles, et elles ne sont autre chose que les résultats de l'abstraction et de la généralisation opérant sur ces notions; suivant les autres, il n'est point, il est vrai, de connaissances que l'esprit puisse acquérir indépendamment de toute expérience; mais il y a des connaissances que l'expérience seule ne saurait engendrer.

A laquelle de ces deux philosophies la géométrie est-elle favorable? Les données et les principes de la géométrie peuvent-ils être dérivés de l'expérience seule, ou, s'ils ne sont pas empiriques, l'intelligence humaine pourrait-elle cependant les posséder sans le secours de l'expérience? Enfin, quelle est la part de l'expérience dans la géométrie? Telle est la question que mon intention est surtout de résoudre.

Il est une autre question célèbre que l'examen des axiomes me fournira l'occasion de rencontrer, mais à laquelle je m'arrêterai peu, c'est celle de l'identité de nos connaissances. Les uns veulent que toutes les propositions soient identiques; les autres admettent des propositions non identiques; il n'y a point un jugement, suivant les premiers, qui ne soit soumis à la loi d'identité; il y a, suivant les seconds, des jugemens soumis à cette loi et des jugemens qui ne lui sont point soumis. Je pourrais discuter à fond cette question à l'occasion des axiomes géométriques, mais j'aime mieux n'en parler qu'en passant, pour traiter dans toute son étendue la question que j'ai énoncée plus haut; savoir : quelle est la part de l'expérience dans la géométrie?

J'indiquerai toutes les questions que peut offrir mon sujet et que je ne résoudrai pas, suivant qu'elles se présenteront, à la place qu'elles doivent occuper dans cette dissertation.

DONNÉES GÉOMÉTRIQUES OU CONCEPTIONS DE L'ÉTENDUE ET DE L'ESPACE.

Les conceptions de l'étendue et de l'espace peuvent être examinées, comme toutes les connaissances humaines, ou dans le sujet qui les possède, ou relativement à leur objet.

Si on les envisage sous le premier point de vue, on peut se demander : quels sont leurs caractères actuels, et quelle est leur origine? Si on les envisage sous le deuxième point de vue, on recherche si leurs objets ont une existence réelle, si nous passons légitimement de la connaissance à l'existence, si nous avons raison de croire aux choses auxquelles nous croyons.

Ainsi, quels sont les caractères actuels des conceptions d'étendue et d'espace?

Quels ont été leurs caractères primitifs?

Avons-nous raison de croire à l'étendue et à l'espace auxquels nous croyons?

Telles sont les trois questions que présente l'examen des conceptions de l'étendue et de l'espace.

Je laisserai de côté la troisième pour rechercher les caractères actuels, et surtout les caractères primitifs, d'abord de la conception d'étendue, ensuite de la conception d'espace.

Je rechercherai les caractères actuels de chaque conception avant de rechercher leurs caractères primitifs; il me semble plus prudent de constater l'actuel avant de rechercher le primitif, que de rechercher le primitif avant d'avoir constaté l'actuel. En effet, qu'on veuille d'abord rechercher le primitif, on sera forcé de faire une hypothèse, et lorsque, partant de cette hypothèse, on essaiera de reproduire l'actuel, on sera forcé d'en faire une seconde pour confirmer la première, de sorte que l'actuel et le primitif pourront être à la fois hypothétiques. Qu'on commence au contraire par rechercher l'actuel, on n'aura point d'hypothèse à faire, on aura des faits à observer; lorsqu'on aura découvert tous les caractères dont sont marquées actuellement les connaissances humaines, il sera plus facile de découvrir ceux dont elles étaient marquées primitivement ; et, dans le cas où le primitif ne pourra être découvert, l'actuel du moins restera tout entier.

Conception de l'étendue.

Il n'est personne aujourd'hui qui ne croie à certaines qualités des objets externes; savoir : l'étendue et la figure ; ce n'est point une croyance nécessaire, mais une croyance naturelle, une croyance irrésistible, telle que la croyance à la stabilité des lois de la nature, etc.

Tels sont les caractères actuels de la croyance à l'étendue ; quels ont été ses caractères primitifs ? Peut-elle dériver logiquement de l'expérience sensible ou non ?

Avant de répondre à cette question, avant de rechercher comment peut naître en nous la conception d'une qualité des objets externes, il est une autre question à résoudre : comment atteignons-nous ces objets externes eux-mêmes ? Comment sortons-nous de nous-mêmes ? Entre nous et le monde extérieur est un intervalle immense ; et, si l'on admet le monde extérieur, il faut l'avoir obtenu d'une manière rigoureuse.

Avant de rechercher l'origine de la conception d'étendue, cherchons ce qui nous fait sortir de nous-mêmes, et, pour mieux le découvrir, concevons un instant séparées notre intelligence et notre sensibilité, et nous serons ainsi à même de reconnaître jusqu'où va la puissance de chacune d'elles.

Je me suppose donc encore non sorti de moi-même dépourvu de toute faculté et de toute loi intellectuelle, sans autre faculté que la sensibilité, c'est-à-dire la capacité interne de sentir.

Autour de moi sont placés des corps dont j'ignore l'existence ; je suis muni d'organes sensibles qui me sont aussi inconnus ; dans cet état, que pourrai-je connaître ? Quelle chose existera pour moi? Sortirai-je de moi-même ?

En présence de tous les corps, à l'aide de tous les organes sensibles, de la vue et du tact, comme de l'ouie, de l'odorat et du goût, ma sensibilité éprouvera mille et mille modifications qui non-seulement ne me feront pas sortir de moi-même, mais qui me seront même inconnues ; je ne pourrai point connaître les modifications de ma sensibilité, puisque je ne connaîtrai point ma sensibilité elle-même, dépourvu, comme je suppose que je le suis, de toute faculté de connaître, et par conséquent de la conscience.

Il n'existera donc rien pour moi, réduit à la sensibilité. A la sensibilité je joins la conscience ; que connaîtrai-je alors ?

Aussitôt que la conscience sera réunie à la sensibilité, toutes mes modifications internes, qui tout à l'heure m'étaient cachées, m'apparaîtront marquées chacune de leurs caractères divers, les unes douces et agréables, les autres fortes et pénibles. En un mot, doué non-seulement de la sensibilité, mais encore de la conscience, je saurai tout ce qui se passera en moi.

De ce que je saurai tout ce qui se passera en moi,

serai-je forcé de concevoir quelque chose hors de moi? Percevant ces modifications internes, sortirai-je de moi-même? Je ne le crois pas ; je ne crois pas que mes modifications toutes seules puissent m'apprendre qu'elles ont été produites par certains objets et que ces objets sont hors de moi. Pour que mes modifications me fissent concevoir des objets externes, il faudrait qu'à tout fait je dusse concevoir une cause; or, dans l'état où je suis par hypothèse, un fait pour moi n'appelle point sa cause; je ne sais pas ce que c'est qu'une cause ; il se passe en moi certains faits, ma conscience les aperçoit, il n'y a rien de plus pour moi.

Ainsi, pourvu seulement de la sensibilité et de la conscience, je n'atteindrai point le *non-moi* ; pour cela il faudrait l'intervention d'une loi nécessaire de l'intelligence, la loi de causalité. Je suppose la loi de causalité réunie à la sensibilité et à la conscience, et je vais atteindre le non-moi.

La sensibilité éprouve une modification, ma conscience me l'atteste; je crois que cette modification a une cause, car je suis soumis à la loi de causalité ; je suis certain que je ne suis pas cette cause, ma conscience me l'atteste; donc cette cause est hors de moi.

La loi de causalité m'a donc révélé le non-moi; cette loi me force de concevoir des causes externes à mes modifications internes, que je n'ai pas causées moi-même. Quelles sont ces causes ? Quelle est leur nature ? Quelles sont leurs propriétés ? Leurs propriétés peuvent-elles m'être révélées par la loi de causalité? Pour répondre à cette question, il faut d'abord déterminer ce que signifie ce mot *propriétés*. On a rangé en deux classes toutes les propriétés des objets externes ; on a distingué certaines propriétés à l'existence desquelles nous croyons, mais qui nous sont entièrement inconnues, telles sont l'odeur, la saveur, la chaleur et certaines autres que non-seulement nous croyons exister, mais encore que nous connaissons, telles sont l'étendue, la figure, etc.; les unes ont été appelées *qualités premières*, et les autres *qualités secondes*. Si, dans la question qui a été posée plus haut, il s'agit des qualités secondes, la loi de causalité me les révèlera ; s'il s'agit, au contraire, des qualités premières, la loi de causalité ne me les révèlera pas.

Aussitôt que ma sensibilité éprouve quelques modifications et que la loi de causalité me force de leur concevoir des causes externes, les caractères divers dont elles sont marquées me forcent d'attribuer aux causes que je leur conçois des propriétés diverses qui correspondent à ces caractères ; ainsi je conçois hors de moi des causes odorantes, savoureuses, chaudes, etc., qui fassent naître en moi les modifications diverses que que nous avons appelées sensations d'odeur, de saveur, de chaleur; mais toutes ces causes odorantes, savoureuses, chaudes, sont-elles matérielles ou immatérielles? sont-ce des esprits ou des corps? je ne puis le savoir; il n'est aucune sensation qui me force de concevoir une cause étendue et figurée; ce qui pourra paraître évident à celui qui considérera attentivement jusqu'où va la puissance de chacun de nos sens.

Et d'abord, il y a trois sens, savoir: l'odorat, le

goût et l'ouie, qui sont regardés par tous les philosophes comme incapables de nous faire sortir de nous-mêmes.

On a souvent recherché si la vue, sans le secours du toucher, pouvait atteindre les objets externes. On a fait beaucoup d'expériences dont les résultats n'offrent rien de positif, et l'opinion qui a prévalu jusqu'à ce jour en Europe est que la vue sans le toucher ne saurait atteindre l'étendue.

C'est au toucher que presque tous les philosophes attribuent la puissance d'atteindre l'étendue. Cela étant, nous devons soumettre ce sens à l'analyse la plus sévère, afin de bien voir s'il a réellement plus de puissance que les autres, ou si au contraire, comme nous l'avons dit, il n'est aucune sensation qui puisse nous révéler une cause étendue.

Je possède maintenant la conscience, la sensibilité et la loi de causalité; je sais qu'il existe un non-moi dont j'ignore la nature; dans cet état, je touche un corps; que se passe-t-il en moi? ma sensibilité éprouve une sensation de résistance que ma conscience perçoit, et la loi de causalité me force de concevoir à une modification interne une cause externe résistante; je touche de nouveau un corps, nouvelle sensation de résistance aperçue par ma conscience, nouvelle cause résistante conçue hors de moi; enfin, autant de corps je toucherai, autant de sensations de résistance j'éprouverai, autant de causes résistantes je concevrai; mais ces causes résistantes seront-elles liées entre elles? me paraîtront-elles agrégées les unes aux autres? de ce que j'aurai la notion de plusieurs causes résistantes, s'ensuivra-t-il que je croirai à leur continuité ? en un mot, aurai-je atteint l'étendue ? car l'étendue n'est autre chose qu'une continuité de causes résistantes ; je ne le crois pas. Qu'on ne dise pas que mon organe est divisé, que je touche une étendue divisible d'abord avec un doigt, puis avec un second, puis avec un troisième, et que je parcours ainsi successivement tous les points de l'étendue : je ne sais ni la nature ni l'existence de mon organe ; je ne distingue pas un doigt, je ne sais pas que j'en ai. Qu'on ne dise pas avec un philosophe de nos jours (M. de Tracy), que la notion d'étendue est impliquée dans la sensation de résistance ; oui, sans doute, la notion d'étendue étant acquise, toute cause résistante est pour nous étendue ; mais la question est de savoir comment nous acquérons la notion d'étendue; et pour arriver à voir comment une notion naît en nous, il ne faut pas la supposer acquise.

Pour moi, je pense que la sensation de résistance ne peut pas plus que les autres sensations ; je pense que tous les sens ont été doués d'une puissance égale; que tous les sens, sans la loi de causalité, ne peuvent nous conduire hors de nous-mêmes; que tous les sens, avec la loi de causalité, nous révèlent des causes externes ; et qu'aucun d'eux n'atteindrait l'étendue sans l'intervention d'un nouveau principe de notre nature.

Quel est donc ce nouveau principe de notre nature qui ajoutera à la notion des causes externes que nous possédons, la notion de causes continues ? C'est un principe qui n'est ni contingent, ni nécessaire, que nous pourrons appeler *perception*, avec Reid, dont nous n'adoptons pas du reste entièrement les opinions sur la matière qui nous occupe. Ce principe n'est point nécessaire, en ce que, sans certaines conditions contingentes, il n'a point d'application possible : ce principe n'est pas entièrement contingent, en ce que, certaines conditions admises, il ne peut pas ne pas s'appliquer. Enlevez les sens et la matière, le principe de perception périt; mais supposez que nous éprouvions des sensations de résistance et que la loi de causalité nous force de concevoir hors de nous des causes résistantes, le principe de perception s'ajoutant à cette loi, nous force de concevoir des causes continues.

Ainsi, pour me résumer en peu de mots, muni de la seule sensibilité, je ne connaîtrai absolument rien; muni de la sensibilité et de la conscience, je ne connaîtrai que les modifications de ma sensibilité ; muni de la sensibilité, de la conscience et de la loi de causalité, non-seulement j'atteindrai mes modifications internes, mais encore je croirai à des causes externes ; muni de la sensibilité, de la conscience, de la loi de causalité et de la perception, non-seulement j'atteindrai des causes externes, mais encore je croirai à des causes étendues.

Que conclure de tout cela relativement à l'origine de la croyance à l'étendue ?

L'étendue ne nous est point donnée par l'expérience; car, qu'on suppose les sens dépourvus de tout principe intellectuel, ils n'atteindront ni le *non-moi*, ni le *non-*

moi étendu. D'autre part, sans le secours de l'expérience, l'étendue ne pourrait nous être connue ; car, supposez l'absence de toutes sensations, il n'y a plus d'application possible ni du principe de causalité ni du principe de perception. Ainsi l'expérience, toute impuissante qu'elle est pour nous révéler l'étendue, est cependant nécessaire pour que l'étendue nous soit révélée ; et pour être exact, il faut dire que l'étendue nous est révélée par un principe de notre nature à l'occasion de l'expérience.

Conception d'espace.

Il n'est personne, ce me semble, qui s'observant avec bonne foi, dans le silence des préjugés et des passions, ne retrouve en lui la croyance à un espace, un, infini, immense, qui n'est pas la somme de tous les espaces déterminés, mais qui les renferme et les dépasse tous ; c'est une croyance nécessaire, absolue, universelle.

Tels sont les caractères actuels de la croyance à l'espace. Quelle est son origine ? par cela qu'elle est nécessaire, elle ne saurait être tirée logiquement de l'expérience ; l'expérience ne nous offre que des faits contingens ; toutes les facultés travaillant sur l'expérience, ne peuvent tirer d'elle que ce qu'elle contient, c'est-à-dire le contingent ; ainsi l'expérience ne pourra jamais engendrer une connaissance nécessaire.

L'intelligence cependant, toute expérience détruite, pourrait-elle posséder la croyance à l'espace ? je ne le crois pas. Supposez toute expérience détruite, supposez que l'étendue ne nous ait jamais été révélée par le principe de perception à l'occasion de l'expérience, concevrons-nous jamais un espace qui renferme dans son sein toutes les étendues déterminées?

Si l'expérience ne peut point engendrer la croyance à l'espace, et que cependant, toute expérience détruite, cette croyance ne puisse exister dans l'intelligence humaine, comment l'espace nous est-il révélé avec le secours de l'expérience? Pour répondre à cette question, il faut d'abord supposer une loi nécessaire de notre nature, en vertu de laquelle nous ne pouvons concevoir un corps qui ne soit dans un lieu, loi à laquelle est soumis tout être intelligent primitivement comme actuellement, qu'il la connaisse ou qu'il ne la connaisse pas ; loi qui sans doute ne saurait exister pour l'intelligence, toute expérience détruite, mais aussi que l'expérience ne saurait engendrer ; loi qui a sans doute un primitif psychologique, mais qui ne saurait avoir un primitif logique. La question à résoudre est donc celle-ci : quel est le primitif psychologique de la loi de l'espace? Il suffit d'un fait individuel, que je vais décrire, pour expliquer comment la loi nécessaire de l'espace se développe dans notre intelligence.

Je suppose que mon intelligence ne possède pas encore la loi de l'espace; je suis soumis à cette loi, sans le savoir: alors j'ai la notion d'un corps. Soumis à la loi de l'espace qui me gouverne à mon insu et lui obéissant instinctivement, je conçois ce corps dans un lieu déterminé, et je conçois en même temps un rapport entre ce corps et ce lieu, de telle sorte qu'il existe alors sous l'œil de ma conscience un fait individuel double, qui peut se résoudre en deux élémens très-distincts, savoir : la notion d'un corps déterminé et la notion d'un lieu déterminé ; plus, la notion du rapport du lieu contenant au corps contenu. La première partie de ce fait est entièrement individuelle et contingente ; elle peut varier avec ses deux élémens : la seconde, au contraire, toute individuelle et toute contingente qu'elle nous apparaisse, réunie à la première, n'est cependant de sa nature ni individuelle ni contingente ; et si je fais abstraction de l'individuel du corps et du lieu, il restera dans mon intelligence le rapport de corps à lieu, lequel ne m'apparaîtra plus contingent et individuel, mais nécessaire et universel.

Or, dès que le fait double apparaît à ma conscience, je ne suis pas libre de faire ou de ne pas faire abstraction de sa partie individuelle ; cette partie s'abstrait d'elle-même, indépendamment de ma volonté, et j'ai la notion du rapport nécessaire, universel, absolu de corps à lieu. Aussitôt que cette notion m'apparaît, je ne puis m'empêcher de l'appliquer à tous les cas possibles, et je possède le principe nécessaire de l'espace : tout corps est dans un lieu.

Tel est le fait individuel à l'occasion duquel il me semble que le principe de l'espace peut se développer dans notre intelligence. Je vais maintenant essayer de montrer que la conception de l'espace est une application de ce principe, et que le principe de l'espace nous conduit à l'espace infini, comme le principe de causalité nous conduit à la cause première, comme le principe du temps nous conduit à la durée éternelle.

Dès que je possède la notion d'un corps déterminé, je conçois ce corps dans un lieu qui le contient, et, ce corps supposé détruit, la conception du lieu qui le contenait reste dans mon intelligence : ceci est une conséquence du principe de l'espace ; ce lieu, je ne puis pas ne pas le concevoir lui-même dans un autre lieu capable de le contenir, et dont la conception restera dans mon esprit, si ce premier lieu est supposé détruit. Ce second lieu, je le concevrai dans un troisième plus vaste, lequel je concevrai dans un quatrième plus vaste encore, et ainsi de suite ; de sorte qu'à mesure que je m'éloignerai du corps duquel je serai parti, je rencontrerai toujours des lieux de plus en plus vastes; et, comme je n'arriverai jamais à un lieu limité que mon intelligence ne conçoive pas être renfermé dans un lieu plus vaste, je traverserai successivement des espaces de moins en moins limités, jusqu'à ce que j'arrive à un espace indéfini, c'est-à-dire un espace dont je ne saisirai point les bornes, mais auquel j'en concevrai ; et enfin à un espace infini, c'est-à-dire un espace auquel je ne pourrai point concevoir de bornes, espace qui contiendra tous les espaces limités, et au-delà duquel je ne concevrai rien, parce qu'au-delà de l'infini l'intelligence humaine ne peut rien concevoir.

C'est ainsi, ce me semble, qu'étant posé ce principe: *tout corps est dans un lieu*, l'intelligence humaine s'élève, de la notion d'une étendue limitée, par des conceptions successives d'espaces de plus en plus vastes, à un espace un, infini, immense, qui contient tous les lieux limités, tant les réels que les possibles, et qui n'est lui-même contenu dans aucun. De même qu'étant posé ce principe: *tout ce qui commence à exister a une cause*, l'esprit humain s'élève, de la notion de certains phénomènes, par des conceptions successives de causes secondes de plus en plus puissantes, jusqu'à une cause première, éternelle, toute-puissante, qui a causé tout ce qui existe, et qui n'a point de cause au-delà d'elle.

Pour me résumer sur l'origine de la croyance à l'espace, la croyance à l'espace n'est point une application primitive, immédiate, instinctive de la loi de l'espace inconnue à notre intelligence (car il n'y a de conceptions primitives que celles qui sont individuelles et déterminées); elle est, au contraire, une application ultérieure, médiate, rationnelle de la loi de l'espace possédée par notre intelligence. La loi de l'espace se développe en nous à l'occasion d'un fait individuel que j'ai décrit; et l'intelligence, possédant cette loi, est conduite de la notion d'une étendue limitée à un espace illimité. L'expérience ne peut point engendrer la conception de l'espace, et supposez la loi de l'espace bannie de l'intelligence, jamais l'espace n'existera pour nous; l'expérience cependant est nécessaire pour que l'intelligence possède la conception de l'espace; car, supposez la notion d'étendue détruite, il n'y a point d'application possible de la loi de l'espace; et, pour être exact, il faut dire que l'espace nous est révélé, à l'occasion de l'expérience, par un principe nécessaire de notre nature.

PRINCIPES GÉOMÉTRIQUES, OU AXIOMES ET DÉFINITIONS.

Axiomes.

L'examen des axiomes offre trois questions : quel est le nombre des axiomes ? quelle est leur nature ? quelle est leur origine ?

Il est cinq axiomes avec lesquels je pense qu'on peut tirer des définitions toute la géométrie ; ce sont les suivans :

Le tout est plus grand que sa partie.

Le tout est égal à la somme de ses parties.

Deux grandeurs égales à une troisième sont égales entre elles.

Deux grandeurs équivalentes à une troisième sont équivalentes entre elles.

D'un point à un autre on ne peut mener qu'une seule ligne droite.

La question qui regarde la nature des axiomes est double ; on peut se demander s'ils sont identiques ou non identiques, nécessaires ou contingens.

Et, d'abord, les axiomes sont-ils identiques ou non identiques ?

Une proposition est *identique*, lorsque l'intelligence ne peut pas posséder son sujet sans posséder en même temps son attribut ; lorsque la notion de son attribut est la notion ou une partie de la notion de son sujet : ainsi cette proposition : *tous les corps sont étendus*, est une proposition identique, parce que la notion d'étendue est contenue dans la notion de corps; au contraire, une proposition est *non identique*, lorsque la notion de son attribut diffère totalement de celle de son sujet, lorsque le sujet et l'attribut expriment deux notions dont l'une n'est pas contenue dans l'autre; ainsi cette proposition: *tout changement a une cause*, est une proposition non identique, parce que la notion de cause diffère totalement de la notion de changement.

D'après ces définitions, la question de l'identité des axiomes doit être ainsi posée:

L'intelligence peut-elle posséder le sujet de chaque axiome géométrique sans posséder en même temps son attribut? le sujet et l'attribut de chaque axiome expriment-ils deux notions dont l'une soit contenue dans l'autre? Je pose cette question sans entreprendre de la résoudre. Je dirai seulement que j'incline à la négative, et que je ne sais pas s'il ne serait point possible de montrer que certains axiomes, tels que: le tout est plus grand que sa partie, deux grandeurs, etc. ne sont point soumis à la loi d'identité.

Les axiomes géométriques sont-ils nécessaires ou contingens?

Il est évident qu'ils sont nécessaires: il n'existe aucun cas auquel nous les concevions ne pas pouvoir s'appliquer; il n'est aucun tout que nous puissions concevoir plus petit que sa partie ou égal à elle; il n'est aucunes grandeurs égales à une troisième que nous puissions concevoir non égales entre elles.

Je passe à la troisième question qui m'occupe particulièrement: Quelle est l'origine des axiomes?

Par cela même que les axiomes sont nécessaires, il ne peuvent être dérivés logiquement de l'expérience ; j'ai démontré plus haut que l'expérience ne peut engendrer aucune connaissance nécessaire.

Si les axiomes ne peuvent être dérivés logiquement de l'expérience, pourraient-ils cependant, sans le secours de l'expérience, apparaître à notre intelligence ? Je ne le crois pas. Si l'expérience ne nous eût jamais fourni les notions sensibles d'un tout et d'une partie, jamais cet axiome : *le tout est plus grand que sa partie*, n'eût apparu à notre intelligence.

Comment donc cet axiome peut-il apparaître à l'intelligence humaine, avec le secours de l'expérience ? J'ai déjà résolu cette question, lorsque j'ai décrit le fait individuel à l'occasion duquel se développe en nous, selon moi, le principe nécessaire de l'espace ; je vais décrire de la même manière, mais en moins de mots, l'origine psychologique de ce principe nécessaire : le tout est plus grand que sa partie.

L'expérience me fournit les notions individuelles sensibles d'un tout et d'une partie ; mon intelligence qui obéit instinctivement à toutes les lois nécessaires de sa nature qu'elle ne connaît pas, obéit alors instinctivement à notre axiome nécessaire: le tout, etc. axiome sous l'empire duquel elle est placée et qui lui est alors inconnu, et je suis forcé de concevoir certain rapport entre le tout individuel et la partie individuelle que m'offre l'expérience. Aussitôt ma conscience perçoit un fait individuel composé de deux parties, dont l'une est empirique et l'autre absolue, savoir : un tout individuel et une partie individuelle ; ensuite : un rapport entre ce tout et cette partie. Ce rapport m'apparaît contingent tant qu'il reste attaché aux élémens contingens de la partie empirique du fait ; mais de sa nature il n'est pas contingent, et, dès que le fait tombe sous ma conscience, sur-le-champ, indépendamment de ma volonté, la partie empirique du fait s'abstrait elle-même, et il reste dans mon intelligence la conception du rapport entre tout et partie, lequel rapport m'apparaît nécessaire, universel, absolu. Dès que j'ai la notion de ce rapport, je le conçois nécessairement existant entre tous les touts et toutes les parties ; je ne puis concevoir un tout plus petit que sa partie ; je possède l'axiome nécessaire : le tout est plus grand que sa partie.

Ce que je dis de cet axiome, je le dirai de tous les autres. Tous les axiomes me paraissent être des propositions nécessaires qui, par cela qu'elles sont nécessaires, ne sauraient être dérivées logiquement de l'expérience ; qui cependant, sans le secours de l'expérience, ne sauraient apparaître à l'intelligence, qui apparaissent tous à l'intelligence, chacun à l'occasion du fait individuel double, d'un fait individuel composé de deux parties, dont l'une absolue se sépare de l'autre qui est empirique, dès que le fait apparaît à la conscience.

Une dernière observation sur les axiomes géométriques, c'est que ces axiomes ne sont pas particuliers à la géométrie ; qu'ils jouent un grand rôle dans cette science, parce qu'ils expriment des rapports entre des grandeurs ; mais qu'ils peuvent trouver leur application dans d'autres sciences ; qu'ils ne sont autre chose que des principes du sens commun, des principes que toutes les intelligences ne peuvent s'empêcher d'admettre, des lois nécessaires de notre nature, telles que la loi des substances, la loi de causalité, la loi du temps, la loi de l'espace, la loi morale, la loi du mérite et du démérite, et autres lois dont la réunion forme la raison universelle, absolue, nécessaire, raison qu'il faut bien distinguer de la faculté de raisonner.

DÉFINITIONS.

De ce que j'ai avancé plus haut que les définitions sont les principes féconds de la géométrie, il ne faudrait pas conclure que toutes les définitions sont fécondes ; car, pour quiconque voudra parcourir les livres des géomètres, il sera évident que, s'il y a beaucoup de définitions, plus ou moins fécondes, il en est aussi quelques-unes tout-à-fait infécondes.

Pour me mettre plus à même de distinguer les définitions fécondes des définitions infécondes et d'assigner ensuite l'origine des notions qu'elles expriment, il me parait utile de ranger les définitions en diverses classes, suivant les notions diverses qu'elles sont destinées à exprimer.

Je rangerai en conséquence les définitions en trois classes ; j'appellerai les unes *définitions élémentaires*, les autres *définitions complexes*, les autres *définitions de rapport*.

Quelles sont les notions exprimées par chacune de

ces définitions diverses? Pour répondre à cette question d'une manière satisfaisante, il faut remonter au but de la géométrie.

La géométrie, comme je l'ai dit déjà, a pour objet la mesure de l'étendue ; or l'étendue a trois dimensions, longueur, largeur et profondeur. Si l'on considère ces trois dimensions réunies, ou deux seulement d'entre elles, savoir : la longueur et la largeur, ou une seulement, savoir : la longueur, ou enfin si on suppose l'absence de ces élémens, on aura toutes les notions renfermées dans les définitions que j'ai appelées élémentaires, notions auxquelles on a donné les noms suivans : corps, surface, ligne, point. J'ai appelé ces définitions élémentaires, parce qu'elles expriment les notions dont la connaissance est indispensable pour l'intelligence des autres définitions.

Les géomètres considèrent les corps, les surfaces, les lignes soumises à diverses conditions, modifiées de diverses manières ; ainsi ils considèrent la ligne droite et la circonférence du cercle, la surface plane, le prisme, la pyramide, la sphère, le cylindre ; ce sont ces diverses espèces de lignes, de surfaces, de corps que considèrent les géomètres, dont les notions sont renfermées dans les définitions que j'ai appelées complexes, définitions que j'ai appelées ainsi parce que elles expriment des collections de concepts, savoir : les concepts de certains élémens, c'est-à-dire du corps, de la surface, de la ligne, et en outre les concepts des modifications diverses auxquelles ces élémens sont soumis.

Enfin les géomètres considèrent diverses espèces de rapport établis entre les diverses espèces de corps, de surfaces, de lignes. Ce sont ces divers rapports dont les notions sont contenues dans les définitions de troisième classe que j'ai appelées *définitions de rapports*. Tous les rapports qui peuvent être établis entre les notions géométriques peuvent se ramener à quatre, savoir : les rapports d'égalité, de similitude, d'équivalence et de symétrie. Ces rapports ne peuvent pas exister entre toutes les notions géométriques ; mais il n'est point de notions géométriques entre lesquelles ne puisse exister un de ces rapports au moins. Entre des lignes il peut exister le rapport d'égalité ; entre des surfaces il peut exister, outre ce premier rapport, des rapports d'équivalence ou de similitude; entre des corps, les quatre rapports peuvent exister.

Ainsi dans la première classe de définitions que j'ai établies sont renfermées seulement quatre notions, savoir : les notions de corps, de surface, de ligne, de point.

Dans la seconde classe sont renfermées les notions des diverses espèces de corps, de surface, de lignes que considèrent les géomètres.

Dans la troisième, enfin, sont renfermées les notions des diverses espèces de rapports qui peuvent être établis entre les diverses espèces de corps, de surfaces, de lignes.

Quelles sont maintenant, parmi ces définitions, les fécondes et les infécondes ?

Les définitions de la première classe sont toutes infécondes; des notions de corps, de ligne, etc. il ne peut sortir assurément aucune proposition géométrique.

Les définitions de la troisième classe sont toutes fécondes; ainsi, aux yeux de tous les géomètres, la définition des triangles semblables est une définition très-féconde.

Parmi les définitions de la seconde classe, il y en a de fécondes, il y en a d'infécondes.

Reste à chercher maintenant comment sont entrées dans l'intelligence toutes les notions renfermées dans les définitions. Je les passerai en revue suivant qu'elles se rencontreront dans les classes de définitions que j'ai établies. Je commencerai par les définitions élémentaires.

Quelle est l'origine des notions de corps, de surface, de ligne, de point? Sont-elles dérivées de l'expérience sensible ou non?

Pour résoudre cette question, il n'y a qu'à chercher ce que nous offre l'expérience. L'expérience nous offre des corps qui ont certaines limites au moyen desquelles nous reconnaissons leurs figures; ces limites, qui sont des surfaces, ont elles-mêmes des limites, qui sont des lignes; les lignes ont des limites qui sont des points. Si l'expérience nous offre des corps existans par eux-mêmes, et des surfaces, des lignes, des points, qui, quoique non existant par eux-mêmes, existent cependant joints aux corps, il suit que les notions de corps, de surface, de ligne, de point, sont des notions empiriques, dont la première est une notion concrète, et les trois autres des notions abstraites.

Je viens aux définitions complexes. Quelle est l'origine des notions qu'elles renferment? Peuvent-elles être dérivées de l'expérience?

Non, sans doute. Car les objets de ces notions sont des figures régulières et parfaites, tandis que l'expérience ne nous offre que des figures grossières et imparfaites; c'est sur des lignes tout-à-fait droites, des surfaces tout-à-fait planes, des sphères tout-à-fait rondes que travaille le géomètre, et nous ne trouvons dans l'expérience que des lignes à peu près droites, des surfaces à peu près planes, des sphères à peu près rondes.

Si l'expérience ne peut engendrer en nous des notions de figures parfaites, ces notions pourraient-elles cependant, sans le secours de l'expérience, exister dans l'intelligence? Je ne le pense pas. Bannissez de l'intelligence toute notion empirique des dimensions de l'étendue, l'intelligence concevra-t-elle jamais des figures étendues régulières? Bannissez de l'intelligence toute notion empirique de ligne, de surface, de corps, l'intelligence concevra-t-elle jamais des lignes droites, des plans, des polyèdres? Non certes; et toute expérience détruite, jamais des notions de figures parfaites n'existeront dans l'intelligence.

Que si l'expérience ne peut engendrer ces notions dont nous cherchons l'origine, et que cependant, sans l'expérience, elles ne puissent exister dans l'intelligence, comment l'esprit humain a-t-il pu acquérir ces notions avec le secours de l'expérience?

Si le temps me l'eût permis, j'aurais passé en revue toutes les figures régulières, soit surfaces, soit corps, soit lignes, sur lesquellles travaille le géomètre, et j'aurais tenté d'indiquer l'origine des notions de chacune d'elles ; mais ce sera assez pour moi d'énoncer mon opinion.

Je pense que, parmi les figures sur lesquelles travaille le géomètre, il en est qui ont été conçues nécessairement par l'intelligence à l'occasion de figures imparfaites offertes par l'expérience, et qu'il en est aussi qui sont l'ouvrage arbitraire des géomètres combinant à leur gré certains élémens.

Je placerais dans la première classe les notions de ligne droite, d'angle, de circonférence, de cercle, de plan, de prisme, de cylindre, etc.

Je placerais dans la deuxième classe les notions de toutes les figures inscrites et circonscrites, des angles, des triangles et polygones inscrits dans les cercles, des prismes inscrits dans des cercles, dans des cylindres, des pyramides inscrites dans des cônes, et beaucoup d'autres notions encore.

Ainsi, je mettrais en avant que la notion de ligne droite est entrée nécessairement dans l'intelligence du géomètre, à l'occasion d'une ligne presque droite offerte par l'expérience. Comment autrement l'intelligence du géomètre aurait-elle pu acquérir cette notion ? Est-ce qu'elle aurait été formée par le géomètre combinant à son gré divers élémens ? Seraient-ce les notions de point et de plus court chemin ? Mais la notion de ligne droite peut exister dans l'intelligence sans la notion de plus court chemin ; la définition ordinaire de la ligne droite n'est pas satisfaisante ; tous les géomètres en conviennent. L'opinion que j'ai énoncée me paraît la plus vraisemblable.

Ce que je dis de la ligne droite, je le dirais du plan, de l'angle, de la ligne perpendiculaire, des lignes parallèles, du cercle, du cylindre, du cône, de la sphère, etc.

Ainsi, je dirais que la notion de surface plane s'est présentée à l'intelligence du géomètre, à l'occasion d'une surface presque plane offerte par l'expérience; je dirais qu'à la vue d'un cercle grossier, imparfait, offert par l'expérience, le vrai géomètre a placé sur-le-champ un point au milieu du cercle, et qu'il a conçu immédiatement l'égalité de toutes les distances du point central aux points de la courbe.

Je ne parlerais pas de la même manière des figures inscrites et circonscrites et de beaucoup d'autres figures; je croirais au contraire que les géomètres, après avoir conçu, à l'occasion de l'expérience, des angles et des cercles, des prismes et des cylindres, des pyramides et des cônes, ont inscrit à leur gré des angles dans des cercles, des prismes dans des cylindres, des pyramides dans des cônes; il me serait facile de citer beaucoup d'autres figures formées par les géomètres combinant à leur gré certains élémens.

J'arrive aux notions de rapports, desquelles je ne dirai qu'un mot. Nul doute que ces notions ne sont point empiriques, puisque l'expérience n'offre rien de parfait et que c'est sur des rapports parfaits que travaille le géomètre; nul doute non plus que ces notions ne pourraient point exister dans l'intelligence, toute expérience détruite ; bannissez de l'esprit humain toute notion d'égalité ou de similitude imparfaite, l'esprit humain concevra-t-il jamais l'égalité ou la similitude parfaite? L'on peut donc dire avec vérité que, sans l'expérience ou avec l'expérience seule, les notions des rapports géométriques ne peuvent être acquises par l'intelligence.

Pour ce qui regarde les définitions, je conclus que, parmi les notions qu'elles renferment, les unes, mais en petit nombre, sont empiriques ; que les autres en plus grand nombre ne sauraient exister pour l'esprit, toute expérience détruite, mais que cependant l'expérience seule ne saurait les engendrer. Les notions empiriques sont renfermées dans les définitions élémentaires ; ce sont les notions de corps, de surface, de ligne, de point ; les notions non empiriques sont renfermées dans les définitions complexes et les définitions de rapports.

Ce serait ici le lieu d'énumérer et de décrire 1° les méthodes géométriques ; 2° les facultés et les lois de l'esprit qui peuvent concourir à la formation de la géométrie ; mais j'ai déjà dit plus haut que je ne traiterais pas ces deux points.

CONCLUSION.

Nous avons passé en revue 1° les données géométriques, c'est-à-dire les conceptions d'étendue et d'espace ; 2° les principes géométriques, c'est-à-dire les axiomes et les définitions.

Nous avons vu 1° que les conceptions d'étendue et

d'espace et les axiomes ne pouvaient point exister pour l'esprit, toute expérience détruite, mais qu'ils ne pouvaient être dérivés logiquement de l'expérience; 2º que, parmi les notions renfermées dans les définitions, les unes sont empiriques et les autres non empiriques; que ces dernières ne pourraient point exister pour l'esprit, toute expérience détruite, mais que l'expérience est impuissante pour les engendrer.

De tout cela on peut conclure, ce me semble, que la géométrie n'est point favorable à la philosophie empirique et qu'elle ne contrarie en rien au contraire cette autre philosophie qui admet que certaines connaissances peuvent être engendrées par l'expérience, mais qui prétend aussi que l'expérience seule ne saurait engendrer toutes les connaissances, quoique, toute expérience détruite, il ne peut exister pour l'intelligence aucune connaissance.

Sans doute, avant toute expérience, il ne peut exister aucune connaissance dans l'intelligence humaine; ou du moins c'est une chose que, dans notre état actuel, nous ne saurions concevoir; mais, de ce que l'expérience soit indispensable pour qu'une connaissance, quelle qu'elle soit, existe dans l'intelligence, s'ensuit-il que toutes nos connaissances sont engendrées par l'expérience seule? De ce que, l'expérience détruite, le nécessaire comme le contingent ne peut exister pour nous, s'ensuit-il que le nécessaire dérive de l'expérience comme le contingent? Non. Jamais on ne pourra faire sortir le nécessaire de l'expérience : or, si le nécessaire ne peut être dérivé de l'expérience, et que néanmoins, avant l'expérience, il ne puisse exister pour l'intelligence, quelle est donc son origine? comment cette origine diffère-t-elle de celle du contingent?

J'ai déjà décrit plus haut l'origine de deux principes nécessaires, savoir : *tout corps est dans un lieu; le tout est plus grand que sa partie*. J'ai dit que le primitif de ces principes était un fait individuel composé de deux parties, dont l'une est purement contingente et individuelle, savoir, les deux termes du rapport; et dont l'autre est un rapport qui nous apparaît contingent et individuel, tant qu'il est réuni à ses deux termes, mais qui, séparé d'eux, nous apparaît nécessaire et absolu ; j'ai dit ensuite qu'aussitôt que le fait individuel tombe sous la conscience, sa partie purement contingente s'abstrait d'elle-même, et qu'il reste alors dans l'intelligence la notion du rapport qui nous apparaît absolu et nécessaire ; j'ai dit enfin que, dès que cette notion apparaissait à la conscience, elle nous paraissait applicable à tous les cas possibles, et que dès lors nous possédions le principe nécessaire.

Je vais maintenant décrire en peu de mots l'origine des connaissances contingentes, telle que l'exposent les empiristes ; je la comparerai ensuite avec l'origine des connaissances nécessaires que je viens d'exposer.

Un certain nombre de faits individuels déterminés, tel est le primitif des connaissances contingentes : la *comparaison*, qui nous conduit à la connaissance des parties semblables et des parties dissemblables de ces faits; *l'abstraction*, qui sépare les parties semblables des parties dissemblables auxquelles elles sont réunies :

la *généralisation*, qui réunit ces parties : tels sont les procédés à l'aide desquels nous parvenons à un principe général.

Si nous comparons maintenant 1° les primitifs, 2° les méthodes, nous verrons :

Que les primitifs sont semblables, en ce qu'ils sont individuels et déterminés ; qu'ils diffèrent d'abord, en ce que l'un est le fondement logique de la connaissance qu'il précède, tandis que l'autre précède la connaissance sans l'engendrer (la certitude du principe général repose sur celle des faits individuels dont il est la somme : la certitude du principe nécessaire ne doit rien au fait individuel qui apparaît, avant lui, à la conscience) ; qu'ils diffèrent ensuite, en ce que le primitif des connaissances nécessaires n'est autre chose qu'un fait individuel, tandis que le primitif des connaissances contingentes doit se composer de plusieurs faits : n'y a-t-il qu'un seul fait ? point de comparaison possible ; et, sans comparaison, point de principe général.

Si nous comparons les méthodes, nous verrons qu'elles diffèrent, 1° en ce que celle qui nous procure la connaissance nécessaire consiste dans une simple séparation, tandis que celle à laquelle nous devons la connaissance contingente embrasse trois opérations, savoir : la comparaison, l'abstraction et la généralisation ; 2° en ce que la première n'est pas volontaire, tandis que la deuxième est volontaire. Que le fait individuel double (primitif du principe nécessaire) apparaisse à ma conscience, je ne suis pas libre de faire ou de ne pas faire abstraction de son individualité ; si j'ai les notions de divers faits individuels, rien ne me force de les comparer, d'abstraire et de réunir leurs parties semblables ; toutes ces choses dépendent de ma volonté ; je puis les faire ou non, selon qu'il me plaît.

FIN.

TABLE

DES MATIÈRES CONTENUES DANS CE VOLUME.

                                                                            Pages.

PRÉFACE de la seconde édition. . . . . i.
PRÉFACE de la première édition. 1
Leçons de philosophie, ou Essai sur les facultés de l'ame ; par M. Laromiguière. 51
Histoire comparée des systèmes de philosophie ; par M. Degérando. 98
Histoire de la philosophie moderne, précédée d'un Abrégé de la philosophie ancienne, par J.-G. Buhle, traduit de l'allemand par J.-L. Jourdan. 107
Esquisses de philosophie morale, par Dugald-Stewart. 117
Essai de philosophie fondamentale ; par M. Gott. Wilh. Gerlach. 171
Nouvelle réfutation du livre de l'Esprit. 189
Vues sur l'enseignement de la philosophie. 197

PENSÉES DÉTACHÉES. — Du langage. 204
   — De la loi morale et de la liberté. 209
   — De la cause et de l'infini. 214
   — Religion, mysticisme, stoïcisme. 217
   — De l'histoire de la philosophie. 222
   — De la philosophie de l'histoire. 226

L'Orient et la Grèce, ou Histoire de la méthode philosophique chez les Grecs. 234
Du fait de conscience. 242

Programme du cours de philosophie donné à l'Ecole
Normale et à la Faculté des Lettres pendant l'an-
née 1817. 253
Programme des leçons données à l'École Normale et
à la Faculté des Lettres pendant le premier semestre
de 1818, sur les vérités absolues. 284
Essai d'une classification des questions et des écoles
philosophiques. 313
Sur le vrai sens du *cogito, ergò sum*. 329
Du beau réel et du beau idéal. 339
Du premier et du dernier fait de conscience, ou de la
spontanéité et de la réflexion. 351

Appendice. 365
Dissertation sur la métaphysique de la géométrie ; par
M. Vincent-Augustin Fribault. 372

FIN DE LA TABLE.

www.ingramcontent.com/pod-product-compliance
Lightning Source LLC
Chambersburg PA
CBHW060513230426
43665CB00013B/1506